# 双边市场平台企业兼并与反垄断问题研究

周 孝 著

中国财经出版传媒集团
中国财政经济出版社

**图书在版编目（CIP）数据**

双边市场平台企业兼并与反垄断问题研究/周孝著．—北京：中国财政经济出版社，2019.8

ISBN 978－7－5095－9086－7

Ⅰ.①双…　Ⅱ.①周…　Ⅲ.①企业兼并－反垄断法－研究－中国　Ⅳ.①F922.291.924

中国版本图书馆 CIP 数据核字（2019）第 131333 号

责任编辑：付克华　　　　责任校对：张　凡
封面设计：北京兰卡绘世

中国财政经济出版社 出版
URL：http：//www.cfeph.cn
E－mail：cfeph@cfeph.cn

社址：北京市海淀区阜成路甲 28 号　邮政编码：100142
营销中心电话：010－88191537
北京财经印刷厂印刷　各地新华书店经销
787×1092 毫米　16 开　15.75 印张　300 000 字
2019 年 8 月第 1 版　2019 年 8 月北京第 1 次印刷
定价：48.00 元
ISBN 978－7－5095－9086－7
（图书出现印装问题，本社负责调换）
本社质量投诉电话：010－88190744
**打击盗版举报热线：010－88191661　QQ：2242791300**

# 前 言

伴随着信息通信、互联网、大数据、人工智能等技术的快速发展以及互联网应用的广泛普及，以科技创新、信息技术、服务业为主要领域，以新技术、新业态、新模式为内核的新经济不断发展壮大，在国民经济中的占比及其重要性日益提高。2017 年，我国新经济的规模已接近 30 万亿元，占 GDP 的比重超过 30%，且新经济公司在总市值上已经超过了市值前十的传统经济龙头企业。2018 年 7 月，在港股主板完成 IPO 的公司中，新经济公司的数量和融资额所占比重已经高达 60% 和 61%。毋庸置疑，新经济将成为国民经济持续较快增长的关键动力。

与此同时，新经济的发展也带来了很多新的挑战。首先，新经济催生了平台经济、数字经济、互联网经济、共享经济等一系列新概念，提高认识和深化理解对于政府部门制定相关政策、市场主体进行投资决策、个人选择就业等都必不可少。其次，新经济在促进国民经济发展的同时，也给传统实体经济带来了巨大冲击，如何让产业结构稳步实现转型升级成为艰巨的挑战。最后，新经济的发展也引发了过去未曾遇到的新问题，包括数字垄断与治理、税收征管、隐私保护、经济社会不确定性加大、数据孤岛等。妥善应对这些新问题和新挑战，是促进新经济规范发展和国民经济高质量发展的必然要求。

本书尝试对新经济新问题进行探讨，以期为相关政策制定与优化提供有益支持。而鉴于以下几个方面的考虑，本书重点探讨双边市场平台企业的兼并与反垄断问题：

首先，平台经济是新经济的基础性部分。所谓平台经济，即以云（云计算、大数据）、网（互联网、物联网）、端（终端、APP）等新型基础设施为基础，以技术创新、商业模式创新为驱动，基于互联网平台，通过资源共享模式实现产业跨界融合和业态创新等的一种新型经济。也就是说，平台经济是依托于技术创新推动的商业模式创新而产生的新经济，即以平台模式为基础的新经济。相关数据显示，2018 年全球十五大互联网公司均采用平台模式运行，而全球最大的 100 家企业中有 60 家企业也以平台模式作为主要的经营模式。这也意味着，平台经济在很大程度上是互联网经济、数字经济、共享经济等领域的基础。

其次，平台经济的关键是双边市场和平台企业。得益于技术创新的迅猛推进，平台经济的发展极为迅速，并且已经实现了从消费领域向生产领域的拓展。而在平台经济中，双边市场（以及多边市场）或双边平台[①]以及市场运营/经营者[②]——平台企业无疑绽放出了最耀眼的光芒。基于广泛、多样的网络外部性，双边市场作为多方主体交互的实体或虚拟场所，迸发出传统市场并不具有的活力。相应地，与传统企业相比，平台企业表现出发展速度快、市场规模大的突出特征。例如，截至 2016 年年底，十大平台经济体用平均 22 年的时间产生了 3.0 万亿美元的总市值，而十大跨国公司达到 2.9 万亿美元总市值的平均时间为 129 年[③]。随着产业数字化、数字产业化的不断推进，双边市场必将进入新的黄金时期。

最后，平台企业兼并是双边市场的核心新问题之一。双边市场不仅为经济发展注入了新动力，而且也引发了很多新问题。其中，一个突出现象就是平台企业兼并频繁发生，这是由双边市场的特征所导致的。交叉网络外部性极其重要，使得双边市场普遍具有“赢者通吃”特征——只有获得一定的市场规模，平台企业才能实现盈利和正常发展。相应地，双边市场中平台企业兼并异常频繁，市场集中度不断提高，很多领域最终都形成了多寡头或双寡头垄断的格局。特别是以百度、腾讯、阿里巴巴为代表的平台企业不断实施产业链横向和纵向扩张，市场竞争格局更

---

① 在第 1 章的导论部分，我们将详细说明双边市场与双边平台的联系与区别。

② 例如，2019 年 1 月 1 日开始实施的《中华人民共和国电子商务法》将电子商务领域的平台企业定义为电子商务平台经营者。

③ 参见阿里研究院 2017 年 1 月研究报告《数字经济 2.0——告别公司，拥抱平台》。

加复杂，这也引发了高度的反垄断担忧。在这种情况下，如何妥善应对平台企业兼并问题，已成为反垄断执法机构和市场/竞争政策制定者面临的一大难题。

事实上，面对平台企业提交的并购申请，或者实际发生的平台企业兼并，反垄断执法机构在是否通过申请或者是否启动反垄断调查方面正处于两难境地，滴滴与优步中国合并、携程网与去哪儿网合并等就是典型例证。其中，争论的焦点在于平台企业兼并是否会损害市场竞争和社会福利。一方面，平台企业兼并通常会大幅提高市场集中度，而且部分案例已经表明双边市场的主导性平台企业具有显著的市场力量；另一方面，平台企业通过兼并实现发展对双边市场而言，既是常见之事，又是必然趋势。同时，具有市场主导地位的平台企业在使用市场力量时，必然遭受很多因素的制约，其中，双边市场的动态创新和策略性进入就是典型代表。随着平台经济地位的不断提升，平台企业兼并的竞争效应和福利效应得到更加广泛的关注。深化对这一主题的研究，具有非常重要的理论和现实意义。本书对此进行探索性研究，有助于增进社会各界特别是反垄断执法机构和政策制定者对平台经济、双边市场、平台企业兼并等问题和经济现象/活动的认识和理解，并为针对双边市场平台企业兼并的反垄断规制提供决策依据和经验支持。

从兼并方与被兼并方之间的关系来看，同样可以将平台企业兼并分为横向兼并和纵向一体化（或纵向兼并）。相应地，本书重点考察4个问题：第一，平台企业横向兼并是否必然会减弱市场竞争，并最终导致市场价格提升以及双边市场两边用户福利受损；第二，平台企业纵向一体化是否会引致市场封锁，并使得兼并方可以获得绝对或相对竞争优势和超出竞争水平的高额利润；第三，平台企业兼并可能产生哪些需要反垄断执法机构重点关注的反垄断问题，或者哪些反垄断担忧是需要实质并着重关切的；第四，在对平台企业兼并进行反垄断审查或规制时，应当如何实施相关市场界定、市场势力测度、成本效率权衡等基本和必要的程序。

针对上述4个问题，本书将按照以下思路展开研究：首先，对已有研究成果进行系统梳理，明确界定本书的研究起点和边际贡献，并为后续相关研究奠定坚实的理论基础。其次，以具体的产业或实际案例作为现实情境，对平台企业兼并（包括横向兼并与纵向一体化）可能产生的竞争效应和社会福利效应进行规范分析，并通过数值模拟和案例分析进行验证，从而得出具有应用价值的结论。最后，结合已有的相关反垄断案例和研究文献，全面分析平台企业兼并可能引致的反垄断问题或担忧，并以此为基础探讨传统反垄断经济学分析方法与工具必须进行的适用性调整和优化改进。

本书规范分析部分主要通过考察兼并前后的价格变动，来简单评估平台企业兼并将如何影响双边市场竞争和用户福利。随后，我们将对平台企业兼并的潜在反竞争效应和负向福利效应进行全面、系统地分析。基于研究结果，本书提出了若干应对双边市场平台企业兼并的政策建议。

在理论层面，本书的潜在价值主要有两个方面：其一，本书较为系统地梳理了关于平台企业兼并的已有文献，能够帮助人们尤其是反垄断执法机构深入认识和理解双边市场与平台企业兼并，并为后来者拓展研究奠定基础。其二，本书以我国具体的双边市场领域（或平台产业）为现实背景，通过拓展已有的经典理论模型来考察实际的平台企业兼并问题，这在一定程度上有助于丰富和完善双边市场理论，并提高该理论在解释和指导经济社会实践方面的适用性。

在应用层面，本书主要有两点贡献：其一，本书全面考察了平台企业兼并的竞争效应和福利效应，从而可以为反垄断执法机构应对平台企业兼并申请或实际行为提供基本框架、评估方法和决策依据。其二，本书研究能够为双边市场或平台经济的相关政策制定（特别是竞争政策）提供有益指导，从而提高公共政策的合理性、可行性和适用性，避免因政府公共政策不当而引发更严重的市场扭曲和效率损失，最终确保政策能够如期发挥对平台经济的促进作用。

# 目　录

# 1. 导　论

## 1.1　研究背景

伴随着信息通信技术的创新突破和信息化网络基础设施的不断完善[①]，互联网及其应用在我国迅速普及。最新统计报告显示，截至2018年12月，我国网民规模达到8.29亿人（见图1-1），手机网民规模更是高达8.17亿人。同时，互联网普及率高达59.6%，高于世界平均水平，与发达国家的差距正在不断缩小[②]。相应地，互联网经济对我国国民经济产生日益显著的革命性影响。2013年，互联网经济占我国GDP的比重为4.4%，已经超过美国、法国和德国相应水平以及世界主要国家平均水平（见图1-2）。与此同时，互联网经济必将成为我国经济下一个主要增长点。麦肯锡全球研究院2014年报告预计，2013~2025年互联网经济将帮助我国GDP增长率提升0.3~1.0个百分点，即互联网对GDP增长的贡献率将达到7%~22%[③]。毫无疑问，推动互联网经济的健康发展对于确保我国经济社会可持续较快发展至关重要。

---

① 关于我国信息化和网络化方面的发展情况，可以参见中国互联网络信息中心最新发布的《国家信息化发展评价报告》（http://www.cnnic.net.cn/hlwfzyj/hlwxzbg/hlwtjbg/201611/t20161118_56109.htm）。

② 参见中国互联网络信息中心于2019年2月发布的《第43次中国互联网络发展状况统计报告》（http://www.cnnic.net.cn/hlwfzyj/hlwxzbg/hlwtjbg/201902/t20190228_70645.htm）。

③ 预计到2025年，互联网经济的总产值将达到10万亿元。具体数据可参见麦肯锡全球研究院2014年发布的报告《中国的数字化转型：互联网对生产力与增长的影响》。

在互联网经济中，双边市场是一个重要且占主导地位的经济类型，其为互联网经济的快速扩张提供了不竭动力。双边市场并非一个新鲜事物，它早在互联网之前就已经广泛存在。然而，互联网技术创新以及应用的普及为双边市场的规模化、多样化发展提供了有利条件和适宜环境。如今，围绕一个或多个双边平台组织起来的双边市场不断增加，且逐渐成为主要企业特别是大型企业的主要盈利点①以及世界各国经济增长的有力引擎。早在2007年，全球市场百强企业中，就有60家企业至少一半的收益来自于双边市场（Eisenmann，2007）。作为经济活动的重要催化剂，双边市场连接着大量的经济主体，其运行状况将对经济发展和社会福利产生重大影响，因而，逐渐受到社会各界尤其是政府相关部门的高度关注。

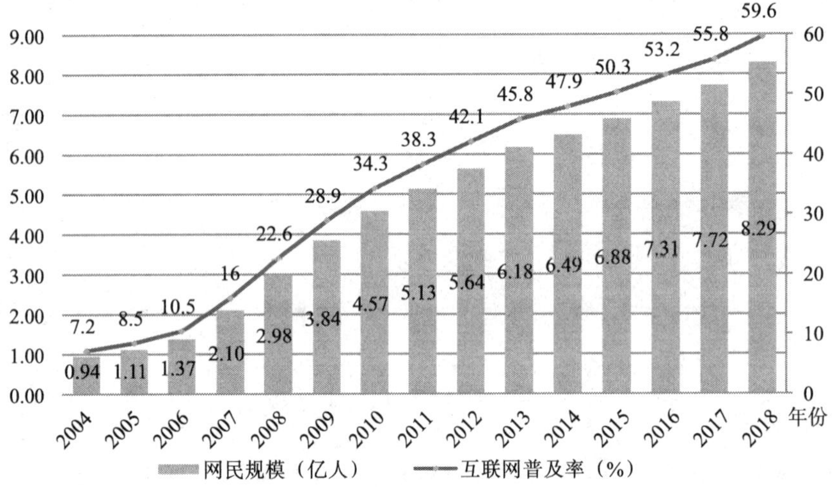


资料来源：根据中国互联网络信息中心发布的历次互联网络发展状况统计报告整理所得②。

**图1－1　中国网民规模与互联网普及率变动情况（2004～2016年）**

在双边市场中，平台企业是核心主体，其竞争策略与程度对市场运行

① 关于中国双边市场中相关企业的探讨，可以参见：Chen，Y. G.，Seong，J.，& Woetzel，J.，2015，"China's rising Internet wave：Wired companies. McKinsey Quarterly，" http：//www. mckinsey. com/industries/high－tech/our－insights/chinas－rising－internet－wave－wired－companies。

② 报告下载网址：http：//www. cnnic. net. cn/hlwfzyj/hlwxzbg/hlwtjbg/。

状况和绩效起着决定性作用。其中，平台企业兼并[①]无疑是最引人注目之处：一方面，双边市场竞争日益激烈[②]，平台企业兼并的案例逐年增加，部分行业已经形成了寡头垄断或完全垄断的市场格局。近年来，打车软件、在线外卖、第三方支付、搜索引擎、在线旅游等领域频繁的平台企业兼并已经成为互联网经济的常见“风景”。特别地，期间发生的去哪儿网与携程网合并、滴滴与优步中国合并等事件，更是成为社会各界关注的焦点。另一方面，针对平台企业的反垄断调查和诉讼迅速增加，颇具影响力的案例包括奇虎360诉腾讯垄断案、中国国家工商总局诉微软案、美国司法部诉苹果案、欧盟委员会诉谷歌案等。对此，人们极为关心的问题是：激烈的双边市场竞争以及由此产生的平台企业兼并是否会损害社会福利？如何损害社会福利？更具体来讲，平台企业能否通过兼并获得、巩固或增强市场势力，并因此产生反竞争效应或负面福利效应？随着平台模式从消费领域逐步扩展到生产领域，科学、合理地评估平台企业兼并的影响将变得日益重要，这是制定可行的产业政策和竞争政策、促进国民经济稳定发展的基本前提。

市场竞争必然导致企业兼并，而兼并也是当今世界的重要经济热点之一[③]。对于传统产业而言，横向兼并或纵向兼并都会提高市场集中度、增强兼并企业（通常是大型企业）的市场势力，这可能产生反竞争效应并最终损害社会福利。于是，对传统产业的兼并活动进行严格的反垄断审查与规制，是维护市场秩序和保障社会福利的必要举措[④]。然而，双边市场有其自身的独特之处：其一，平台企业必须达到临界规模才能实现正常运营（Caillaud & Jullien，2003），因此，某个双边市场中的平台企业通常较少，平台企业兼并势必会明显改变市场结构，即引致市场集中度大幅提升；其

---

① 兼并、合并等都将提高企业市场份额以及市场集中度，我们并不对其进行严格区分。在未提及具体案例时，我们所说的兼并是指广义上的兼并，包括新设合并、吸收合并、控股、资产置换、收购等多种情形（王中美，2008）。

② 赵镛浩（2012）将平台战争视为是“来自网络的第三次世界大战”。

③ 正如美国经济学家乔治·斯蒂格勒所说：“没有一个美国大公司不是通过某种程度、某种方式的兼并而成长起来的，几乎没有一家大公司主要是靠内部积累成长起来的。”

④ 国家市场监督管理总局反垄断局的职责之一，就是负责对经营者集中（包括兼并、合并等情形）行为或申报进行审查，并依法批准、查处或阻止。

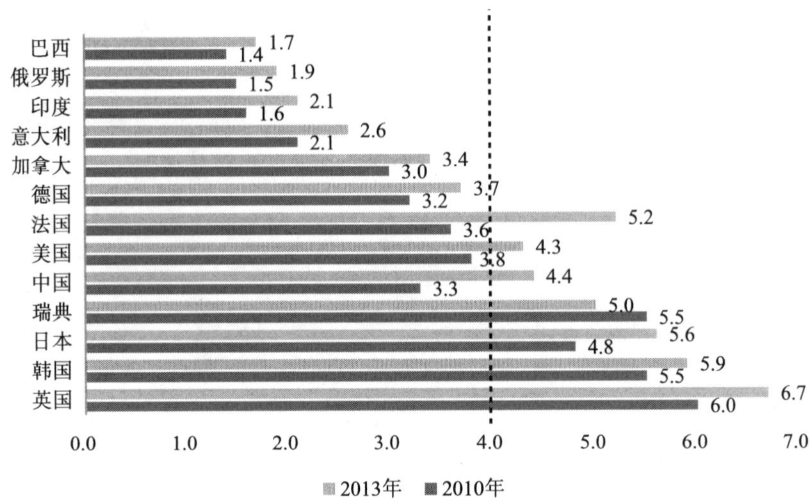


注：垂直虚线表示这些国家 2013 年的平均水平。

资料来源：麦肯锡全球研究院发布报告《中国的数字化转型：互联网对生产力与增长的影响》。

**图 1－2 世界主要国家互联网经济占 GDP 的比重（%）**

二，即使是作为双边市场中的完全垄断者，潜在进入者以及平台双边之间（即平台内用户和/或经营者）的相互依赖性也会使得平台企业难以通过滥用市场势力来获得垄断利润（Evans，2003b）；其三，平台企业服务于市场两边用户，其兼并尽管可能不利于某一边用户，但是同时会更大幅度地增进另一边用户的福利，这对整个社会而言，也许是一种可行的帕累托改进（Evans & Schmalensee，2013）。

同时，特别值得注意的是：首先，双边平台模式的“新”仅是相对传统单边模式而言，两者之间并不存在完全替代关系（Hagiu，2007），且当平台企业进行纵向兼并时，两者之间的界限会变得更加模糊；其次，平台竞争是经济主体权衡利弊的结果，强化竞争并不必然增进社会福利，反而可能严重损害消费者的利益，这在平台的兼容性决策方面得到了充分体现（Ohashi，2003；Rysman，2004；Knittel & Stango，2011；Lee，2013）；最后，双边市场的特性使得原有经济理论的解释能力和指导作用大幅减弱，沿用基于传统理论的分析方法或工具进行反垄断审查或规制必然会产生很多谬误（Wright，2004），最终造成更为严重的资源配置低效和社会福利受损。因此，关于双边市场平台企业兼并是否必然会产生反竞争效应或者损害社会福利、是否必须对平台企业兼并实施同样严厉的反垄断规制等问题，学术界和反垄断执法机构尚未达成基本共识。毫无疑问，这些问题的解决需要我们进行深入思考和研究。

经济理论和实践方面的争议表明，我们既不能一味地发展双边市场和平台经济，也不能盲目地鼓励平台竞争或对平台企业兼并加强反垄断规制。相反，必须谨慎地权衡双边平台模式的利弊以及平台企业兼并的正面效应和负面效应，在此基础上做出更加稳妥、周全的决策。因此，以双边市场理论以及现实案例/情境为基础，深入讨论双边市场平台企业兼并以及相关的反垄断问题，在现阶段十分必要且至关重要。特别地，我国已经将“互联网+”[①] 与“大众创新万众创业”[②] 提升至国家战略层面并加以实施。在这一背景下，以双边平台为核心的分享经济和平台经济（程维等，2016）必然会迎来黄金发展期[③]，而双边市场的经济活动和平台企业的经营决策也将对社会福利产生更加深远的影响。这时，我们更需要不断缩小理论研究与现实问题之间的差距，以便更好地引导和促进双边市场以及相关经济活动的健康、有序、快速发展。

有鉴于此，本书将结合具体案例和已有文献来探讨双边市场平台企业兼并以及由此产生的反垄断问题。具体来讲，本书主要考察以下 3 个方面的内容：其一，双边市场平台企业兼并是否会损害社会福利特别是减少消费者剩余；其二，平台企业兼并可能产生哪些损害市场竞争和社会福利的反垄断问题；其三，如何在考虑双边市场特殊性质这一前提下，对平台企

---

① 参见《中国日报网》2015 年 3 月 5 日报道《“互联网 +”战略上升至国家战略》，http：//www. chinadaily. com. cn/interface/toutiao/1138561/2015 - 3 - 5/cd_ 19726763. html。

② 参见 2015 年 6 月 16 日发布的《国务院关于大力推进大众创业万众创新若干政策措施的意见》（国发〔2015〕32 号），http：//www. gov. cn/zhengce/content/2015 - 06/16/content_ 9855. htm。

③ 在 2016 年政府工作报告中，李克强总理提到：“要推动新技术、新产业、新业态加快成长，以体制机制创新促进分享经济发展，建设共享平台，做大高技术产业、现代服务业等新兴产业集群，打造动力强劲的新引擎；……支持分享经济发展，提高资源利用效率，让更多人参与进来、富裕起来。”（http：//www. gov. cn/guowuyuan/2016 - 03/05/content_ 5049372. htm）。

业兼并所引致的反垄断问题进行必要的经济学分析，从而为反垄断执法机构的执法工作提供必要指导。

当前，探讨这些问题有着较强的理论意义和现实意义。首先，有助于完善双边市场理论。双边市场是产业组织理论的前沿研究领域，虽然现有文献已经奠定了整体分析框架，但是双边市场的复杂性和多样性及其与经济社会环境之间的紧密关系使得现成框架并不具有普遍适用性。在具体案例和经济社会背景下考察平台企业兼并相关问题，能够进一步丰富和完善双边市场理论，提高其对现实的解释力和指导作用。

其次，有助于帮助反垄断执法机构在双边市场领域更好地履行维护市场公平竞争秩序之职责。原有理论无法指导反垄断规制实践，是双边市场理论产生的根本动因。目前，关于平台企业兼并的理论研究仍然存在较大的局限性，无法为执法机构应对平台企业兼并实际案例提供助力。例如，当滴滴与优步中国合并时，我国反垄断执法机构在是否要阻止此次合并方面并没有确定的结论。同时，社会各界尤其是不同学术群体之间也未能就此达成共识。本书围绕平台企业兼并这一主题展开研究，在一定程度上能够为缓解这一困境提供一些帮助。

最后，有助于提高平台经济相关领域政府公共政策的可行性和适用性。双边市场只是商业模式创新的产物，它并不能完全替代传统单边市场[①]，相反，它将与单边市场相互融合、共同发展。在制定旨在促进平台经济发展的政策或措施时，必须加强对双边市场以及平台经济的全面理解，做到将多种经济形态或组织形式优势互补，最终实现更好、更快的经济发展。本书深入考察双边市场平台企业兼并以及相应的反垄断问题，能够深化人们尤其是政策制定者对相关问题的理解，并在政策制定过程中提供必要支持和帮助。

---

① 传统单边市场主要是指经销商模式，其中，买卖双方直接交易。

## 1.2　主要概念

本书考察双边市场中的平台企业兼并以及相关的反垄断问题，也即将双边市场平台企业兼并的竞争效应和福利效应作为研究对象。为便于分析和理解，我们首先详细讨论本书主要涉及的几个概念，包括双边市场（含双边平台、双边产业、平台企业等）、平台企业兼并等。

### 1.2.1　双边市场

双边市场（Two - sided Market）① 这一概念最早由 Jean - Charles Rochet 和 Jean Tirole 在 2001 年前后流传的工作论文中首次提出，其具体背景是传统经济理论无法指导 20 世纪后期涉及银行卡（主要是指信用卡）、操作系统等新兴行业的反垄断执法工作。随后，以 Rochet & Tirole（2003，2004，2006）、Caillaud & Jullien（2003）、Armstrong（2006a）等为主的经典文献构建了较为成熟、系统的双边市场理论体系②，从而为该理论在经济学、管理学、法学等学科研究中的广泛运用奠定了基础，特别对反垄断理论的发展以及反垄断规制实践产生了深远影响。然而，由于双边市场的复杂性以及针对性研究较为缺乏，学术界并没有就双边市场的具体定义以及区别于传统单边市场的特征达成一致意见（Luchetta，2013）。为便于分析，我们主要沿用被学术界和实践部门广泛接受的定义③。

关于双边市场，Evans（2003a）给出了一个简单的定义：双边市场，是指存在两组不同用户通过一个共同平台进行交互并获得收益或效用的市

① 根据市场中不同用户群组的数量，可以将市场分为双边市场和多边市场（Multi - sided Market）。其中，双边市场是多边市场的更常见情形，其相关结论同样适用于多边市场。因此，我们主要考察双边市场，并仅使用这一术语。

② 2004 年“双边市场经济学”年会在法国图卢兹的召开，是该理论基本形成的标志。

③ 一般而言，可以将关于双边市场的定义方式分为两类：其一是由 Rochet & Tirole（2004，2006）等发展的“价格结构非中性说”，其二是由 Evans（2003a）、Armstrong（2006a）等发展的“交叉网络外部性说”。然而，这两种定义分别关注双边市场本质特征的一个方面，因而都具有其局限性（Rysman，2009）。

场。一般而言，双边市场必须满足以下基本条件：其一，存在两个不同的用户群体，如买方和卖方；其二，用户群体之间的交互活动存在外部性，也即一方的收益或效用受到另一方行为决策或参与规模的影响；其三，存在一个中介组织（即平台）将不同群体之间的外部性内部化。其中，服务于这两组不同用户的中介就是双边平台，它可以降低两边用户之间的交互成本，同时将交叉网络外部性①内部化。

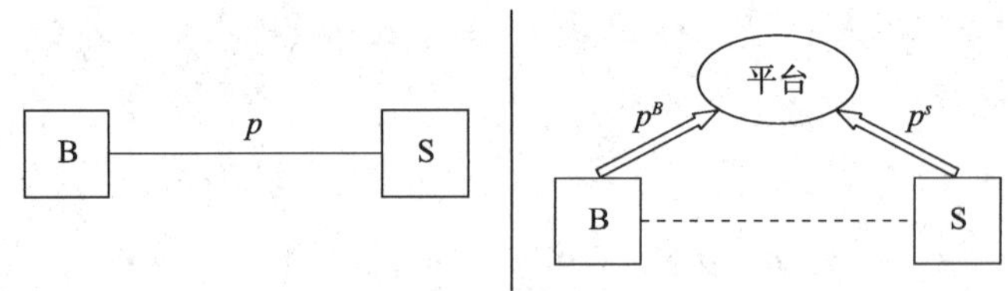


注：左边部分为单边市场，右边部分为双边市场。

**图 1－3　单边市场与双边市场的简单对比②**

如图 1－3 所示，双边市场与单边市场的本质区别在于：存在一个必不可少的中介来连接两组用户。在单边市场中，买卖双方直接进行交易，通常不需要其他主体的参与。而在双边市场中，虽然买卖双方也可以直接进行交易，但是由于交易成本过高，大规模的交易或交互无法通过用户间的自主协调来实现，必须要有第三方中介（即平台）的参与。也就是说，在双边市场的一次交互或交易中，必然涉及交互双方以及中介平台 3 类主体。

当然，随着信息通信技术的发展，越来越多的经济活动同时采用这两种商业模式进行，因而，两者之间并不是完全替代的关系，甚至相互融合的趋势日益明显。因此，Evans（2003a）的定义并不能完全区分双边市场与单边市场，还需要有其他的定义作为补充。其中，Rochet & Tirole（2004，2006）从价格结构入手进行界定，如果图 1－3 中的平台能够通过

---

① 毫无疑问，网络外部性与网络效应之间存在一定的差异，但是我们并不对此进行严格区分，且主要使用“网络外部性”这一术语。

② 用户群组的类型有很多，这里选用最普遍的两种来表示。其中，$B$ 与 $S$ 分别表示买方（或消费者）和卖方（或具体服务提供商、生产商等）。

对市场两边进行幅度一致但方向相反的费用增减来改变交易量[①]，那么相应的市场就是双边市场。也就是说，双边市场中的价格结构非常重要，平台必须设计好价格以确保市场两边用户同时或先后加入。并且，如果不存在成员外部性，那么当以下条件满足时市场仍然是单边的：终端用户可以通过谈判来规避平台费用的分配（即科斯定理有效）；市场两边用户之间存在信息不对称；买卖双方之间的交易涉及通过谈判或垄断定价机制决定的价格[②]。这里涉及一些双边市场的定性特征，我们将在本书第 2 章“文献综述与理论基础”中进行详细讨论。

在 Evans（2003a）的基础上，Armstrong（2006a）进一步提出：双边市场是指为两组或多组用户提供实质或虚拟交互空间的中介平台，每个用户组成员加入平台的收益取决于平台上另一用户组的成员数量。之后，Armstrong & Wright（2007）补充指出：平台通过允许两个用户组相互影响对方所得网络外部性这一方式来协调双方之间的关系，从而实现成功运营并获利[③]。另外，Filistrucchi 等（2013）从平台的作用这一视角给出定义：双边市场是能够以某种为至少一组客户提供有效价值的方式、将两组或多组不同但需求彼此依赖的客户连接起来的平台，同时脱离该平台各个用户群组都将无法获得这样（或这样之多）的价值。类似地，傅联英和骆品亮（2013）将双边市场定义为通过促进用户群组间交互而创造价值的网络中心型组织。当然，由于这些定义或多或少存在差异，在后续分析中我们将主要根据双边市场的几个必要非充分条件来判断某个市场是否属于双边市场。

基于双边市场的上述定义，我们进一步界定双边平台、平台企业、双边产业等概念。如图 1－3 所示，双边平台就是双边市场中服务于彼此之间

---

① 也即将对买家 B 和卖家 S 的收费分别从 $p^B$、$p^S$ 调整为 $p^B+\Delta$、$p^S-\Delta$ 此时买卖双方在平台上发生的交易发生变动。

② 当然，平台可以限定用户之间的谈判，例如，信用卡行业制定的“不可超额定价”规则。

③ 其中，Chakravorti & Roson（2006）、Kaiser & Wright（2006）等从类似角度提出了各自的定义。

存在某种需求的两组不同用户的中介，其作用主要包括降低两组用户之间的交互成本、为用户间交互提供实体或虚拟场所、协调双方需求、内部化不同用户组之间存在的外部性并（或）为用户组创造/提供某种价值。相应地，也可以将双边市场视为存在双边平台的市场，或者是双边平台在其中所运营的市场（Evans & Schmalensee，2007）。

运营、管理和维护双边平台的企业，就是所谓的平台企业（Platform Firm）①。换句话来说，平台企业是双边平台的运营商、提供商或赞助商。以电子商务领域为例，该双边市场就是围绕电子商务平台而形成的一个线上市场。其中，电子商务平台经营者（即平台企业）负责运营电子商务平台，并为参与交易的用户提供网络经营场所、交易撮合、信息发布等服务②。相应地，参与电子商务平台的用户主要有两类：一类是生产经营者，即平台内经营者，它们是通过平台销售商品或提供服务的电子商务经营者；另一类是消费者或买家，它们通过平台购买商品或服务。毫无疑问，作为平台企业的电子商务平台经营者是电子商务活动正常、规范开展的关键。

最后，根据产业的基本定义，我们将提供同类中介/平台服务的平台企业的集合称之为双边产业（Two - sided Industry）或平台产业③。这也就表明，双边产业所对应的产品或服务市场就是双边市场。

事实上，双边市场与双边平台可以互为替代。一方面，双边平台的主要功能在于为两组用户提供交易或交互的场所，这一角色与传统语境的“市场”无异。一般来讲，古典经济学中所说的市场是隐性市场，它被称之为“看不见的手”。相反，双边平台是显性市场，它通过多种机制协调和约束各组用户的行为。也就是说，双边平台是所谓“市场”的一种独特类型。另一方面，双边市场理论的主要研究对象是双边平台或者平台企业

---

① 在管理学文献中，平台企业可能有其他定义。但在本书中，平台企业特指双边平台的运营者或经营者。

② 参见《中华人民共和国电子商务法》。

③ 双边产业与网络产业有较多相似之处，但两者并不完全相等：前者是后者的特殊情形。关于两者的具体区别，可以参见《Handbook of Antitrust Economics》中的第 13 章和第 14 章。

的商业行为，而不是通常意义上的“市场”（Evans，2003a）。正如前文所述，尽管最初双边市场理论认为单边市场与双边市场之间是非此即彼的两种不同的商业模式，但是在现实生活中两者之间相互融合的趋势非常明显且相应案例非常普遍（Hagiu，2007）。同时，正如 Rysman（2009）所指出的，市场具有的双边性质并非取决于市场的技术特征，相反更多取决于平台企业的经营策略选择。例如，在收购优步中国后，滴滴打车对收费方式进行了调整，从原来的固定抽成制度转向了赚取司乘双方差价的盈利机制。如此一来，滴滴打车平台所依存的市场就更加接近于传统单边市场。因此，Rysman 认为，相对于“双边市场”而言，“双边策略”这一概念更加恰当。换句话来说，双边性质（Two - sided Nature）并不是双边平台以及相应市场的固有特征，而是平台企业权衡利弊之后选择相应经营策略所“造就”的。

另外，这种定义也引申出了双边市场存在的程度或比例这一问题。具体而言，一家平台企业可能同时经营双边市场和单边市场①，或者说两种类型的市场或商业模式是相互包容的。考虑到这些问题，我们并不对双边市场与单边市场的明确界限②做过多讨论，而只是根据第 2 章所讨论的几个必要非充分条件来判断某个具体市场是否具有双边性质，并在此基础上对相关问题进行探讨。最后，我们同样也不对“平台企业”与“双边平台”进行过多区分，而是根据具体语境交替地使用这两个术语。当探讨经营策略时，我们将主要使用“平台企业”这一术语。而在涉及中介机构和临界规模时，我们主要使用“双边平台”。

### 1.2.2　平台企业兼并

在界定“双边市场”之后，还要继续探讨另一个概念——平台企业兼并。所谓平台企业兼并，是指平台企业发起的兼并活动。与传统单边市场

---

① 例如，京东商城同时从事自营和中介平台服务，前者属于典型的单边市场，而后者属于双边市场（即电子商务）。

② 也就是区分双边市场与单边市场的充分必要条件。

类似，双边市场中的平台企业兼并活动同样可以分为横向兼并和纵向兼并两种。

鉴于以下原因，我们以图 1－4 所示的双寡头垄断市场结构为例进行说明。一方面，在双边市场中交叉网络外部性非常重要，双边平台必须达到临界规模（Critical Mass）才能够正常运营并盈利（Caillaud & Jullien, 2003；Park，2004；Evans & Schmalensee，2010；Jeitschko & Tremblay，2015），并且往往会出现“赢者通吃”（Winner－Take－All）的现象。因此，一个稳定或成熟的双边市场一般只能够容纳少数几家平台企业共存（Eisenmann 等，2006；Sun & Tse，2007）。另一方面，相对于市场集中度较低时的平台企业兼并，反垄断执法机构更加关注市场集中度较高情形中的平台企业兼并，因为此时的兼并最有可能损害社会福利。也就是说，在寡头垄断市场结构下讨论平台企业兼并以及相应的反垄断问题，具有理论和现实两方面的合理性。简单起见且不失一般性，我们参照经典文献的做法，通过比较寡头垄断（主要是双寡头）市场结构下平台企业兼并前后的均衡结果来考察其相应影响。

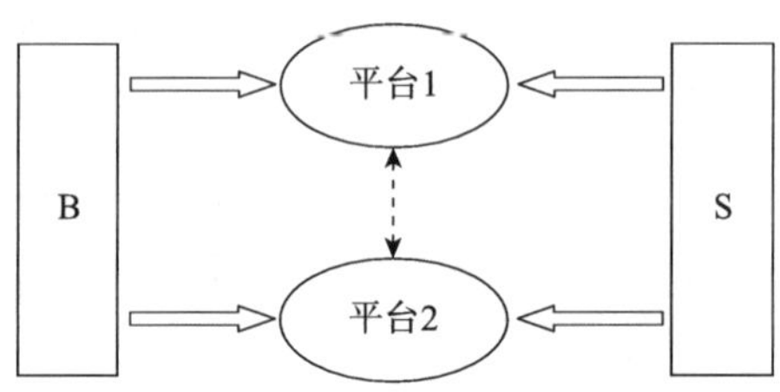


**图 1－4　双边市场中的双寡头垄断结构**

在图 1－4 中，存在两个双边平台——平台 1 和平台 2，它们分别由一家平台企业进行运营管理。不失一般性，假设此时的市场两边分别是买方 $B$ 和卖方 $S$，他们之间的交互或交易必须借助任意一个平台的“帮助”方可实现。其中，值得注意的是，当买方（或卖方）同时使用或选择平台 1 和平台 2 时，就称之为用户多属（Multi－homing）；当买方或卖方仅使用或选择一个平台时，就称之为用户单属（Single－homing）。由于市场一边用户（买方或卖方）关于是否加入或选择某个平台的决策，主要取决于该平台上另一边用户加入的数量，因此，平台要想多盈利就必须吸引更多的一边或两边用户“入驻”。此时，平台 1 和平台 2 之间就会存在旨在抢夺用户的竞争，这就是平台竞争或平台间竞争①。

平台企业兼并就是平台竞争的一种方式或者结果，它包括以下两种类型：其一，平台企业横向兼并，即两家平台企业之间的一家兼并另一家，最终独占整个市场；其二，平台企业纵向兼并，即某家平台企业兼并市场某一边的用户（通常是卖家），从而提高用户忠诚度或用户黏性并最终增强自身的盈利性②。

毫无疑问，两种类型的平台企业兼并之间存在非常大的差异。鉴于以下原因，我们将平台企业横向兼并作为重点：

其一，通过横向兼并，平台企业可以迅速提高自身的市场占有率，这将可能对市场结构以及社会福利结果产生很大的影响。例如，在快车这一网络约车行业子市场中，滴滴与优步中国的市场占有率之和接近 100%。于是，滴滴在兼并优步中国后，近似于独占快车市场，此时它将可能获得非常大的市场势力，或者滥用市场势力大规模盈利的能力。

其二，如果平台企业通过纵向兼并获得了市场势力并且有滥用这一势力的垄断行为，那么传统反垄断分析方法与工具将仍然具有较好的适用性，同时，反垄断执法机构也可以基于过去的丰富经验进行相应的反垄断规制。特别地，如果卖方数量非常少，或者平台企业将潜在兼并目标规定为唯一的供货商，那么纵向兼并后的平台企业就回归于传统单边企业，其行为及其相应的福利效应就会符合传统产业组织理论的预示。

纵向兼并是企业实现纵向一体化的主要途径，这在单边市场中较为常见。然而，在双边市场中，平台企业的运营目的在于内部化市场两边之间产生或者存在的外部性并从中获利。因此，平台企业通过纵向兼并实现产业链扩张的情形非常少见：一方面，网络效应是双边市场的根本特征和形

① 与之相对的是平台内部竞争，包括平台企业与平台内经营者或用户之间的竞争，以及某一组平台内经营者或用户之间的竞争。

② 该盈利性的增强，主要来自于兼并后潜在交易量的增加或交易规模的扩大。

成基础，这意味着市场两边通常都有数量较多的用户，此时平台企业纵向兼并并不现实，同时也缺乏实际意义；另一方面，如果平台企业要向市场一边扩张（通常是进入卖方一边），其要么在做平台的同时“兼任”市场用户（即卖家），要么完全转变为传统单边企业（或经销商），即将市场一边内部化为自身的一部分。网络购物行业就是一个最鲜明的例子，其中，淘宝与天猫专职做平台，京东商城与1号店同时做平台和经销商，而苏宁易购等则专职做经销商。

为提高研究对象的广泛性和研究结论的有用性，我们考虑更为广泛的纵向一体化而非少见的纵向兼并①。也就是说，在分析过程中将纵向兼并涵盖在纵向一体化之中。当然，在双边市场这一范畴内，我们主要考虑类似京东商城这种“兼任”中介和市场参与者的纵向一体化情形。

最后，在双边市场中，双边平台或平台企业对市场一边某些用户施加的纵向约束，通常与纵向一体化有类似效果。具体而言，双边平台通过排他性或限制性协议、纵向投资等方式，将市场一边的全部或部分重要用户绑定在平台上，如此可以实现更好的平台运营或获取更多的利润。例如，在网络购物行业中，天猫、京东②等B2C平台可能会与某些品牌签订独家销售协议，即要求这些品牌商家只能单属。此时，单属商家与双边平台之间就有着一种紧密联系，因而，可以视为平台企业纵向兼并了这些商家。纵向约束无疑对市场竞争有较大影响，因此，我们在讨论纵向一体化时，也会考虑纵向约束情形③，或者说并不将其与通常意义上的纵向一体化进行明显区分。特别需要注意的是，双边平台或平台企业的纵向一体化不仅会加剧平台间竞争，而且还可能引发平台内部竞争。也就是说，纵向一体

---

① 纵向一体化的方式主要有3种，其一是纵向生成（Vertical Formation），即企业创立之初就出现的纵向一体化；其二是纵向扩张（Vertical Expansion），即企业内部实现增长后在相邻产业链阶段成立新部门所引致的一体化；其三是纵向兼并，即企业通过兼并相邻阶段企业所形成的纵向一体化。也就是说，本书所讨论的纵向一体化可能是这3种方式中的任意一种。

② 事实上，京东同时采用了单边市场模式和双边市场模式。在后续章节，我们将以此为例进行考察。

③ 纵向约束或纵向控制同样能够获得纵向一体化的好处。

化可能要比横向兼并情形更加复杂。当然，在本书中我们暂且仅考虑纵向一体化对平台竞争的影响及其福利效应。

## 1.3　双边市场发展现状

事实上，双边市场本身早在“双边市场”这一概念以及相应理论出现之前就已经大量存在。例如，在我国婚姻制度中，媒婆的作用就是为未婚男女牵线搭桥并促成婚姻。在这一小节中，我们重点论述 3 个方面的内容，即双边平台的主要分类、我国双边市场的发展概况和双边市场的发展趋势。

### 1.3.1　双边平台主要类型

尽管不同双边市场所提供的产品或服务存在较大差异性，但是其价格策略、连接方式、盈利模式等却高度相似。因此，将双边市场简单分类有助于进行理解和分析。正如前文所说，平台企业的策略选择而非市场本身的技术特征决定了市场是否具有双边性质。于是，我们主要根据双边平台的相应特征来进行分析。一般而言，可以采用连接性质、平台功能和开放程度 3 种标准①对双边平台进行分类（徐晋，2007），具体如下所述：

第一，根据用户和平台之间的连接性质，将双边平台分为纵向平台、横向平台和观众平台 3 类。

通常而言，纵向平台促使市场两边之间形成实际交易。例如，购物中心促成入驻商家与消费者之间的交易，信用卡促成商家与消费者之间的交易，而游戏平台则促成游戏开发商与游戏玩家之间的交易。相反，横向平台的作用主要是促成同类用户内部不同群组之间的交互。人们通过电子邮件系统、社交网络或者移动手机等平台进行交互，相应用户都可以归为同

① 事实上，3 种标准内部以及相互之间并没有严格区别，我们仅用这些分类来简化分析。

一类群体，并且有着相同的地位，只是根据交互行为而分为不同的群组。例如，在移动通话中，拨号者与接听者是几乎同质的个体。观众平台通过提供某种服务或产品将观众吸引到平台上来，然后，向商家或广告商出售观众的注意力[①]。其中，平台的服务或产品通常是由市场另一边——商家赞助并免费提供给观众的。相应的例子非常多，包括报纸、电视频道、网络搜索引擎、网络媒体等。具体而言，3 类双边平台的差异在于：在纵向平台上，市场两边之间有着明确的买卖交易关系；而在横向平台中，两边用户或两个用户群组之间主要通过平台进行交互而非交易；另外，在观众平台上，市场两边——观众与商家[②]之间不存在直接的交易或交互，他们的交互主要在平台之外直接进行。

第二，根据平台自身的开放程度，将双边平台分为垄断平台、封闭平台和开放平台 3 类。

所谓垄断平台，是指市场一边仅存在一个用户，即该用户（通常是卖家）垄断整个平台。一个典型例子就是百货商厦，如果商厦中的所有店铺都被同一个卖家全部租下，那么该商厦就是垄断平台。当然，这里的垄断平台并不等同于平台垄断，也就是说平台并不一定垄断了市场一边，而垄断卖家也不一定垄断了所有平台。封闭平台是指已经加入平台的市场一边用户有权阻止其他潜在用户的进入，从而达到控制同组用户规模的目的[③]。与此不同，在开放平台中市场两边用户均可以自由进出市场。也就是说，封闭平台与开放平台的区别在于前者存在对用户身份的验证与/或某种类型的歧视，而后者则没有明显的身份歧视。例如，私人俱乐部、非垄断的购物商厦[④]等属于封闭平台，而滴滴、优步中国、天猫商城等都是开放平台。

第三，根据平台所承担的功能，将双边平台分为市场制造者、受众制

---

① 具体形式是商家在平台上投放广告并吸引观众的注意。

② 除了这两边之外，观众平台通常还连接着不同的内容提供商，因而是典型的多边市场。

③ 这样做的原因是，在某些情况下同组用户之间会存在负的组内外部性。例如，当用户数量较多时，群组内部会产生拥挤效应。

④ 商厦的面积以及店铺是一定的，在位商家能够阻止潜在进入者的进入。

造者和需求协调者 3 类（Evans，2003b）。

其中，市场制造者（Market – maker）为市场中的不同群组提供进行交易的场所，并且促成这种交易规模化。例如，期货交易所、房地产中介等将买卖双方之间原本零散的需求集中在一起，从而形成了一个具体化的市场。如果没有双边平台，那么这一特定市场就不可能存在。对于受众制造者（Audience – maker）或广告赞助型媒体（Advertising – supported Media）而言，其作用在于将观众与广告商匹配起来，最终促成两者之间的交易。也就是说，受众制造者就是上述分类中的观众平台，它们将观众吸引到平台上来，然后，将有消费需求的观众与相应的广告商（或其代理的商家）匹配起来。这种平台包括杂志、报纸、电视、黄页、门户网站等，它们向市场一边——观众（免费）提供内容，并向市场另一边——广告商出售用户的注意力。同时，观众与广告商之间的具体交易并不必然通过平台进行。所谓需求协调者（Demand Coordinator）是指平台提供某种产品或服务，这种产品或服务能够使两个不同市场中的用户群组之间产生间接网络外部性。此时，平台的作用在于协调两边之间的不同需求。以操作系统为例，Windows 操作系统连接着用户与应用软件开发商，其中，用户必须在安装 Windows 之后才能使用应用软件，而开发商也必然需要 Windows 的支持才能够运行。因此，尽管用户与开发商之间彼此存在需求，但是这种需求必须要有 Windows 的协调才能够转换为实际交易。也就是说，与市场制造者提供交易机会或受众制造者出售用户注意力/信息不同（徐晋，2007），需求协调者承担着提供媒介的作用。相比之下，这种双边平台较为特殊，其他例子还包括银行卡、支付平台、电子游戏控制台等。

相比之下，Evans（2003b）提出的分类标准更加直观，因为它强调了双边平台的优点，即向市场两边提供实质或虚拟的交互/交易场所，从而降低双方之间寻找潜在交互/交易对象的交易成本（主要是搜寻成本）。因此，我们将根据这一分类来考察双边市场的发展情况。

### 1.3.2 我国双边市场概况

如前所述，互联网的普及促进了我国双边市场的多样化、规模化、快速化发展。同时，互联网逐渐普及的过程也正是我国国民经济快速发展的时期。因此，我国的双边市场或双边产业很多都是依托于互联网而发展成熟起来的，这一点在表1-1中得到了鲜明体现。我国双边市场的种类非常之多，并且借助互联网之力“侵蚀”了很多经济领域。为此，考虑到本书的研究主题，我们在表1-1中仅列举了当前我国市场集中度较高或者属于全国性市场的双边市场案例。也就是说，这里并没有罗列平台企业数量众多或者不属于全国性市场的领域，例如，报纸、杂志、百货商场等。这样处理的目的在于，为分析互联网经济大浪潮下双边市场的发展趋势奠定基础。其中，根据 Rochet & Tirole（2003）、Evans（2003b）等，我们对这些市场进行了分类和说明。此外，对于部分双边平台，本书收集了其背后的母公司或者主要控股公司的相关信息。

**表1-1　我国主要双边市场及其类型**

| 行业 | 平台 | 主要平台企业 | 类型 | 甲方 | 乙方 | 主要收入来源 |
|---|---|---|---|---|---|---|
| 网络约车 | 约车平台 | 滴滴（阿里巴巴、腾讯）、优步、神州专车 | 市场制造者 | 乘客 | 司机 | 给付费用抽成或差价 |
| 在线旅游 | 旅游网站 | 携程（百度）、去哪儿（携程）、艺龙、途牛 | 市场制造者 | 游客 | 酒店景点 | 差价、广告费 |
| 第三方移动支付 | 支付软件 | 支付宝（阿里）、财付通（腾讯）、百度钱包（百度）、拉卡拉 | 需求协调者 | 消费者 | 商家 | 服务费、利息、投资收益和广告收入 |
| 支付系统 | 信用卡 | 银联、Master、Visa | 需求协调者 | 消费者 | 商家 | 交易费 |

续表

| 行业 | 平台 | 主要平台企业 | 类型 | 甲方 | 乙方 | 主要收入来源 |
|---|---|---|---|---|---|---|
| 房地产中介 | 中介所 | 链家、我爱我家、合富置业 | 市场制造者 | 买方<br>租户 | 卖方<br>房东 | 佣金、抽成 |
| 职业中介 | 中介所 | 前程无忧、智联招聘、中华英才网、58 同城（腾讯） | 市场制造者 | 求职者 | 招聘企业 | 会员费、广告费用、推广费用 |
| 软件 | 操作系统 | Windows（微软）、Android（谷歌）、OS（Apple） | 需求协调者 | 用户 | 应用软件开发商 | 对乙方的授权许可收费、销售收入 |
| | 浏览器<br>搜索引擎 | 360 浏览器（奇虎 360）、IE（微软）、Chrome（谷歌）、搜狗、百度浏览器（百度）、腾讯 QQ 浏览器（腾讯） | 需求协调者 | 用户 | 网站服务商 | 广告费 |
| 网络媒体 | 门户网站 | 搜狐、腾讯、雅虎、新浪 | 受众制造者 | 浏览者 | 广告商 | 广告费、会员费 |
| | 在线视频 | 乐视、爱奇艺（百度）、腾讯视频（腾讯）、优酷土豆（阿里巴巴） | 受众制造者 | 观众 | 广告商 | 广告费、会员费 |
| | 社交平台 | QQ（腾讯）、微信（腾讯）、微博（新浪）、百度贴吧（百度）、豆瓣 | 受众制造者<br>需求协调者 | 用户 | 其他用户<br>广告商 | 广告费、会员费 |

续表

| 行业 | 平台 | 主要平台企业 | 类型 | 甲方 | 乙方 | 主要收入来源 |
| --- | --- | --- | --- | --- | --- | --- |
| 餐饮/娱乐/网络购物 | 团购网站 | 美团（腾讯）、百度糯米（百度）、大众点评（腾讯）、聚划算（阿里巴巴）、口碑（阿里巴巴）、聚美优品 | 市场制造者 | 消费者 | 商家 | 广告费、服务费、会员费 |
| | 外卖网站 | 美团外卖（腾讯）、百度外卖（百度）、饿了么（阿里巴巴）、口碑外卖（阿里巴巴） | 市场制造者 | 消费者 | 餐馆 | 提成/差价、广告费 |
| | 电影票网站 | 猫眼电影、百度糯米（百度）、微票儿（腾讯）、淘票票（阿里巴巴）、豆瓣电影 | 市场制造者 | 消费者 | 电影院 | 提成/差价、广告费 |
| | 购物网站 | 淘宝（阿里巴巴）、天猫（阿里巴巴）、京东商城（腾讯）、1号店、亚马逊、唯品会等 | 市场制造者 | 消费者 | 商家 | 商家支付的技术费与广告费、剩余资金收益 |
| 证券交易 | 交易所 | 上海证券交易所深圳证券交易所香港交易所台湾证券交易所 | 市场制造者 | 投资者 | 债券发行者 | 手续费、佣金 |

注：第一，在主要平台企业一列中，括号内表示相应平台企业的母公司或主要控股公司；第二，关于房地产中介、职业中介、团购网站等领域的主要企业，可以参见《十大品牌网》中根据实际数据给出的排名①。

① 《十大品牌网》的网址为：http：//www. china - 10. com/china/1037fzj_ index. html。另外，表 1 - 1 中的分类和说明较为简单，并未完全囊括双边市场的全部。

### 1.3.3 双边市场发展趋势

得益于互联网技术的发展和互联网的普及，很多传统经济活动都有了采用双边市场模式开展/运营的可能。于是，双边市场日益多样化，并迅速影响到经济社会生活的各个领域。然而，当一个双边产业从新兴阶段逐步进入成熟阶段后，其市场往往有着大致相同的变动轨迹。综合分析表1－1中的情况，可以得出双边市场有以下发展趋势：

第一，平台企业兼并大量出现，市场集中度不断提高且寡头垄断格局逐渐形成。在新兴产业出现之后，大量企业会受预期利润的激励而争相进入市场，由此产生的结果就是市场集中度较低。此时，市场竞争将会非常激烈，这将引起企业之间的兼并重组。特别地，在双边市场中，市场占有率直接决定着平台企业能够产生网络效应的规模以及可能赚取的利润。因此，在进入成熟阶段后，平台企业通常会借助于兼并来实现规模扩张，这将使得市场集中度不断提高。同时，由于网络效应所引致的特殊性，平台企业的兼并会使得市场形成寡头垄断格局。在表1－1中的行业中，平台兼并典型案例包括美团网与大众点评合并、滴滴兼并中国优步、携程网收购艺龙网和去哪儿网等等。

第二，平台企业从补贴转向收费，并逐步从完全亏本运营向微薄盈利转变。正如Caillaud & Jullien（2003）等经典文献所论证的，在市场培育阶段，平台企业需要解决“鸡蛋相生问题”以及“吸引市场两边加入平台”等关键问题。此时，平台企业通常需要给市场一边提供补贴以激励其加入平台，并以这一边能够提供的交叉网络效应吸引另一边的进入。也就是说，在平台培育阶段对市场一边或两边进行补贴是普遍的现象。而在成熟阶段，尤其是发生大量兼并之后，平台企业同时有盈利的可能性和必要性。这时，它们将向原先接受补贴的市场参与者收取费用，最终获取能够弥补前期亏损的利润。同样以表1－1中的行业为例，爱奇艺、乐视、腾讯视频等在线视频网站纷纷开始向观众收费①，而支付宝、财付通等第三方支付平台也开始向用户收取服务费和佣金。

第三，平台企业交叉持股，大型平台企业纷纷实行多元化发展。在市场培育阶段，平台企业为获得成功运营所必需的临界规模而展开激烈竞争，而补贴或者免费提供服务/产品就是一种主要的竞争方式。如此，各个企业很难获得正的利润。当市场发展成熟到一定阶段，企业出于盈利的考虑将会有弱化竞争的激励。其中，一种主要方式就是交叉持股，企业之间通过这种方式建立起利益关联，从而提高经营策略的协同性，降低彼此间商业行为的竞争性。同时，依托于庞大客户基础这一鲜明优势，成功的大型平台企业通过兼并、入股、扩张等方式走向多元化发展。从表 1-1 可以看到，我国互联网经济的一个典型事实就是百度、腾讯和阿里巴巴 3 家企业（简称为“BAT”）几乎渗透到了各个双边市场特别是 O2O 领域。例如，除保持原有核心业务——搜索引擎外，近些年来百度先后进军在线旅游、第三方移动支付、网络媒体、团购网站、外卖等领域。特别地，这种多元化扩张最终引致了 BAT 三分天下整体格局的形成。而正是双边市场的这种特点，我们需要加强对相关反垄断问题的研究，在避免不当的反垄断规制造成市场扭曲的同时，也要通过适当、合理的反垄断规制来抑制潜在的反竞争行为，以促进市场公平竞争、保障社会福利。

第四，平台企业之间更加注重差异化竞争。企业的主要目标就是追求利润最大化，而激烈的市场竞争将使得企业难以获得高额利润。因此，企业有降低市场竞争程度的内在激励，而差异化竞争则是实现这一目的的重要方式。从表 1-1 可以看出，在各个双边市场领域，差异化竞争日益受到平台企业的青睐。例如，在网络约车领域，滴滴和神州专车都提供专车服务，但是它们将不同的人群作为主要客户。同样，各个社交平台也都有着自己特定的目标人群。特别地，像 BAT 这 3 家大企业还会在同一个领域实

① 在线视频网站的一个特点是，收费与付费同时存在：不付费的非会员用户不能跳过广告，而会员则可以跳过广告。也就是说，视频网站实行了歧视性定价。

行自身产品或服务的差异化。例如，在网络购物方面，阿里巴巴同时运营淘宝和天猫两个有较大差异的平台。可以说，随着双边市场的不断发展，平台企业之间的差异化程度将会逐渐提高。依托这种经营策略，在位的平台企业将有获得较高利润的可能。

第五，双边市场与单边市场相互融合，O2O 成为新兴热门领域。在互联网快速普及尤其是移动终端用户大量增加后，经济社会中的很多领域都有了“触网”的可能性。特别地，在我国政府将“互联网 +”上升至国家战略层面后，越来越多的企业开始通过双边市场模式为消费者提供产品和服务。也就是说，双边市场与单边市场在逐渐融合，很多经济活动同时在两种模式下进行。其中，以线上交互/交易、线下提供产品或服务的 O2O 模式①开始兴起。除了市场规模已经较大的网络约车、外卖等外，上门按摩、上门洗车、上门化妆等 O2O 新领域也已成为经济热点。特别地，BAT 等大型平台企业也争相将重点布局 O2O 作为重要战略。例如，阿里巴巴以支付宝为依托，先后进入了购物、娱乐、理财、教育、医疗等关键领域。更进一步地，阿里巴巴还有构建网络社区的发展目标。

毫无疑问，以上发展趋势本质上反映了双边市场平台竞争的特征，它们表明：双边市场的平台竞争以及随之产生的平台企业兼并对社会福利尤其是消费者福利的影响，可能远大于传统单边市场相应活动的影响。因此，在对平台企业兼并以及相关反垄断问题进行分析时，必须重点考虑双边市场的典型特征，以免产生不必要的错误以及由此造成的市场扭曲。

## 1.4 本书概览

### 1.4.1 研究内容

目前，反垄断执法机构所面临的一个困境是：主导平台企业发起的兼

① 值得一提的是，O2O 模式要取得成功，相应经济活动通常必须同时具备高频交易和刚性需求两个条件。

并活动或提出的兼并申请日益增加，但现阶段社会各界对平台企业兼并可能产生的竞争效应和福利效应却尚未达成共识。特别地，理论研究和经验事实也都证明：原有的经济学理论和评估方法都不再完全适用于双边市场，继续用以指导反垄断规制必然会得到错误结论，并可能造成更严重的市场扭曲和福利损失。因此，深化双边市场理论研究在现阶段非常重要，这在考虑到双边市场类型以及特征的多样性、复杂性时尤其明显。有鉴于此，我们聚焦于分析平台企业兼并的竞争效应和福利效应，并探讨其中可能存在的反垄断问题以及应对之策，以期为反垄断执法机构的决策提供依据和支持。

以典型案例和事实为现实背景，本书将重点分析如下问题：一是平台企业横向兼并是否必然会减弱市场竞争，并最终导致市场价格提高以及两边用户剩余减少；二是平台企业纵向一体化是否会产生市场封锁，并最终损害用户剩余和社会福利；三是平台企业兼并会引发哪些需要反垄断执法机构重点关注的潜在反垄断问题；四是在对平台企业兼并进行反垄断调查或规制时，应当用什么经济学方法进行准确地、有针对性地分析和评估。

具体而言，本书内容将按照如下思路展开：首先，梳理已有研究成果，界定本书研究的起点和潜在贡献，并奠定后续研究的理论基础；其次，以具体产业中的实际案例作为背景，对平台企业兼并可能产生的竞争效应和福利效应进行规范分析和数值模拟；最后，结合相关反垄断案例和已有文献，全面分析平台企业兼并的潜在反垄断问题，并讨论可行的经济学分析方法与工具。其中，规范分析通过考察价格的变动，简单评估平台企业兼并对市场竞争和用户福利的冲击，而后续内容则是针对平台企业兼并市场影响的全面、系统分析。

### 1.4.2 基本框架

第 1 章为导论。在清晰阐述研究背景和意义的前提下，首先界定研究对象以及两个主要概念——双边市场和平台企业兼并，然后讨论我国双边市场的发展现状、主要特征以及变动趋势，以此奠定后续研究的现实基础。

第 2 章为文献综述与理论基础。在概述双边市场理论基本情况之后，我们分别从横向兼并和纵向一体化两个方面着手梳理和讨论关于平台企业兼并的已有研究。其中，根据平台之间的关系将平台企业横向兼并进行了分类，同时也将纵向约束作为纵向一体化的一种替代或同质方式纳入到了考察范畴。通过对已有文献的整理，进一步明确我们的研究起点和理论基础。

第 3 章为双边市场平台企业横向兼并分析。以备受关注的滴滴合并优步中国为现实背景，对平台企业横向兼并所可能产生的竞争效应和福利效应进行规范分析。我们以 Armstrong（2006a）、Rochet & Tirole（2006）为基础构建和拓展可以刻画现实的理论模型，并将使用外部性以及网络约车市场的重要特征——异质性纳入分析框架。在双寡头和多寡头两种不同框架中，通过对比分析平台企业兼并前后两种情形（即平台竞争和平台联合经营）的均衡价格以及均衡利润来探讨平台企业横向兼并的潜在影响。

第 4 章为双边市场平台企业纵向一体化分析。考虑到 B2C 网络购物行业中普遍存在的纵向一体化和纵向约束行为，我们以此为具体情境并通过拓展 Armstrong（2006a）、Armstrong & Wright（2007）的模型来进行分析。其中，我们主要讨论了 B2C 平台普遍采用的纵向一体化发展策略和纵向约束策略，并将用户所支付价格的变化作为主要关注点。同时，基于规范分析的结果，我们进行了简单的数值模拟，以进一步明确交叉网络外部性和平台异质性对平台企业纵向一体化之作用产生的影响。

第 5 章为双边市场平台企业兼并的潜在反垄断问题分析。以已有案例和相关文献为基础，深入探讨平台企业兼并可能引致的反垄断问题。具体来讲，我们考察了横向兼并的单边效应与协调效应，以及纵向一体化在封锁竞争对手与加快市场势力扩张方面所发挥的作用。同时，对平台企业兼并的长期或间接福利效应进行了分析，以提高相应反垄断调查与规制的有效性与全面性。

第 6 章为双边市场平台企业兼并反垄断问题的经济学分析。针对原有分析方法与工具难以适用这一紧迫问题，我们对平台企业兼并反垄断审查/规制必然涉及的3个主要问题——相关市场界定、市场势力测度和成本效率考虑进行了系统的经济学分析。也就是说，这一部分的重点在于探讨现阶段应对平台企业兼并问题应该以及可以使用的分析方法、测度工具与考察视角，以期为反垄断执法机构应对日益频繁且影响甚广的平台企业兼并提供帮助。

第7章是对全书的总结。我们以规范分析、数值模拟和系统整理的所得结论为基础，从对待平台企业兼并的应有态度、聚焦点、反垄断审查的方式方法等方面提出具有针对性的政策建议。

### 1.4.3 主要贡献

与现有文献资料相比，本书的潜在贡献和创新之处主要在于：

第一，对平台企业兼并相关文献进行了系统整理，从中提炼出进一步发展的方向和要点，这为后来者深化相关研究奠定了有利基础。在发展成熟之后，双边市场通常高度集中，因而，平台企业之间的兼并非常有可能引致竞争削弱、社会福利受损等不利结果。然而，聚焦于平台企业兼并的相关研究尚且较少，且大多是通过间接方式进行考察。从横向兼并和纵向一体化两个方面出发，我们将已有研究成果和有益结论进行了整理和归纳。在横向兼并方面，按照兼并方与被兼并方之间的关系，将其分为一般性、异质性和互补性3种类型。考虑到纵向约束在限制用户多属行为方面的作用，本书将其作为纵向一体化的一种重要形式进行了探讨。根据细致的对比分析，提出了后续研究可以拓展的方向，同时也为本书后续研究奠定了理论基础。

第二，以我国经济中的具体产业和案例为情境，在拓展经典模型后分别对双边市场平台企业横向兼并和纵向一体化的竞争效应和福利效应进行探讨，这对于深化和完善理论研究、加强其适用现实和指导实践的能力大有裨益。在横向兼并部分，我们选用近几年发生且具有较大影响力的滴滴与优步中国合并作为背景进行分析。在 Armstrong（2006a）、Rochet & Tirole（2006）的基础上，构建能够刻画网络约车市场基本特征的简单模型，并分别在双寡头（即快车市场）和多寡头（即一般网络约车市场）两种市场结构下进行详细考察。在纵向一体化方面，选用相关行为较为普遍且与经济社会生活关系密切的网络购物行业作为背景。在 Armstrong（2006a）、Armstrong & Wright（2007）等文献的基础上，我们率先系统地考察纵向一体化发展和纵向约束（以单属补贴为例）对双边市场均衡价格以及平台企业可得利润的影响。其中，本书将网络购物行业的基本特征纳入到模型之中，以此提高相应理论对经济活动或实践的解释和指导能力。总的来讲，本书理论分析和数值模拟所得到的结论和观点有助于深化人们对双边市场以及平台企业兼并的认识，并为反垄断执法机构理解和应对类似行业/领域中的平台企业兼并案例提供评价基准和决策依据。

第三，以相关文献和实际案例为基础，全面分析平台企业兼并的潜在反垄断问题，并对其中几个关键问题进行了深入且具有现实意义的分析，这能够为反垄断执法机构应对可疑垄断威胁提供决策指南以及可以使用的工具/方法。本书第 3 章和第 4 章通过对比兼并前后的价格变动，考察平台企业兼并的竞争效应和福利效应，但平台企业兼并的实际影响却并不局限于此。特别地，由于双边性质以及由此产生的企业经营策略创新，双边市场中的平台企业兼并有着鲜明的不同于单边市场的一些特征。为此，我们系统考察平台企业兼并可能造成的反竞争效应和负向福利效应，以提炼相应反垄断规制应当关注的重点。同时，为避免不当干预可能引致的市场扭曲，我们还附带讨论了平台企业所受的不同约束，以提高相关分析的系统性和全面性。考虑到目前存在的较大争议，我们着重考察应对平台企业兼并的 3 个核心问题：相关市场界定、市场势力测度和成本效率权衡。即在简要分析平台企业兼并的特殊性后，重点归纳总结可用于反垄断规制或执法具体实施过程的分析方法，并从中梳理出对于反垄断执法机构以及学术界而言需要重点注意并加以改进的要点及方向。

# 2. 文献综述与理论基础

20 世纪后期，传统产业组织理论在指导涉及信用卡、操作系统等领域的反垄断执法中遭遇许多困难，理论与现实之间的差距提出了发展和完善理论的要求。自 Rochet & Tirole 于 2001 年前后提出“双边市场”这一概念之后，在 Rochet & Tirole（2003，2006）、Evans（2003a，2003b）、Caillaud & Jullien（2003）、Armstrong（2006a）等专家的努力下，双边市场理论迅速成为产业组织理论的一个新分支。经过十多年的发展，学者们已经建立起较为完善的双边市场理论体系，研究主题涉及双边市场的各个方面。然而，关于平台企业兼并的研究还略有不足，无法满足反垄断实践的需要。同时，在根据双边市场理论制定并实施竞争政策方面也还存在较大争议（Auer & Petit，2015），这些都需要我们不断加深对该理论本身及其适用性的了解。有鉴于此，本书系统地讨论了我国现有平台企业兼并的事实以及相关反垄断问题。而在本章中，我们将详细梳理与平台企业兼并有关的研究成果，从而为后续研究奠定理论基础。

## 2.1 双边市场理论概述

### 2.1.1 双边市场理论起源

双边市场理论是传统产业组织理论的一个新的发展，其出现是因为原有理论无法解释与双边市场有关的事实和争议。正如 Rochet & Tirole（2003）所指出的，双边市场理论是网络外部性（Network Externalities）与多产品定价（Multiproduct Pricing）结合之后的产物。也就是说，双边市场理论的起源主要是网络经济学和多产品定价理论。

外部性以及如何克服外部性所引致的市场失灵，一直都是经济学研究的中心问题之一。关于外部性问题的研究最早起源于马歇尔在1890年发表的《经济学原理》，随后庇古在1920年出版的《福利经济学》中继承并拓展了这一概念。庇古区分了外部经济与外部不经济，并探讨用税收手段来解决外部不经济所引发的相关问题（即设置"庇古税"）。伴随着电信、互联网等网络型产业的发展，Rohlfs（1974）首先提出了"网络外部性"这一概念。随后，Katz & Shapiro（1985）给出了正式定义，即"消费者或用户参与某项经济活动所得收益与共同参与该项活动的经济主体的数量成比例"。之后，在Katz & Shapiro（1986，1994）、Farrell & Saloner（1985，1986）、Choi（1994）、Liebowitz & Margolis（1994，1995）、Economides（1996）等人的努力下，网络外部性成为网络经济学的一个基本概念。而随着网络产业（Network Industry）的规模化发展，网络型产品、软件平台以及网络竞争等话题也成为社会尤其是经济学界关注的热点（Laffont等，1998a、1998b）。

与外部性一样，产品定价（Product Pricing）也是经济学的核心问题之一，而价格理论（Price Theory）更是微观经济学的理论中心。传统经济学主要研究企业生产单一产品时的最优定价问题，但多产品企业的出现使得原有理论不再具有充分的解释力，这是因为：多产品企业对某种产品的定价会受到其他产品定价的影响，也即同一企业所生产产品的价格之间存在相互依存性。考虑到这些问题，Spence（1980）、Baumol等（1982）、Wilson（1983）等专家提出了多产品定价理论，并且在Armstrong（1996）、Giulietti & Waterson（1997）、Sibley & Srinagesh（1997）、Rhodes（2011）、Shelegia（2012）等的继续努力下得到进一步丰富和拓展。

双边市场理论是基于以上两种理论的新发展，其区别在于：一方面，网络经济学重点考察网络外部性及其引致的相关问题，但却忽视了多边性质（Multisideness）和价格分配问题；另一方面，多产品定价理论全面考察了产品定价决策间的相互依赖性，但没有考虑网络经济学所关注的核心问题——网络外部性。一个典型例子是，购买剃须刀的消费者可以内部化其购买行为对刀片需求和所得剩余的影响。与此不同，双边市场中位于一边的用户无法内部化其购买行为对市场另一边用户的影响。双边市场理论在一个统一框架下考察这些问题，这也就意味着双边市场必然具有以下基本特征：

其一，存在网络外部性。事实上，网络外部性可以分为直接网络外部性（Direct Network Externalities）和间接网络外部性（Indirect Network Externalities）两类[①]：前者是指用户行为对同一群组内其他用户产生的外部性，而后者是指用户行为对不同群组用户所产生的外部性。在双边市场中，不一定存在直接网络外部性，但必定存在间接网络外部性[②]，即市场两边用户对产品或服务的评价和需求受市场另一边用户数量或者行为的影响。

其二，存在多产品企业，主要是指双边平台或平台企业提供彼此之间存在互补性或依存性的多种产品或服务。与单边企业可以仅生产/销售单一产品或服务不同，平台企业连接着两组不同用户，它必须提供两种及以上的产品或服务。例如，电信企业为一方用户提供拨打电话的服务，而为另一方用户提供接听电话的服务；操作系统为使用者一方提供使用应用软件的平台，为软件开发商一方提供开发应用软件的“场所”；网络约车平台为乘客方提供约车服务，同时向司机方提供搜寻乘客的服务。非常明显，平台企业所提供的多种产品或服务彼此之间相互依赖。

---

① 如果将市场中的用户分为不同的群组，那么也可以将外部性分为组内外部性（Intra - group Externalities）和组间外部性（Inter - group Externalities）。

② 事实上，Rochet & Tirole（2003，2006）、Caillaud & Jullien（2003）、Armstrong（2006a）等双边市场经典理论文献都只考虑了间接网络外部性，而忽视了直接网络外部性。并且，他们假设间接网络外部性是正的。因此，后续理论文献对双边市场理论的重要发展就是将负的网络外部性（如消费者对广告的厌恶）和直接网络外部性（例如，拥挤效应或同一群组内商家之间的竞争）纳入到分析框架中。

### 2.1.2 双边市场定性判断

当对企业兼并的福利效应和竞争效应进行分析和评估时，判断目标企业的所在市场是单边市场还是双边市场十分重要，这是因为使用适用于单边市场的标准来评价双边市场中的平台企业兼并，必然会产生很多错误结论（Wright，2004）。于是，在关于双边市场的反垄断调查和诉讼中，市场是否具有双边性质是反垄断执法机构与企业之间争论的焦点。其中，典型案例是各国针对全球最大搜索引擎——谷歌进行的反垄断调查与诉讼（Luchetta，2013）。因此，在考察平台企业商业行为尤其是平台兼并是否具有反竞争效应时，应当将确定市场是否具有双边性质作为基本前提。

正如上文所说，双边市场必然具有网络外部性和互补性产品这两个基本特征。然而，凭此并不足以准确区分单边市场和双边市场，很多网络型单边市场同样具备这些特征。由于双边市场所具有的多样性和复杂性，我们很难提出界定双边市场的充分必要条件。退而求其次，可以根据若干个必要非充分条件进行判断，主要包括以下 3 个方面①：

第一，科斯定理失灵（Rochet & Tirole，2003、2004）。双边平台是介于市场与一体化组织/企业之间的中间型组织形态，其产生的根源在于经济主体无法通过市场交易方式或者一体化组织来内部化彼此之间存在或者相互施加的外部性（包括组内外部性和组间外部性）。或者说，经济主体之间实现大规模交易/交互会面临巨额交易成本，而这种成本无法在彼此之间进行有效分担。基于此，Rochet & Tirole 认为，双边市场存在的一个必要前提就是科斯定理失灵。如果科斯定理有效，也即产权界定明晰并且市场中的交易成本足够小，那么市场两边的用户可以通过讨价还价的方式实现网络外部性的内部化，最终实现帕累托最优结果。此时，双边平台就

① 在这 3 个条件中，Rochet & Tirole（2006）认为根据交叉网络外部性认定的双边市场范围过广。同时，他们提出科斯定理失灵是双边市场存在的必要条件，而充分条件是价格结构非中性。然而，这一充分条件并没有得到学术界的一致认可，因此，我们将价格结构非中性列为必要条件非充分条件，而并非充分必要条件。

不再具有存在的必要性和意义。例如，如果市场交易成本较低，那么用户就可以避开双边平台直接进行交易。正是因为市场两边用户无法通过相互间的自发协调来解决外部性内部化这一问题，因而，双方之间要进行规模化交易必须依靠双边平台的协调机制。也就是说，在双边市场中必然会存在科斯定理失灵，但满足科斯定理失灵条件的市场却并不必然是双边市场。

第二，价格结构非中性（Rochet & Tirole，2003、2006）。在双边市场中，市场两边用户之间对平台所提供产品或服务的需求具有相互依存性。此时，平台企业调整对市场一边用户的定价不仅会影响该边用户的需求，而且还会导致市场另一边用户的相应需求发生变动。因此，双边市场的另一个定性特征就是价格结构非中性：给定对市场每一边相应收取的价格，如果平台实现的最终交易量仅取决于价格总水平，而对价格结构的变动或市场两边价格水平比例的变动不敏感，那么这些交易所发生的市场就是传统单边市场；与此相反，当平台企业所制定的价格总水平一定时，如果平台上所实现的交易量会因为价格结构或市场两边相对价格水平的变动而发生明显变化，那么这种双边交易或者交互所发生的市场就是典型的双边市场。如图 1－3 所示，假如平台企业对买方 $B$ 和卖方 $S$ 的定价分别为 $p^B$ 和 $p^S$，并令 $p=p^B+p^S$。如果平台上实现的交易量 $V$ 仅与 $p$ 的大小有关，而同 $p^B$ 和 $p^S$ 的相对大小无关，那么该市场就是单边市场；相反，当 $p$ 保持不变时，如果企业能够通过调整（$p^B+\Delta$，$p^S-\Delta$）（即调整 $\Delta$，该参数可取任意值）来改变市场交易量 $V$，那么该市场就是双边市场。王学斌等（2006）将这一性质概括为“失之东隅，收之桑榆”，即平台企业在市场一边承受损失并在市场另一边得到更大回报。当具备这一性质时，双边平台就可以同时将调整价格总水平和价格结构作为改变平台交易量的策略性手段。当然，在使用该性质判断某个市场是否属于双边市场时，还必须至少满足两个基本前提：其一，市场一边（通常是提供产品或服务的卖方）不能对市场另一方实施额外收费；其二，市场不是完全竞争的（Gans & King，2003）。

第三，交叉网络外部性（Evans，2003b；Armstrong，2006a）[①]。Evans（2003b）指出，双边市场存在的基本条件之一，是市场两边用户的需求或者行为之间存在间接网络外部性。然而，间接网络外部性只是界定双边市场的必要非充分条件。为了进一步消除其中存在的逻辑冲突，Armstrong（2006a）提出了在形式上有所退化但在逻辑上仍然保持一致的“交叉网络外部性”（Cross Network Externalities）这一概念。相应地，他对双边市场的描述是“存在两组需要通过网络型平台实现交互的用户，并且其中一组用户加入平台的收益取决于市场另一边加入该平台的用户数量”[②]。在使用“交叉网络外部性”这一判断条件时，必须满足的一个基本前提是“其他条件不变”，主要是平台企业对市场两边用户收取的费用不变。这是因为如果在市场某一边用户数量发生变动的同时，市场这一边所对应的费率或价格结构也发生了变化，那么就难以判断一边用户加入平台所得收益的变动是否来自于市场另一边用户数量的变化。实际上，交叉网络外部性与间接网络外部性并无本质区别，相反，它只是更加强调市场两边之间必然存在相互作用。

如果存在交叉网络外部性，则平台企业对市场某一方定价的调整就会产生循环反馈效应。如图 2-1 所示，双边市场中存在两个平台企业——报纸 1 和报纸 2，而市场两边用户分别是广告商（$a$）和读者（$r$）。其中，读者可以分为高收入（$h$）和低收入（$l$）两类，他们对报纸上广告的数量有着不同的偏好。如果报纸 1 降低其对广告商的定价 $p_1^a$，那么这将产生连续影响：首先，增加广告商对报纸 1 上广告空间的需求 $q_1^a$，同时减少广告商对报纸 2 上广告空间的需求 $q_2^a$；其次，报纸上广告数量的变动又会影响读

---

① 为便于理解，可以将该性质概括为“鸡蛋相生，联合需求”（Evans，2003；Caillaud & Jullien，2003）。

② 在此基础上，Rochet & Tirole（2006）进一步区分了成员外部性（Membership Externalities）与使用外部性（Usage Externalities）：前者是指一边用户加入平台的决策将对市场另一边用户产生外部性，例如，俱乐部、夜总会等；而后者是指一边用户在使用平台服务时才会产生交叉网络外部性，例如，信用卡、网络约车平台等。需要注意的是，交叉网络外部性来源的不同将影响平台企业的收费模式。

者对报纸 1 和报纸 2 的需求，并且 $q^r_{1h}$、$q^r_{1l}$、$q^r_{2h}$、$q^r_{2l}$的变动幅度不同；再次，读者需求的变动又会影响广告商的需求……这种影响将会一直持续下去，从而形成一个反馈环。

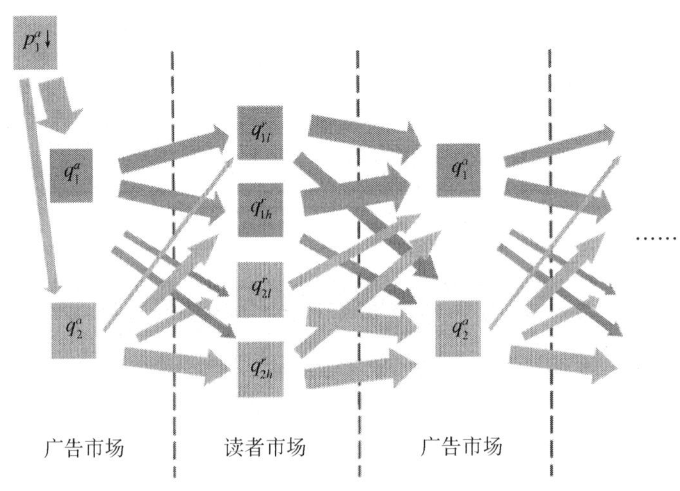


资料来源：Filistrucchi & Klein（2013）。

**图 2-1 双边市场中的网络外部性和反馈环**

事实证明，双边市场与单边市场之间并非“0—1”关系，因而，不存在纯粹的双边市场，其与单边市场之间只存在程度的区别（Evans & Schmalensee，2007；Hagiu，2007；Rysman，2009）。因此，严格来讲，在界定市场是否具有双边性质时，必须从定性判断和定量识别两个方面着手。其中，定性判断就是考察相应市场是否符合以上几个特征，而定量识别的重点是在界定相关市场后，利用可得用户层面数据验证市场中是否存在交叉网络外部性及其强度的具体大小（Filistrucchi 等，2013；傅联英和骆品亮，2013；王小芳和纪汉霖，2013）。当数据不可得时，较为粗略的做法是在界定相关市场后，对其进行定性判断。通常来讲，除科斯定理失灵外，满足交叉网络外部性和价格结构非中性两者中任何一条的市场，通常都具有双边性质。

### 2.1.3 平台运营关键问题

由于具有上述这些典型特征，双边市场平台企业的经营策略选择通常会与传统单边企业有着较大差异。特别地，当平台企业与单边企业同为市场中的完全垄断者时，平台企业在试图使用其市场势力时，也会遭遇单边企业无须考虑的制约。以图 1－3 为例，当传统单边企业（即卖方 $S$）垄断市场时，其对买方 $B$ 的最优定价遵循经典勒纳公式：

$$\frac{p-c}{p}=\frac{1}{\eta} \qquad (2-1)$$

其中，$c$ 为边际成本，$\eta$ 为 $B$ 对 $S$ 所提供产品或服务的需求价格弹性。根据 Rochet & Tirole（2003）的命题 1，具有完全垄断地位的私有双边平台的最优定价将服从以下条件①：

$$\frac{p^B+p^S-c}{p^B+p^S}=\frac{1}{\eta^B+\eta^S} \qquad (2-2)$$

$$p^B+p^S-c=\frac{p^B}{\eta^B}=\frac{p^S}{\eta^S} \qquad (2-3)$$

其中，$p^B$、$p^S$ 分别是双边平台对 $B$ 和 $S$ 的定价，$c$ 是平台提供一次交易服务所产生的边际成本，$\eta^B$、$\eta^S$ 分别是 $B$、$S$ 对平台服务的需求价格弹性。为了对比，可以将式 2－2 转换为式 2－1 的类型：$\frac{p'-c}{p'}=\frac{1}{\eta'}$，$p'=p^B+p^S$，$\eta'=\eta^B+\eta^S>1$。其中，$p$是平台制定的价格总水平，而 $\eta$是其对应的需求价格总弹性。从中可以看出，垄断双边平台的利润最大化定价与单边市场垄断企业的区别在于：第一，其垄断定价超过边际成本的比例同时取决于 $B$ 和 $S$ 两边的需求价格弹性，或者说其市场势力的大小同时受市场两边用户的影响；第二，双边平台不仅要制定价格总水平，而且还要将其在 $B$ 和 $S$ 两方之间进行分配，如式 2－4 所示，因而，价格结构同样十分重要。同时，对任意一边的定价都要将市场另一边考虑在内。

① Rochet & Tirole（2003）是以信用卡行业为现实背景进行的分析，但相关结论同样适用于其他双边产业。同时，式（2－2）和式（2－3）是同一内容的不同表达形式。

$$\frac{p^B}{\eta^B}=\frac{p^S}{\eta^S},\ p^B=\frac{\eta^B}{\eta'-1}c,\ p^S=\frac{\eta^S}{\eta'-1}c \tag{2-4}$$

由以上几个式子可知，独占市场的平台企业并不能像传统垄断企业那样滥用市场势力。相反，要想实现成功运营，平台企业必须注重并解决好以下几个彼此联系的关键问题：

第一，培育市场。虽然市场两边用户之间存在相互依赖的需求，但是受交易成本的限制，他们之间并不会进行大规模的交互，如此就无法形成对双边平台的自发需求。同时，即使双边平台已经出现，但由于尚未形成这种习惯（或者“惯性”），用户也很少会大规模地自发加入平台。因此，平台企业必须培育市场，或者说培养用户在平台上消费/交易的习惯，从而引导市场两边的用户都聚集到平台之上（Getting Both Sides on Board），最终促成市场两边交易/交互的大规模发生（Schilling，2002；Eisenmann等，2006）。

第二，用户协调。不管在培育阶段，还是成熟阶段，双边市场始终都存在外部性内部化的问题。假设一个市场中买方 $B$ 的存在对卖方 $S$ 有较强的外部性，如果平台企业不能让买方获得一定的好处，那么因为私人收益小于社会收益，加入平台或者使用平台服务的买方用户人数将会小于平台所期望的水平或社会最优水平。而当卖方也能够产生外部性时，其参与人数也会较少。此时，平台企业通常需要以补贴、折扣、回扣或者免费等方式鼓励市场一方加入平台，然后借此吸引市场另一方的加入①。也就是说，在培育阶段平台企业需要协调好市场两边用户的利益，从而解决好“鸡蛋相生问题”（The Chicken - and - egg Problem）。市场培育完成后，平台企业仍然需要协调市场两边利益，以确保任意一方都不会离开平台。

第三，临界规模。正如 Caillaud & Jullien（2003）、Armstrong（2006a）等文献所刻画的，平台企业的利润是市场两边用户数量或者两边用户之间所达成交易量的函数。因此，只有达到一定的规模，平台企业才能够获得

① 在有些市场中，平台需要同时补贴市场两边。例如，滴滴等打车平台在培育市场阶段既向消费者提供一定量的优惠券，又给予加入平台的司机以大量激励。

盈利并实现持续运营。也就是说，在通过协调利益、培育市场的过程中，平台企业必须确保自己的用户数量或者市场占有率达到临界规模。正是由于这种特征，一个双边市场通常只能容纳数量有限的平台企业。当在位者较少时，进入市场的平台企业能够通过用户协调来成功获得临界规模。相反，当在位者或者进入者较多（甚至存在过度进入）时，任何一家想要盈利的平台企业都必须通过兼并的方式扩大自身规模。在现实世界中，平台过度进入最终引致平台兼并是普遍情形。

第四，用户多属。在双边市场中，用户可能是多属或者单属的。对此，Armstrong（2006a）证明，当市场某一边用户单属时，这些用户将成为竞争瓶颈（Competitive Bottlenecks）。也就是说，单属一方的用户数量或规模直接决定着双边平台对市场多属一方的吸引力以及平台企业的盈利能力。另外，Rochet & Tirole（2003）也证明，市场一边中大买家（Marquee Buyers）和忠实买家（Captive Buyers）的存在及其数量都会影响平台企业的盈利性。因此，用户是否多属以及多属的比例和程度都将影响平台竞争及其结果。特别地，平台企业会通过签订排他性合约、纵向兼并、横向兼并等方式来使多属用户转为单属，甚至达到锁定用户的目的。这就表明，平台企业有限制用户多属的内在激励。

不管在什么阶段，平台企业都需要妥善处理好以上几个关键问题，而这会使得它们的市场行为及其影响与传统单边企业有着较大差异。特别地，即使在完全垄断市场之后，平台企业也将面临市场两边用户彼此依赖、紧密关联的两条需求曲线。此时，运用任意一边的市场势力都可能会降低来自市场另一边的利润，并且这种利润减少甚至可能超出直接获得的利润增加、最终出现背离预期的结果（Evans，2003b）。因此，与单边市场企业兼并通常会损害社会福利不同，双边市场中平台企业兼并的社会福利效应存在较大的不确定性。下面我们结合理论分析和经验证据来详细探讨平台企业兼并的可能影响。

## 2.2 平台企业横向兼并

事实上，所涉及平台之间竞争关系的强弱将影响横向兼并的实际作用。根据已有文献，我们将横向兼并分为一般性、异质性、互补性 3 种类型。从一般性到异质性再到互补性，兼并方与被兼并方之间的竞争关系依次减弱。简单起见且不失一般性，相关文献所采取的主要方法是重点考察存在两个双边平台情形下的横向兼并，即通过比较双寡头市场结构和完全垄断市场结构下的均衡结果来探讨横向兼并的福利效应。以理论分析为基础，我们进一步讨论关于平台企业横向兼并竞争效应或福利效应的经验证据（吴汉洪和周孝，2017）。

### 2.2.1 一般性平台企业兼并

当考察兼并的福利效应时，价格效应是一个最为重要的方面：如果兼并后价格提高，则意味着消费者剩余或社会福利部分遭受损失；同时，如果企业能够长期维持这种高于兼并前水平的价格，就说明其通过兼并获得并使用了市场势力。对于双边市场平台企业兼并来说，分析价格效应同样是重中之重。对此，Rochet & Tirole（2003）最先以信用卡行业为例进行了详尽分析①。为了简化分析，Rochet & Tirole 主要探讨了对称均衡，即两个平台完全同质②。同时，根据平台的所有权性质，他们将平台分为私有平台和公共平台两类③。为保证结论具有广泛的适用性，我们仅关注私有平台这一情形。当两个平台均为私有平台时，根据 Rochet & Tirole（2003）的命题 3，此时平台竞争的对称均衡为：

---

① Rochet & Tirole（2003）并非直接考察平台企业兼并，但是他们对比分析了垄断平台和竞争平台两种情形，这为后续分析探讨平台企业兼并提供了基础理论框架。其中，竞争和垄断两种情形分别对应兼并前和兼并后。

② 主要包括边际成本、定价水平和价格结构相同，且市场两边用户均不存在异质性。

③ 前者的例子包括 Windows、Google 等大型企业，而后者的典型代表则是信用卡行业中的 Visa、Mastercard、银联等。

$$p^B + p^S - c = \frac{p^B}{\eta_o^B} = \frac{p^S}{\eta^S/\sigma} \tag{2-5}$$

将上式与式 2-3 对比，可以看到平台竞争情形中的市场均衡有两点不同：第一，买方 B 所对应的需求弹性是自有品牌弹性 $\eta_o^B$，而非一般需求弹性 $\eta^B$，同时前者必然大于后者；第二，类似地，卖方 S 所对应的需求弹性 $\eta^S$ 被自有弹性 $\eta^S/\sigma$ 所取代。其中，$\sigma$ 是指买方一边中单属用户所占的比例。也就是说，当所有买方都单属时（即 $\sigma=1$），卖方所对应的自有品牌弹性等于其需求弹性。然而，用户多属日益普遍（即 $\sigma$ 减小），这意味着有较大的自有品牌弹性。

假设兼并不会产生成本节省效应，即边际成本 c 恒定不变，则基于式 2-3 和式 2-5 可以分析兼并的价格效应。可知兼并前的价格结构为 $\frac{p^B}{p^S} = \frac{\eta_o^B \sigma}{\eta^S}$，兼并后的价格结构为 $\frac{p^B}{p^S} = \frac{\eta^B}{\eta^S}$，且 $\eta_o^B > \eta^B$、$\sigma \in [0, 1]$。下面，我们分几种情形来探讨平台企业横向兼并的价格效应：

第一，平台企业维持价格总水平不变（即 $p^B + p^S$ 恒定）。此时，市场两边的价格是否变动取决于 $\eta_o^B\sigma$ 和 $\eta^B$：如果 $\eta_o^B\sigma > \eta^B$，则兼并后买方价格降低、卖方价格提高；如果 $\eta_o^B\sigma < \eta^B$，则兼并后买方价格提高、卖方价格降低；如果 $\eta_o^B\sigma = \eta^B$，则价格结构不变，兼并不会产生明显的价格效应①。其中，$\sigma$ 是一个重要的决定因素。随着 $\sigma$ 值减小（即更多买方选择单属），对于平台运营而言，卖方的相对重要性将提高。此时，在不改变价格总水平的情况下，平台企业兼并将更加有利于卖方而非买方。

第二，平台企业维持买方价格 $p^B$ 不变。由于 $\eta_o^B > \eta^B$，必然有 $\frac{p^B}{\eta_o^B} < \frac{p^B}{\eta^B}$，因此可得：$(p^B + p^S - c)_{兼并前} < (p^B + p^S - c)_{兼并后}$。当 $p^B$ 和 c 不变时，结果是兼并后卖方价格 $p^S$ 提高。

---

① 之所以出现这一结果，是因为这里忽略了兼并的成本节省效应或规模效应等。

第三，平台企业维持卖方价格 $p^S$ 不变。由于 $\sigma \in [0, 1]$，可知 $\frac{\eta^S}{\sigma} \geqslant \eta^S$，因而有 $\frac{p^S}{\eta^S/\sigma} \leqslant \frac{p^S}{\eta^S}$。类似地，兼并后买方价格 $p^B$ 将不会降低。此时，有两种特殊情况是：当买方全部单属（$\sigma = 1$）时，兼并后买方价格不变；而当买方全部多属（$\sigma = 0$）时，兼并后买方价格将大幅提高，平台具有任意定价权。

实际上，平台企业可以同时调整价格水平和价格结构。此时，兼并的价格效应分析将更加复杂。尽管如此，根据上述几种最简单的情形已经可知：平台企业横向兼并的价格效应同时受买卖双方需求弹性（或自有弹性）以及市场各边相对重要性的影响。特别地，考虑到兼并所具有的成本节省效应（通常是兼并引致边际成本 $c$ 降低），平台企业横向兼并的价格效应将具有很大的不确定性。也就是说，平台企业横向兼并并不必然给兼并方带来可以用于攫取用户剩余的市场势力，因而，并非一定导致消费者剩余或社会总福利受损。

Rochet &Tirole（2003）以信用卡为现实情境构建的理论模型，为研究双边市场相关问题提供了基本理论框架。在其基础上，后续文献通过放松假设来推进理论研究。少数文献并未放弃平台同质这一假设，因而，仍属于一般性平台企业兼并分析的范畴。其中，相关文献主要以各类传媒业作为研究的现实或者产业背景。程贵孙等（2009）分析了电视平台兼并的福利效应，其结论是：从平台企业自身来看，横向兼并能够带来更多的利润；从广告商角度来看，横向兼并不仅不会损害其利益，反而能够降低广告费、增大广告量、增加广告可得利润；同时，在广告商较少的情境中，横向兼并将使得均衡广告量低于社会福利最大化时的相应广告量，即引致广告供应不足①。

类似地，Malam（2011）基于双寡头垄断竞争模型考察了平台企业横

① 当广告商数目较少时，电视平台进行横向兼并后，广告商对电视媒体存在着一定的市场势力。

向兼并的竞争效应，该模型考虑了广告赞助型媒体平台的重要特征：向观众提供免费内容并以观众为基础争夺广告商。其研究证明，这类平台之间的横向兼并具有强化竞争的效应，从而可以抵销兼并后平台企业对广告商一边收取更高价格的激励。而如果广告商市场并未实现全覆盖，那么横向兼并将促使平台企业降低价格从而有助于增进社会福利。也就是说，广告商可能能够从寡头垄断市场结构中的平台企业横向兼并中受益。

可以看出，程贵孙等（2009）和 Malam（2011）并未考虑媒体平台另一边用户——观众对广告的厌恶。对此，朱振中和吕廷杰（2007）考虑更加实际的情形：交叉网络外部性为负，即媒体平台上广告商以及广告数量的增加将损害而非增进消费者①的效用。基于双寡头垄断竞争模型，他们证明：媒体企业的替代性越强，其对消费者收取的价格越低；而到媒体访问的消费者越多，广告水平和广告价格也将越高，但这会减少媒体的利润。也就是说，媒体间同质竞争的加强将引致媒体企业的利润来源向广告商转移。此时，媒体将有实施兼并的较强动机。

Anderson 等（2012）通过放松假设，来解释理论预示和经验证据之间的不一致。关于媒体的标准经济模型预示，平台竞争的加剧将降低广告水平，相反兼并会降低每位观众所对应的广告价格。然而，Anderson 等（2012）认为这一结论的得出建立在“不存在广告拥挤、观众单属”这一组合假设之上。他们证明，如果观众查看广告的注意力存在相互拥挤，或者观众可以多属，那么标准理论模型的结论将被扭转。

最后，横向兼并将可能使平台企业获得成本节省，这会影响兼并的价格效应。对此，张曦（2016）在一个存有 4 个平台的框架下进行了分析，其结论是：不同于单边市场的企业兼并②，双边市场平台企业横向兼并的成本节约对价格有非单调的影响，且主要取决于交叉网络外部性的强弱。

---

① 对于媒体平台而言，其消费者可能包括读者、观众、听众等类型。这里不考虑内容提供商，从而将分析对象限定为双边平台而非多边平台。

② 在单边市场中，如果兼并厂商不能获得成本节约，其结果必然是兼并后的市场均衡价格上涨。

具体来讲，较强的交叉网络外部性可激励兼并方降低价格，这会增加消费者福利；相反，如果交叉网络外部性较弱，提出兼并申请的平台企业必须进行效率抗辩，因而，此时横向兼并所引致的效率提升仍有可能大于兼并所造成的消费者福利减少。

### 2.2.2 异质性平台企业兼并

实际上，完全同质的双边平台在现实中基本不存在。因此，更多文献开始分析异质性平台企业之间的横向兼并。一般而言，这种异质性主要包括两个方面：其一是平台用户的偏好具有异质性①，其二是各平台所提供的产品或服务存在差异化。

在放松用户偏好异质性方面，Chandra & Collard - Wexler（2009）以报纸业为例进行了有益尝试。过去所发生的报纸业合并浪潮，引发了人们对报纸出版社获得并使用市场势力、报纸观点和内容多样性降低这两个问题的担忧。Chandra & Collard - Wexler 基于 Hotelling 模型②考察了前一个问题，即报纸业的大量合并是否会导致订阅价格和广告价格的提高。其中，一个关键假设是读者对报纸有异质偏好 $\varepsilon$，且其服从给定的均匀分布 $\varepsilon \sim U(0, \gamma]$。这里，假设 $\varepsilon \neq 0$ 的重要性在于：如果 $\varepsilon = 0$，那么一家报纸就可以完美地筛查读者。然而，他们并没有假定读者的效用与广告数量之间的关系，因而，保证了理论模型的一般性：读者既可能喜爱广告，又可能厌恶广告。同时，模型中假定读者和广告商之间有非常强但不完全的相关性。基于读者全部多属、部分多属、全部单属这 3 种情形，Chandra & Collard - Wexler 得出的结论是：在实现横向兼并后，平台企业并不必然对市场任意一边制定高于兼并前的价格。具体来讲，如果收取的订阅价格增加，则兼并后的广告价格也将提高，因为每一位读者对广告商的价值将更大。然而，兼并后针对读者制定的订阅价格既可能上升，又可能下降，具

---

① Rochet & Tirole（2003）、Armstrong（2006a）同样考虑了用户偏好的异质性，但这种异质性并没有显著影响双边市场的竞争均衡结果。

② 两家报纸分别位于线段［0，1］的终点。

体取决于转移读者的盈利性。相应地，报纸针对广告商所制定的广告价格也就具有不确定性。

Leonello（2010）在类似情境①下分析了平台企业横向兼并，但其与 Chandra & Collard - Wexler（2009）的差异在于：她所考虑的异质性主要是平台在市场两边均提供差异化产品。Leonello 发现，即使不存在效率提升，但因为能够享有更大的间接网络外部性，兼并方仍然有激励在完成兼并后至少对市场一边保持较低的价格。具体而言，兼并后的垄断者将允许广告商同时以相同价格在两份报纸上投放广告，因而，后者能够接触到比以前更多的消费者②。通过采用这种广告搭售策略，报纸能够从广告商处获取更高的收益。此时，对于报纸而言，降低对消费者收取的价格以刺激其需求是有利可图的。因此，即使不存在效率提升，平台企业兼并后社会福利仍然可以增加。

在 Chandra & Collard - Wexler（2009）、Leonello（2010）的基础上，Baranes 等（2015）进行了更深入的研究，其区别在于：在研究内容上，Baranes 等（2015）考察了兼并所带来的成本节省对兼并后平台企业定价策略的作用，并最终考察兼并对消费者福利的影响；在研究框架上，与 Chandra & Collard - Wexler（2009）、Leonello（2010）采用 Hotelling 模型不同，Baranes 等（2015）选择了存在 4 个横向差异化平台的 Salop 模型，这一设定纳入了外生和对称的平台差异，从而允许其考察邻近平台企业兼并和非邻近平台企业兼并两种情形中的价格效应。研究结果表明，平台企业横向兼并的价格效应主要受兼并所产生的成本节省量、外部平台的行为以及组间网络外部性的大小等因素的影响。具体来讲，在邻近平台企业兼并情形中可能产生两种情况：其一，当组间外部性相对较弱时，如果兼并产生了规模足够大的成本节省，则兼并后的价格仍会下降。同时，平台企业兼并对于内部人来说，总是有利可图的，相反不管价格是否降低都会损害

① 也就是说，基本模型为 Hotelling 模型，且兼并引致市场结构从双寡头垄断转向完全垄断。

② 此时，垄断平台利用了两份报纸的互操作性（Interoperability）。

外部平台的利益。其二，如果组间外部性较强，不管兼并产生了多少成本节省，平台企业兼并后的价格以及外部平台的利润都会降低。同时，如果效率提升幅度足够大，则平台企业兼并对于兼并参与者来说就是有利可图的。而在非邻近平台企业兼并情形中，不管兼并能否产生成本节省，这种兼并都能够增进消费者福利，同时损害外部平台。然而，只有在效率提升足够大时，参与兼并的平台企业才能够获益。其政策含义是：对于邻近平台企业兼并，效率抗辩可能是必要的；而对于非邻近平台企业兼并来讲，效率抗辩并非必不可少。

此外，纪汉霖和管锡展（2007）在平台提供差异化服务这一情境下进行了分析，即平台可以提供高、低两种质量的服务。通过对比垄断和竞争两种情形，他们得出以下结论：第一，如果垄断平台企业先提供高质量服务，后提供低质量服务，其对高质量服务的定价最高，并且平台所得利润要比同时提供两种质量服务时的利润多。第二，当提供高质量服务的平台企业与提供低质量服务的平台企业进行竞争时，前者倾向于提高服务质量，而后者在一定条件下会将服务质量维持在比较低的水平上。第三，如果在位平台企业提供差异化服务，而潜在进入的平台企业只提供一种服务，那么市场两边用户之间网络外部性的强度和衡量服务质量的参数对于进入平台企业之利润的影响均存在拐点，两边用户中分别选择高质量和低质量服务的相应比例是影响进入平台企业服务质量决策的关键决定因素。也就是说，当用户存在异质偏好时，垄断平台企业可以向其提供质量不同的服务，并通过价格歧视获取更高的收益。此时，横向兼并所产生的市场垄断并不必然损害社会总福利，当然它很可能减少部分用户所得剩余。

### 2.2.3 互补性平台企业兼并

根据交叉价格弹性 $E_{xy}$ 的取值，可以将 $x$ 和 $y$ 这两种商品之间的关系分为替代性（$E_{xy}>0$）、不相关（$E_{xy}=0$）和互补性（$E_{xy}<0$）3 种类型。类似地，平台之间也可能存在互补的关系，Van Cayseele & Reynaerts（2011）对此进行了考察，其分析框架与 Rochet & Tirole（2006）的平台竞争正则

模型接近，但其区别在于：在相应的双边市场中，一次交易的完成需要两个或多个平台的同时参与。也就是说，该模型是对关于互补性垄断的 Cournot - Ellet 理论的自然扩展，其特征是该双边市场中存在明确的不对称用户单属与多属。在实际中，涉及互补性平台的产业或者领域包括多语言国家中的金融和法律广告投放、清算所、专利池、技术授权许可等。

在 Van Cayseele & Reynaerts（2011）中，最重要的假设是互补性假设：双边市场中存在多个平台 $i=1$，…，$n$，这些平台排他地向市场中的两组不同用户提供商品或者服务，且不失一般性，假设两组用户分别为单属的接收者（$R$）和多属的发送者（$S$）；因此，发送者必须获得所有 $n$ 个平台的服务，而接收者只须得到单个平台的服务就可以完成其交易。与 Bolt & Tieman（2006）一致，接收者从通过特定平台 $i$ 所完成的一次交易中得到异质的总收益 $b_i^R \in [0, \bar{b}_i^R]$，并且该收益的分布具有概率密度函数 $g_i^R$ 和累计分布函数 $G_i^R$，同时 $0<\bar{b}_i^R \leqslant \infty$。类似地，接收者所得收益 $b^S \in [0, \bar{b}^S]$ 同样异质且有概率密度函数 $g^S$ 和累计分布函数 $G^S$，同时 $0<\bar{b}^S \leqslant \infty$。与 Rochet & Tirole（2003）相同，Van Cayseele & Reynaerts（2011）也考察对称均衡，即每个平台服务于同等规模的接收者。然而，由于市场中的一次成功交易发生于单个发送者和数量为 $n$ 的接收者这一组合之间，是以发送者所面临的不再是单个价格，而是 $n$ 个平台的相应定价，其需要支付的总费用（即捆绑价格）为：$A=\sum_i p_i^S$。结合其他设定，Van Cayseele & Reynaerts 推导了竞争（即互补性平台相互独立）和垄断（单个实体控制所有平台）这两种情形下的市场均衡结果①：

根据其命题 1，竞争情形下的价格水平 $p_I$、捆绑价格 $A_I$ 和产业利润 $\Pi_I$ 分别为：

$$p_I = p_I^R + p_I^S = \frac{n\bar{b}^R + \bar{b}^S}{2n+1}, A_I = np_I^S = \frac{n(2\bar{b}^S - \bar{b}^R)}{2n+1}, \Pi_I = n\pi_I$$

① 其中，下标 $I$ 表示独立平台（Independent Platform），下标 $J$ 表示共同所有平台（Joint Ownership）。

$$= \frac{n\left(n\bar{b}^{R} + \bar{b}^{S}\right)^{3}}{\phi\left(2n+1\right)^{3}} \tag{2-6}$$

根据其命题2，垄断情形下的价格水平 $p_J$、捆绑价格 $A_J$ 和产业利润 $\Pi_J$ 分别为：

$$p_J = p_J^R + p_J^S = \frac{n\bar{b}^R + \bar{b}^S}{3n}, A_J = np_J^S = \frac{n(2\bar{b}^S - \bar{b}^R)}{3n}, \Pi_J = n\pi_J$$

$$= \frac{\left(n\bar{b}^{R} + \bar{b}^{S}\right)^{3}}{27n\phi} \tag{2-7}$$

因此，对比两种情形下的均衡结果（式2-6、式2-7），可以得到如下结论（命题3）：第一，垄断情形下的价格水平较低，即 $p_J < p_I$；第二，单个实体垄断所有平台后，价格结构将有利于发送者一方而对接收者一方不利，即 $p_J^S < p_I^S$、$A_J < A_I$、$p_J^R > p_I^R$；第三，垄断情形下的平台和产业利润更高，即 $\pi_J > \pi_I$、$\Pi_J > \Pi_I$。

由于竞争情形下平台企业收取的总费用更高，但平台企业和产业的利润更低，因此有：当平台之间互补时，横向兼并能够增进社会总福利。出现这一结果是因为：相互独立的平台未能内部化它们给彼此施加的负定价外部性。而在共同所有权下，平台企业能够收取更低的发送者价格以及更低的捆绑价格，同时获得更高的利润。也就是说，传统单边市场中存在的反公共品问题（Anticommons Problem）同样适用于具有互补性的双边市场。在这类双边市场中，平台企业横向兼并能够内部化负定价外部性，从而避免产生反公共品问题，同时可以增进社会福利。但与单边市场不同，双边市场所具有的双边性质将引起总剩余从市场一边用户到另一边用户的转移和重新分配，也即横向兼并会同时产生“赢家”和“输家”①。

### 2.2.4 经验证据

反垄断执法中所遭遇的问题催生了关于双边市场的理论研究，而这些

① 在 Van Cayseele & Reynaerts（2011）的模型中，接收者将在横向兼并后面临更高价格，故其剩余会减少。

研究所得到的预示必然需要通过实证研究来加以检验。同时，实证研究所得结论将有助于完善理论研究并改进兼并评估方法。然而，严格的实证研究对数据有着很高的要求。因此，近些年来关于平台企业横向兼并的经验分析主要集中于黄页、报纸、广播、移动通信、网络传媒等双边产业，它们的共同特点就是有着非常丰富、全面且易得的基础数据。其中，报纸业兼并可能使得出版社获得市场势力，也可能降低报纸内容或思想的多样性，相关文献主要考察报纸行业横向兼并的前一种影响①。

通过估计消费者的目录使用需求、广告商的广告需求以及出版商的一阶条件 3 个方程，Rysman（2004）较早以黄页市场为例进行了尝试。在说明网络效应的存在和重要性之后，Rysman 对比分析了不同市场结构下的社会福利，以检验市场能否从垄断（利用更大的网络效应）或寡头垄断（相对较弱的市场势力）中受益。结果表明，维持竞争性更强的市场结构更加有利于社会。也就是说，在黄页市场的横向兼并中，更大网络效应所产生的收益并不足以抵消因市场进入减少所丧失的好处。

报纸长期广泛存在于各个地方，并且每个城市在一定程度上构成一个独立市场。特别地，在过去的时期中多个国家的报纸业都发生了大量的横向兼并，这为我们考察横向兼并的福利效应提供了丰富的数据和素材，因而，也是实证研究相对集中的一个领域。在构建可刻画报纸市场的理论模型之后，Chandra & Collard - Wexler（2009）以 20 世纪 90 年代后期加拿大报纸业的兼并浪潮为例来检验理论分析所得结论是否成立。结果表明，大量兼并过后更高的市场集中度并没有导致报纸订阅者或者广告商承受更高的价格。

Van Cayseele & Vanormelingen（2009）以比利时的报纸业兼并进行了分析，他们首先证实了广告商与读者之间存在交叉网络效应。随后，通过估计报纸出版社的网络效应和价格弹性，评估兼并对市场结果的影响。经

① 关于后一种影响的典型代表是 Gentzkow 等（2014），他们考察了美国报纸业竞争程度对新闻界意识形态多元化的影响。

验分析结果表明，报纸市场中的兼并浪潮并没有导致广告价格加成发生变动，这是因为读者通常是单属的，报纸在广告市场中类似于垄断者。相反，报纸兼并对读者所对应的订阅价格有一定的影响：由于多产品公司的存在，大众报纸的价格提高了约4%；而兼并几乎没有影响到优质报纸的价格，其原因在于出版商拥有多家优质报纸的情况极为少见。如果两家出版商的两份优质报纸合并，预计将使优质报纸的价格平均提高约10%。但总体来讲，报纸出版商兼并对广告商和读者两边价格的影响非常有限。

Filistrucchi 等（2010）构建了一个结构计量模型来模拟出售差异化产品的平台企业间横向兼并的实际效应，并将其用于考察荷兰报纸业的兼并。其中，根据 Argentesi & Filistrucchi（2007）的研究结果，Filistrucchi 等（2010）使用了"广告对报纸发行无影响"这一重要假设。基于从现实数据中估计出的参数，他们模拟了一次虚构兼并的价格变动和福利效应，结果表明：由于市场双边性质的存在，兼并后报纸出版社提高价格的动机将减弱，也即兼并对价格和福利的影响非常小。以荷兰报纸业为例，Filistrucchi 等（2012）对双边市场中的单边兼并效应进行了更加深入的分析[①]。评估结果表明，报纸业中的平台企业横向兼并可能产生多种效应：一方面，由于网络效应的存在[②]，兼并后报纸出版社提高价格的激励将减弱；另一方面，兼并参与方可能获得的更大效应将被兼并所内部化，这将促使其提高价格。

以美国报纸业为背景，Fan（2013）考察了所有权合并以及相应市场结构变动对社会福利的影响。在早期版本中，Fan（2010）用两组反事实仿真实验重点分析了市场结构变动对报纸质量、订阅价格和广告费率的影响，其结论是：第一，如果 Minneapolis 市场中两家报纸的合并被允许，那么读者方面将遭受平均每户6美元的福利损失，这种损失主要可归因于订阅价格提高以及报纸记者数量的减少；第二，对比分析双寡头市场和三寡

① 其中，他们综合比较了 HHI、SSNIP 和 UPP 等多种兼并效应评价方法。

② 这是因为提高报纸价格既可能导致读者福利受损，又可能损害广告商的收益。

头市场中的所有权合并，模拟结果显示，双寡头市场中的兼并导致读者剩余平均每户减少 16 美元，而三寡头市场的相应值为 5 美元。也就是说，市场结构将影响报纸横向兼并的福利效应。随后，Fan（2013）进一步考虑了报纸特征的调整及其对兼并效应的影响。关于 Minneapolis 市场虚拟兼并的模拟分析显示，兼并发生后报纸都降低了新闻内容质量、本地新闻比重并减少了内容多样性，同时伴随有订阅价格的提升。其直接结果是，报纸发行量将减少，读者剩余会减少 328 万美元，相反出版社的剩余将增加 432 万美元①。综合来看，报纸业兼并对社会福利有一定的增进作用。

1996 年，美国放松了对无线广播业的所有权上限规制，这直接引发了行业内的兼并浪潮。以此为例，Jeziorski 进行了大量实证分析。Jeziorski（2014a）估计了结构性供需模型，并进行了反事实实验，其重要结论是：第一，兼并后的无线广播公司在市场两边（即听众和广告商）使用市场势力时存在相左的激励；第二，兼并浪潮最终导致广告量减少 11%、价格提高 6%，这使得听众福利增加了 0.2%，而广告商福利减少了 21%；第三，通过创造性地将兼并效应划分为产品多样性和广告量供应两个方面，得出听众福利增加中 0.3% 来自于增加的产品多样性，-0.1% 来自于广告量减少。同时，产品多样性增加和广告量减少分别导致广告商福利减少 17% 和 5%。特别地，广告商剩余的减少幅度会因为市场规模而有所差异②。更进一步来讲，Jeziorski（2014b）利用动态寡头垄断模型考察了兼并的成本效率。在该模型中，兼并和产品重新定位都是内生的。估计结果表明，在 1996~2006 年间美国广播业兼并得到的总成本节省约为 10 亿美元，这超过了广告商剩余因广播企业市场势力增强而遭受的 2.23 亿美元损失。通过改进兼并分析方法，Jeziorski（2015）对横向兼并进行了前瞻性反垄断审查。该方法在美国广播业中的实际运用表明，所有权上限提高能增加社会

---

① 如果忽略上述报纸特征调整，将使得对读者剩余减少和出版社剩余增加的估计分别产生 105 万美元和 10 万美元的偏差。

② 具体来讲，在人口低于 50 万的市场中，广告商剩余减少 32%；而在人口多于 200 万的市场中，广告商剩余仅减少 17.1%。这是因为广播企业对广告商的市场势力取决于市场规模。

总福利。也就是说，放松所有权上限规制所引发的无线广播业兼并对社会福利是有增进作用的。对此，Smith & O' Gorman（2008）从非双边市场视角进行了分析，他们的实证结果表明，放松规制后的广播电台兼并产生了非常显著的成本节省。

传统的产业组织理论静态模型预示，竞争程度提高将导致均衡价格水平降低。考虑到潜在的动态效率效应，Houngbonon（2015）检验了该结论在移动通信市场中是否仍然成立。具体来讲，他分别分析了法国第四家移动运营商进入与奥地利第三大和第四大运营商合并所产生的市场效应，结果表明：法国市场中的平台企业进入使得移动数据服务的基础价格提高了4美元/GB；与此相反，奥地利市场中的平台兼并却使移动数据服务基础价格降低了6美元/GB。这些结果说明，移动通信业中的动态效率效应超过了静态效率效应，因而，允许移动运营商兼并可能能够增进社会福利。

此外，Aguzzioni等（2016）估计了英国两大图书零售商合并所产生的价格效应。他们使用了包含月度扫描数据的数据集，其样本是合并前后4年内50个地区市场中的200种图书。除了考察合并的全国性影响外，他们还按照合并前是否具有两家连锁店，将不同地区分为两类，从而比较合并后这两类地区中书店的价格变动及其差异。结果表明，合并并没有导致地区层面或全国层面的价格上涨。最后，Stahl（2010）和Park（2013）分别以广播电视业和共同基金为例进行了经验分析：前者证明横向兼并能够带来收益和成本两方面的优势，但会对市场各方产生差异化的影响；而后者指出兼并方的经营绩效及其对社会福利的影响在很大程度上取决于其管理机制及合理水平。基于DID方法，李新义和王浩瀚（2010）考察了中国网络传媒业横向兼并的福利效应，其结论是：横向兼并并没有显著改变市场定价，但却显著增加了兼并方的福利；同时，现阶段中国网络传媒业的横向兼并能够增进社会福利。

以上针对各类双边产业的实证分析表明，平台企业横向兼并并不必然损害社会福利，这也充分验证了理论分析的结论和预示。从反垄断规制视角来看，是否允许这类兼并需要权衡其因为扩大交叉网络效应所带来的收益（主要是成本节省和效用增强）以及市场势力增强对市场两边用户造成的损害。如果交叉网络效应的增加足够大，那么通过平台企业的兼并申请将有助于增进社会福利。当然，由于双边性质这一根本特征，平台企业横向兼并在一定程度上会造成总剩余在市场各方之间的再分配。因此，对平台企业横向兼并进行反垄断审查时还需要在利益分配问题上做出权衡。最后，互联网的快速发展造就了日益丰富的双边产业，而面对大量潜在的、复杂多样的平台企业的横向兼并，改进实证分析工具、扩大实证研究范畴至关重要。例如，如何应对去哪儿与携程合并、滴滴与优步合并等重要事件，我国反垄断执法机构急需严谨、完善、客观的实证分析的支持。对此，我们将在后文中借助于数理实证方法进行初步探讨。

## 2.3 平台企业纵向一体化

对于双边市场中的平台企业而言，其能否盈利主要取决于市场份额以及网络效应的规模。相关研究表明，这种规模主要受竞争对手数目以及用户多属程度的影响：差异化竞争对手的存在将导致市场高度分散，而用户多属则会降低双边平台的有效规模①。相应地，除了通过横向兼并扩大自身规模外，平台企业还可以通过纵向一体化或者类似的纵向约束来达到这一目的。这里我们重点梳理平台企业纵向一体化方面的已有成果，并简要讨论纵向一体化对平台内部竞争（即平台内经营者之间的竞争）的影响。

### 2.3.1 纵向一体化

纵向一体化是单边市场中的常见情形，即企业将产业链上的相邻过程整合在一起②，其实质就是通过企业内部交易取代市场/合约交易，或者说

① 由于交叉网络外部性的存在，市场一边多属不仅会降低平台上该边用户的实际规模，而且也会降低平台对市场另一边的吸引力。

② 包括整合上游的中间投入品生产和整合下游的最终产品生产或销售等情形。

是企业边界的扩张（Perry，1989）。对于传统企业而言，进行纵向一体化的目的或动因有很多，主要包括获取技术经济、减少交易风险、克服市场不完善等[①]。单边市场中的纵向一体化能够产生效率收益，但同时也可能损害市场竞争和社会福利，因而，其一直是产业组织理论的研究热点。一些文献认为，纵向兼并可能产生封锁效应、反竞争效应以及合谋效应，具体取决于市场结构以及产品异质性的程度（Salinger，1988；Chen，2001；Nocke & White，2007、2010）。而考虑更加实际的情形，纵向一体化并不必然是有利可图的（Reisinger & Tarantino，2013），相反，它有可能促进市场竞争（Reisinger & Tarantino，2015）。并且，产业集中度越高，纵向一体化越有可能是促进竞争的（Loertscher & Reisinger，2014）。但总的来讲，纵向一体化通常会导致中间投入品以及最终产品的价格上涨（Hombert 等，2012）。

那么，双边市场中的纵向一体化将会产生怎样的竞争效应和福利效应呢？目前，少数文献对这一问题进行了探讨。

与横向兼并一样，纵向一体化理论的原有结论并不适用于通信业等双边产业。对此，Sappington（2006）较早进行了系统讨论。关于纵向一体化企业的决策，他提炼出几个与传统产业明显不同的独特之处：第一，对投入品的全要素长期增量成本定价是确保有效生产/购买决策的必要条件；第二，如果一家一体化企业和敌对下游竞争者有相等的谈判力，且谈判是无成本的，那么授权投入品定价将导致产业成本最小化并促使向消费者收取的零售价格更加合理化；第三，对于一体化企业而言，提高零售领域竞争对手的成本或者减少对低效率零售竞争对手的零售产品数量，这些总是有利的；第四，在绩效评估和补救计划下，一体化企业的持续惩罚支付是存在处于劣势地位的竞争性本地运营商的确凿证据；第五，如果一体化企业坚持向竞争对手提供与自身子公司同水平的批发服务，那么纵向一体化并不会损害零售竞争对手。

---

① Perry（1989）对纵向一体化的动因和效应进行了系统梳理。

同时，Sappington 还总结了关于平台企业纵向一体化考虑和决策的几个事实：其一，进入者的生产/购买决策可能对关键投入品的价格不敏感；其二，即使双方具有同等谈判力，但是纵向一体化企业和零售竞争对手可能通过政策当局协商投入品价格，从而确立较高的投入品价格并产生较高的零售价格；其三，如果竞争对手的下游成本优势足够明显，则一体化企业可能不会提高下游竞争对手的成本；其四，即使在能够确保一体化企业从提高零售竞争对手运营成本中获利的条件下，一体化企业可能会发现降低对零售竞争对手产品的需求并非有利；其五，即使向零售竞争对手提供相同水平的批发服务质量，但是绩效考核和补救计划可能会对一体化企业施加较大的惩罚；其六，一体化企业可能能够非对称地损害零售竞争对手，其方式就是降低向所有零售运营商提供的批发服务质量，或者对称地提高所有零售运营商的成本。

当然，Sappington（2006）的不足之处在于：其一，假定一体化企业参与生产过程多个阶段，但政府规制者可能会禁止这类行为；其二，假定一体化企业在上游投入品市场具有垄断地位，但是实际中存在的竞争者将削弱一体化企业损害零售竞争对手的能力。

类似地，Niedermayer（2006）考察了软件供应商（也即担任需求协调者的平台企业）的纵向一体化决策问题。其中，软件供应商出售一个垄断软件平台，该平台连接着市场两边的用户，即用户和应用程序开发商。在提供平台服务的同时，软件供应商自身也出售应用程序。也就是说，该软件供应商实现了纵向一体化。在该文中，Niedermayer 的目的就是解释软件市场和非软件市场中两个似乎矛盾的事实：第一，实现纵向一体化的软件供应商经常鼓励应用程序市场的竞争者进入市场；第二，相对于直接出售软件，软件供应商的利润大部分来自于应用程序市场。

当面临着应用程序市场进入者的竞争时，Niedermayer 证明软件供应商可以从竞争中获益，其原因在于：第一，它从平台中得到的利润增加；第二，竞争可以作为降低应用程序价格的可信承诺；第三，更高的预期产品多元化可能引致市场对其应用程序有更多需求[①]。如果其他企业不愿意进入应用程序市场，那么在激励的成本低于竞争所产生收益时，垄断者将有鼓励市场进入的激励[②]。当然，如果竞争对垄断者不利，那么它将在威慑的成本低于利润增加时，部分地阻碍市场进入。对于软件供应商而言，其阻止进入的手段包括申请更广的专利保护、起诉为其他平台提供应用程序的企业、拒绝披露或经常改变应用程序接口或者整合平台上的所有应用程序（即实行更彻底的纵向一体化）。

实际上，Niedermayer 论证了 Evans 等（2005）所观察到的软件业常用商业模式：企业最初以纵向一体化的垄断者“身份”出现，它同时出售软件平台以及与平台匹配的所有应用程序；在发展到一定时候，企业将向竞争对手开放应用程序市场，其自身转型为双边市场平台企业。此外，Niedermayer 证明这些结论同样适用于非软件平台以及部分适用于上下游企业或单边市场。

Weyl（2008a）以信用卡行业为现实情境进行了考察，其核心问题是 Visa、MASTER 等信用卡组织是否应当允许银行拥有自己的借记结算网络。该问题的复杂性在于，它同时包括 Cournot（1838）、Spengler（1950）发展的双重加成问题和 Rochet & Tirole（2003）发展的双边市场理论相关问题。由于双重加成（Weyl，2008c）和双边市场（Weyl，2010）主要取决于转移率，因此，Weyl 的分析较为自然并且能够得到给定简单条件下的有效识别。Weyl 证明，纵向一体化一般不会侵蚀平台的利润，甚至还会增进其利润。因此，纵向一体化平台企业的收益比竞争性双边市场中的利润更加稳健。

对于市场一方提供内容（以及产品或服务）的平台企业而言，接入高

---

① 其中，Niedermayer 将这 3 方面的影响概括为互补效应、价格承诺效应和产品多样性效应。非常有趣的是，仅产品多样性效应就足以抵消竞争给垄断者带来的负面效应。

② 具体来讲，垄断的软件供应商激励应用程序市场进入的方式主要包括（部分可参见 Besen & Farrell，1994）：降低授权许可费、将发展标准的权利转移给第三方（以消除应用程序开发商对垄断者敲竹杠的担忧）、承诺及时披露信息、承诺不改变应用程序接口、提供更便宜的开发工具和给开发商提供资助。

质量内容同网络管理一样非常重要。纵向一体化能够确保平台企业控制生产和评价高质量内容的资产（主要是人力资本），因而，可能是双边市场的一种潜在商业策略。然而，尽管关于制造业、服务业等传统产业中纵向一体化的实证研究非常多（Lafontaine & Slade，2007），但是较少有文献关注双边产业中纵向一体化的竞争效应和福利效应。其中，Derdenger（2009）、Lee（2013）和 Gil & Warzynski（2015）用美国电子或视频游戏行业的面板数据进行了初步尝试。

使用来自 128 字节视频游戏行业的数据，Derdenger（2009）评估了纵向一体化对双边市场价格的影响。通过纳入视频游戏的异质性与软件竞争，即假定消费者视游戏为异质而非同质，对视频游戏控制平台需求的估计偏离了关于网络外部性的已有研究。在构建经验分析模型后，Derdenger 估计了纵向一体化对控制台价格的影响。结果发现，平台企业在进行纵向一体化时，有两个重要权衡：第一是需求效应，即差异化程度更高的控制台以及由此引致的更高价格；第二是市场结构效应，这将导致价格降低。反事实实验表明，对于所有控制台来说，市场结构效应占主导，这将造成价格降低或者控制台之间竞争加剧。然而，价格竞争加剧对控制台生产商是有利的。更低的价格会提高控制台销售量，而这会引发对视频游戏的更大需求，最终产生真实利润。因此，控制台生产商愿意制定较低的控制台价格以增加视频游戏销量，当有自己开发的游戏时更是如此①。

在视频游戏这一双边市场中，市场主体包括硬件供应商（即平台企业）、软件开发商与用户。为了获得更多软件开发商加入自身网络，硬件供应商之间将展开竞争。为此，它们经常借助纵向一体化（即进入软件开发市场）和排他性契约来达成这一目的。基于 2000 ~ 2005 年期间美国第六代视频游戏行业的数据，Lee（2013）特地考察这类纵向一体化或纵向限制对行业结构和社会福利的影响。作者设定并估计了一个动态模型，模型涵盖消费者对硬件和软件产品的需求以及软件开发商对硬件平台的需

① 相对于以往文献，考虑视频游戏异质性和软件竞争后的模型能够更好地拟合数据。

求。其中，两个重要的假设是：第一，消费者不会将不同软件产品视为相互替代品；第二，消费者和企业意识到在一阶马尔科夫过程中购买任意产品的预期生命周期效用，仅仅取决于有限的状态变量集，并且信念与可实现的经验分布一致。

Lee 发现，禁止排他性协议将对在位者有利，同时会损害较小进入平台的利益。如果没有排他性协议，高质量软件将主要在安装基础更大的在位平台上发行。这样的结果是，没有进入者有能力将自己与在位者明显区分开来。因此，排他性软件将被进入者用来获取双边产业中的吸引力。禁止排他行为将损害进入平台这一发现并不明显，也并非模型的预测。相反，来自需求系统的结论在分析中是完整的：尽管独家游戏在在位平台上的出售量要大于进入平台上的任意一款，但是估计结果表明，这些游戏对在位者硬件需求的影响并没有大于加入进入平台的相应需求。假定平台自身不能拥有软件并且不能与软件进行排他性交易，反事实模拟结果表明：受不断提高的软件兼容性的驱动，硬件和软件销售将分别增加 7% 和 58%，同时消费者福利增加 15 亿美元。这种收益只有在位者能够获得，也即表明排他性有利于进入平台。

使用 2000 ~ 2007 年间美国视频游戏行业的月度数据，Gil & Warzynski（2015）检测了纵向一体化视频游戏和独立视频游戏之间的绩效差异，其目的在于通过分析内容开发和市场营销方面的契约摩擦来探讨创新契约在新兴产业中的作用①，并为政策制定提供经验支持。与 Derdenger（2009）和 Lee（2013）主要关注游戏发行商与平台之间能实现软件排他性的纵向一体化不同，Gil & Warzynski 将游戏本身作为分析单元，从而更加精准地考察开发商与发行商之间契约关系对游戏绩效的影响。为此，他们构建了一个简单模型，以讨论一体化游戏与独立游戏②之间的绩效差异。该模型假设存在特定关系的投资，同时纳入了供应链合作、协调博弈、双重加成

---

① Gil & Spiller（2007）发现，创新合约过多的不确定性会提高创新管理和外包的成本。

② 其中，一体化游戏是指开发、发行等均由同一主体承担的游戏，而独立游戏是游戏开发商专为某一硬件平台开发的游戏，这些游戏通常交由平台来发行。

以及道德风险等因素。

Gil & Warzynski 证明，一体化游戏可能获得更高的收益，因为开发商与发行商能在开发阶段进行更好地协调，并采用更好的发布策略和投入更多的促销努力。从实证分析中，Gil & Warzynski 得到的结论是：第一，一体化游戏的出售价格高于非一体化游戏，而排他性独立游戏所得收益和销量也少于非排他性独立游戏；第二，相对独立游戏而言，市场对一体化游戏的需求更高；第三，一体化游戏能够获得更好的绩效，其可能原因包括更高的内在质量、更好的发行策略以及得以改进的营销管理。其中，前两者是主要原因。总的来讲，纵向一体化对于平台企业而言十分有利。

上述研究表明，双边市场中平台企业的纵向一体化并不必然产生反竞争效应，在一定程度上它可能是有利于竞争的。同时，平台企业的纵向一体化通常会增进社会福利。特别地，双边市场的特征会对平台企业的纵向一体化选择施加一些制约。

### 2.3.2 纵向约束

当不能或难以进行纵向一体化时，企业也可以通过纵向约束（或纵向控制）这种方式来达到类似目的。纵向约束是上下游企业之间签订的正式或非正式合约/协议，其作用在于一方对另一方的行为施加某种约束，具体方式包括转售价格维持、排他契约、独家经营/特许经销商等类型。可以说，纵向约束是一种介于纵向一体化与市场交易两个极端之间的纵向关系。在传统产业中，纵向约束是促进竞争还是反竞争、是否会损害消费者福利等话题，一直是学术界以及政策制定者关注并争论的焦点。一方面，排他契约等可能产生反竞争效应，因为它们有阻碍市场进入或者封锁竞争对手的潜在作用（Mathewson & Winter，1987；Rasmusen 等，1991；Bernheim & Whinston，1998）；另一方面，大量理论研究表明，纵向约束可能产生促进竞争的收益，包括鼓励投资和提高努力程度等（Marvel，1982；Klein，1988；Besanko & Perry，1993；Segal & Whinston，2000）。因此，这是一个值得讨论的开放性理论与实证问题。

对于存在网络外部性的双边市场来讲，问题和矛盾同样十分突出。并且，由于网络外部性所经常伴随的“赢者通吃”现象，人们对双边市场中的纵向约束可能更加担忧（Shapiro，1999）[①]。一方面，通过阻止消费者从竞争性平台获取排他内容、产品或服务，纵向约束或纵向协议还会限制消费者选择。根据这些观点，政策当局尝试通过制定相应规制政策以鼓励各平台选择兼容策略。其中，美国司法部要求微软实现其操作系统与竞争对手产品之间的兼容就是一个典型实例（Gilbert & Katz，2001）。另一方面，纵向一体化或纵向约束可能有助于解决平台企业所面临的“鸡蛋相生”问题（即实现对市场两边用户的协调）。同时，排他性经营可能是潜在进入者渗透到成熟双边市场的有效策略：通过阻止签约伙伴转而支持在位者，进入者可以激励市场用户选择加入其平台。毫无疑问，这将引发更加激烈的市场竞争。因此，考察双边市场平台企业纵向约束的竞争效应和福利效应同样十分重要[②]。

在双边市场价格竞争模型中，Armstrong & Wright（2007）较早讨论了排他性交易的作用。遵循 Armstrong（2006a）的设定，市场中有两组代理人，他们进行订阅决策且相互间存在网络外部性。不同之处在于，Armstrong & Wright 假定代理人可以自主选择单属还是多属，并且平台定价严格非负。同时，市场两边的产品/服务都存在不同程度的差异。另外，两个竞争平台对卖方而言是同质的，对买方来说却是异质的。Armstrong & Wright 证明，当平台企业有能力向卖方一边提供排他性契约时，竞争性瓶颈均衡[③]将被削弱。具体而言，平台企业可以使用排他性契约来贿赂卖方，以要求其脱离或者退出敌对平台。相应地，平台企业可以借此吸引更多的

---

① 对此，Whinston（2006）、Rey & Tirole（2007）和 Riordan（2008）提供了较为详尽的文献综述。

② Hausman 等（2003）最先讨论了信用卡市场中联合会员制度的作用，这为后来者讨论纵向约束提供了一个基本框架。

③ Armstrong（2006a）假定市场中卖方多属、买方单属，由此得出了“竞争性瓶颈”这一均衡结果：平台为吸引买方加入而激烈竞争，并对其收取低于成本的价格（通常是免费或者直接予以补贴），同时从需要接触买方且无需选择单属或多属的卖方处获得利润。也就是说，在该均衡中卖方只能获得零剩余。

买方，而这又反过来强化卖方选择单属的激励。平台竞争最终将导致卖方获得大部分（即使不是全部）剩余，而买方和敌对平台的福利必然受损。

由此可见，这一均衡结果正好与 Armstrong（2006a）推导的竞争性瓶颈均衡相反。就社会福利而言，排他性契约是否可取具体取决于卖方一边产品差异化的程度。如果差异化程度较高，则排他性契约的存在将使得所有卖方加入单个平台，而一些买方会选择自己所偏好的平台。这一结果不仅会导致忠实于被“排挤”平台的用户得到较低的网络收益，而且会使得未加入自身偏好平台的买方承受较高的交通成本。如果满足模型的假定，则额外增加的交通成本和减少的网络收益会超过卖方的成本节省①。也就是说，排他性契约是无效率的。相反，如果网络效应很大，那么排他性契约也是有效的，因为这些契约消除了卖方多属的重置成本。同时，买卖双方都选择同一平台并产生最大的网络收益。另外，如果平台可以设定负的价格，那么排他交易会提高敌对平台使用“分而治之”策略的成本，这将使主导平台有能力提高价格并获得更多的利润。此时，封锁敌对平台是有效的。当然，这种基于排他性契约的竞争会导致买方丧失所有剩余。例如，在付费电视市场中，排他性契约的使用将以观众福利受损为代价，增加内容提供商的利润。

Doganoglu & Wright（2010）假定在双边市场中消费者多属，且平台企业有能力和条件实行价格歧视。此时，如果平台企业不能向卖方提供排他协议，那么在位者将会在同进入者的优势网络竞争中失利。因此，在位者会在第一阶段与所有卖方签订排他协议以阻止卖方多属，并抽取买方的所有网络收益。此时，更有效率的进入者将被完全封锁，同时社会福利受损。然而，市场一方将因为排他协议受益，这是因为在位者有能力在竞争阶段实行“分而治之”策略，为此进入者必须在竞争阶段给予卖方大部分剩余，而这又会促使在位者在排他交易中让与卖方更多利益以吸引他们的加入。也就是说，卖方而不是在位者可能成为排他性交易的主要受益者，

① 在 Armstrong & Wright（2007）中，卖方的成本节省来源于无需同时加入两个平台。

但消费者将因此受损。这种排他交易行为无疑是反竞争且无效率的，但由于双边市场的特殊性，它并不必然导致完全的市场封锁。

在实践中，平台企业获得独家经销权利的情况非常普遍，例如，体育联盟、好莱坞影城、电视频道等会授予卫星或有线电视网络独家播放其比赛、电影或者节目的排他性权利。人们通常认为，独家经销会损害观众，因为一些观众将无法观看某些节目。同时，节目的排他性抑制了市场竞争，这将导致观众必须为观看特定节目而支付更高价格。

对此，Stennek（2007）在电视频道情境下进行了具体考察，结果证明独家经销同样也可以产生一些社会收益。具体而言，独家经销可能给市场一方的内容提供商以增加投资、提高质量的激励，而这将促使竞争对手降低价格。也就是说，独家经销可能造福于被排他性协议排斥在外的所有观众。这种福利效应得到了大量实际案例的佐证，出现这一结果的原因主要有：其一，经销商（即平台企业）只需要获得对需求影响较大的节目的排他性权利；其二，独家经销能够促使内容提供商为提高内容/节目的质量、获得更多的利润而增加投资。相反，如果规制机构禁止平台企业进行独家经销，这将减少内容提供商的投资激励，最终降低内容/节目的质量。

这一结果表明，虽然在没有独家经销权的情况下观众一方能够得到福利改进①，但是禁止独家经销同样会使得所有观众受损②。也就是说，独家经销是否损害观众利益，关键在于其是否有助于提高内容质量。如果内容的质量水平给定，那么独家经销对于社会而言是不可取的。事实上，独家经销是经销商和内容提供商对竞争加剧的应对，同时也是保障高质量内容提供商之预期收益的重要方式。因此，反垄断执法机构在执法或者进行干预时，应当权衡利弊，并允许独家经销相关主体进行效率抗辩。

与 Stennek（2007）等不同，Hagiu & Lee（2011）考察了内容提供商

① 一方面，有更多的观众可以观看节目/内容；另一方面，市场竞争加剧将降低观众需要支付的价格。

② 在独家经销的情形下，部分观众虽然不能观看高质量内容，但是至少能够从在质量竞争中处于劣势的平台企业所制定的较低价格中受益。

在独家经营（即单属）与多属之间的权衡。他们证明，内容提供商是否保持其对消费者的定价权是主要影响因素：如果内容提供商向平台出售其所有内容并放弃控制，那么它们将权衡独家经营的成本收益；相反，如果内容提供商仍然保有控制权且仅加入一个平台，那么均衡中多属将是可持续的。同时，内容提供商附属情形下的具体结果取决于平台租金抽取与内容租金抽取之间的权衡，前者与排他程度正相关，而后者与多属程度正相关。其中，平台对于排他性的倾向与内容质量之间的关系并不明确。最后，Hagiu & Lee 证明，如果一个内容提供商内部化其自身价格对平台需求的影响，那么已经获得内容排他性权利的平台企业可能偏好于将内容的定价权让与内容提供商，以弱化平台之间的价格竞争。

最后，Weeds（2016）考察了电视节目经营者（即电视频道、视频网站等双边平台）对高端电视节目进行独家经销的激励。静态分析表明，一个纵向一体化的高端电视节目经营者通常会将其独家节目内容提供给竞争对手，并采用按用户收费的方式来缓和市场竞争。同时，在存在转换成本的动态情境中，独家经销权能够给经营者带来市场份额优势，这将有助于保证未来收益。在一定条件下，这种收益会超过放弃批发费用的机会成本，因而，独家经销会成为经营者的更佳选择。对于规制者而言，该研究的政策启示是：第一，尽管一体化经营者有阻止竞争对手获得高质量内容的激励，但是这一结果出现的前提是存在某种形式的规模经济，从而使得排他性引起的不对称能够提高行业利润；第二，排他性的福利效应尤其是对消费者的影响并不明确，尽管排他性会造成部分配置效率损失，但是消费者可能会因为更激烈的价格竞争和规模效应的产生而获得福利净增加。当然，消费者内部必然会有部分群体的利益受损。

上述理论研究证明，平台企业实行纵向约束（主要是独家经销和排他协议）的目的主要在于减少用户多属、削弱市场竞争。这些行为通常对平台企业和市场一方有利，而对市场另一方不利，其对社会总福利的影响并不明确，因而，需要进行实证检验。

目前，受数据可得性的限制，相关经验研究非常缺乏。其中，Cennamo & Santalo（2009）主要考察了在加强内容供给时平台企业需要面临的两个策略权衡：其一，最大化排他性内容数量的策略是否与旨在最大化内容规模和多样性的策略互补；其二，平台间内容供应的差异化程度将如何影响平台竞争。为此，Cennamo & Santalo 使用 1995 ~ 2008 年间美国游戏视频行业的数据进行了检验，结果表明，对于内容提供商之间较强的竞争来讲，同时实施两个最大化策略会产生相互抵消的作用，最终减少平台的市场份额。而且，平台间适中的内容差异化程度会降低平台的市场份额，但是较高程度的内容差异化将对平台的市场份额产生正向作用。也就是说，这一研究表明，过多的排他性内容必然会降低内容多样性并损害消费者福利。

理论研究和经验分析均表明，平台企业所实施的纵向约束并不必然损害社会福利。然而，这通常会导致社会总剩余在不同用户之间的重新分配，具体结果取决于市场结构、用户特征、产品异质性等因素。当然，实际情形中的双边市场往往更加复杂，纵向约束的竞争效应还会受到平台内部竞争、平台互补品等方面的影响。特别地，平台企业对于纵向约束的偏好还会随着市场规模、市场结构的变动而改变（Mantena 等，2007）。因此，在评估或调查平台企业的纵向约束行为时，反垄断执法机构应当以更加审慎的态度进行全面考察。

## 2.4 小结与讨论

以上分析表明，由于交叉网络外部性等特性的存在，横向兼并和纵向一体化策略/行为并不必然能够给双边市场平台企业带来可用于攫取市场两边用户可得剩余的市场势力。实施兼并是平台企业权衡利弊后的自主选择，兼并是否会产生反竞争效应具体取决于交叉网络外部性的规模、成本节省幅度、涨价/降价激励等因素。同时，平台企业兼并对市场两边用户福利的作用受市场两边的相对地位、交叉网络外部性的符号与大小、用户自身的偏好与异质性、平台产品/服务的异质性及其程度等因素的影响。

最后，平台企业兼并对社会总福利的影响主要取决于平台企业兼并能否带来成本节省、产生更大规模的交叉网络外部性，以及其将如何影响平台上产品/服务的多样性和质量。

毫无疑问，现实中的平台企业兼并远比已有文献所刻画的情形复杂。因此，不断放松假设、深化对平台企业兼并的理论分析非常必要。在 Rochet & Tirole（2003、2006）、Armstrong（2006a）等原创性文献中所提供的正则模型（Canonical Model）中，用户异质性以及由此引致的差异化定价并没有得到充分考虑。对此，Weyl（2010）拓展了 Rochet & Tirole（2006）的理论框架，从而将多重用户异质性以及可能的价格歧视纳入统一分析范畴。由此，得出了更加可行但难易程度相当的异质性模型。以该模型为基础框架来分析平台企业兼并及其福利效应，可能是理论研究后续发展的一个重要方向。

此外，还可以从以下几个方面拓展理论分析：其一，考虑双边平台之间的非对称性（Ambrus & Argenziano，2009），且主要包括市场规模和价格结构两个维度；其二，考虑不同类型的外部性，除了常见的正交叉网络外部性之外，还可以包括负的交叉网络外部性（Garcia & Shen，2014）、负的组内外部性（Belleflamme & Toulemonde，2009）等；其三，考虑双边平台兼容性（Doganoglu & Wright，2006）、开放性（Hagiu，2006b）、标准化决策（Shy，2011）等对平台企业兼并福利效应的影响。

在针对具体双边产业中的平台企业兼并进行实证检验时，需要考虑该产业的异质性或者独特性。例如，大部分文献均假定双边市场的一边用户单属、另一边用户多属。然而，在第三方支付、搜索引擎等产业中平台两边用户都是多属的。此时，平台企业兼并并不会显著影响市场均衡结果。而以网络传媒业为例，平台企业可能同时经营多个平台，而兼并可能仅发生于某个平台（Roger，2009）。同时，在受众制造者一类双边平台上，广告水平可能并非是外生给定的，而是彼此间存在相关性。最后，平台企业可能对广告商进行价格歧视，这将改变平台兼并对边际广告商定价的影响。因此，具体问题具体分析非常必要，也即针对不同双边产业的研究可能得出不同的政策启示。相应地，我们不能简单地沿用传统分析方法来评估平台企业兼并的竞争效应和福利效应，而是需要在考虑双边市场典型特征的情况下改进、修正和完善已有方法并加以运用。在本书的第 5 章和第 6 章中，我们将重点考察这些内容。

# 3. 平台企业横向兼并分析：以网络约车行业为例

自2012年3月"摇摇招车"软件上线运营以来，作为共享经济（Shared Economy）典型代表之一的网络约车行业在我国开始迅速发展。经历残酷的"诸侯混战"之后，该行业进入了以滴滴、优步、神州和易道[①]等几大巨头共存的高速发展期。网络约车是解决"叫车难"等市场失灵问题的有效方式，但其兴盛同样也引发了一系列问题和挑战。为引导该行业的规范发展，2016年7月交通运输部等七部委联合发布了《网络预约出租汽车经营服务管理暂行办法》（简称《暂行办法》）[②]。《暂行办法》赋予网络约车以合法身份，无疑能够有力促进其正常有序发展。然而，2016年8月市场两大巨头滴滴和优步宣布合并（我们用"DuDu"指代合并后的新企业），这给原本光明的市场前景蒙上了些许阴影。特别地，这一合并引发了社会各界强烈的质疑与垄断担忧。

易观2016年第二季度的数据显示，根据每日活跃用户数量来计算，滴滴和优步中国分别占据中国专车市场份额的70%和17%。如此，两者合并之后市场份额将高达87%，在细分的快车市场中更是接近100%。毫无疑问，这已经远远超过了《中华人民共和国反垄断法》（以下简称《反垄断

---

① 完整称谓分别为"滴滴专车""优步中国""神州专车""易到用车"，我们将分别使用简称。

② 交通运输部、工业和信息化部、公安部等：《网络预约出租汽车经营服务管理暂行办法》（交通运输部令2016年第60号），2016年7月28日，http：//zizhan.mot.gov.cn/zfxxgk/bnssj/zcfgs/201607/t20160728_2068633.html。

法》）规定的50%临界线[①]。然而，关于这一合并是否会造成市场垄断以及是否应当批准该合并，目前尚存在较大争议[②]。一方面，合并能够减少"疯狂烧钱"等过度竞争行为，促使各平台为用户提供更优质服务并保障市场的稳健发展，同时神州、易道等差异化竞争者的存在将制约 DuDu 使用其市场势力；另一方面，合并使得市场高度集中，这会导致市场价格上升[③]，从而侵占消费者剩余，同时还会加强市场进入壁垒，提高市场监管难度。归根结底，各方争论的焦点在于：伴随着市场份额的提高，DuDu 是否会获得可以用来获取超额利润的市场势力？或者说，横向合并是否会产生反竞争效应，并最终损害消费者剩余和社会福利？毫无疑问，这是一个非常重要的现实问题。

之所以出现如此大的争议，主要原因在于网络约车行业属于典型的双边产业（或双边市场）。与传统单边产业不同，双边产业的横向合并（或经营者集中）虽然能够提高市场占有率，但是这并不等同于合并方获得可以使用的市场势力，也并不必然意味着会损害社会福利或抑制市场竞争。相反，通过产生更大的交叉网络效应以及获得成本节省或效率提升，这类合并可能会增加消费者剩余或增进社会福利。因此，原有针对单边市场兼并效应的分析方法已经不适用于双边市场横向兼并（Wright，2004）。在本章中，我们将用双边市场理论深入探讨滴滴与优步中国合并的社会福利效应，从而为解决与之有关的争论提供必要的依据或理论支撑。

双边市场理论之所以产生，是因为传统经济理论已经无法指导大量涉及双边市场的反垄断规制和执法。为应对现实与理论之间的冲突，以 Rochet & Tirole（2003，2006）、Schiff（2003）、Caillaud & Jullien（2003）、

---

① 《中华人民共和国反垄断法》第十九条规定：当一个经营者在相关市场的市场份额达到1/2时，可以推定其具有市场支配地位。

② 相应地，反垄断执法机构也难以做出应对策略选择。一个典型的例子是，在 2015 年滴滴与快的合并时，监管部门并未施加任何阻止或处罚措施。

③ 实际情况是 2016 年 8 月 1 日双方宣布合并后，乘客面临的价格明显提高，司机方获得的补贴也大幅减少。例如，9 月 5 日滴滴将北京地区顺风车的起步价从 3 公里内 10 元调高至 12 元。在本书中，我们分别用"乘客"和"司机"来表示网络约车两边用户，并用"约车平台"来指代滴滴、优步等网络约车软件平台。

Armstrong（2006a）、Hagiu（2006）等为代表的经济学家开创并逐步发展了系统的双边市场理论[①]。除了重点考察双边平台的定价策略之外，平台企业横向兼并的福利效应同样是该领域的一个重点。其中，Rochet & Tirole（2003）、Chandra & Collard - Wexler（2009）、Leonello（2010）、Van Cayseele & Reynaerts（2011）等进行了理论层面的探讨，其他一些文献则分别以黄页（Rysman，2004）、报纸业（Filistrucchi 等，2010；Fan，2013）、无线广播业（Jeziorski，2014a、2014b）、移动通信业（Houngbonon，2015）等主要双边产业为现实情境进行了实证分析。这些研究的创造性工作以及所提出的观点，为我们更加透彻地理解平台企业横向兼并提供了基础性理论框架和经验证据。然而，不同双边产业或双边市场有着自己的独特性，这就意味着：当探讨滴滴与优步中国合并的福利效应时，必须将网络约车行业的市场特性考虑在内，并对其进行具体分析。

在网络约车市场中，双边平台之间以及两边用户之间都存在明显的异质性：一方面，不论是乘客方还是司机方，其个人属性尤其是偏好都存在较大差异；另一方面，约车平台之间进行差异化竞争，即它们提供的服务并不完全同质。为简化分析，我们主要考虑平台服务的异质性，而将市场两边用户视为同质的。在现实中，距离较远的区域之间并不具有竞争关系。鉴于此，我们以一个代表性区域（即将整个市场划分为多个相互独立的子市场）进行分析。在一定时间内，每个用户都只能使用一次平台服务，因而，不存在实质上的多属用户。进一步来讲，本书拓展 Armstrong（2006a）、Rochet & Tirole（2006）所提供的框架并以此进行分析。首先，我们仅考虑两个主导平台之间的竞争和兼并，以探讨平台横向兼并对滴滴和优步中国两家接近独占的快车市场的影响。随后，将基本模型进行拓展以纳入其他竞争者，即用一个或两个第三方平台来指代滴滴和优步中国之外的用户可选平台。需要强调的是，反垄断规制/调查所必需的相关市场界定

① 其中，Rochet & Tirole（2003）最早正式提出了“双边市场”这一概念。关于双边市场理论的相关讨论，可以参见 Rsyman（2009）、Shy（2011）、吴汉洪和孟剑（2014）等综述性文献。

或市场势力测度并非本章的主要内容。相反，本章仅就滴滴与优步中国合并对市场均衡价格以及相应用户剩余、社会福利的可能影响进行一般性分析。

本章剩余部分结构安排如下：第一部分简要介绍网络约车的产业背景，重点是从必要条件着手分析和界定其双边市场属性；第二部分讨论网络约车行业的结构和性质，从而构建基本分析框架；第三部分在双寡头市场结构下，比较滴滴与优步中国合并前后的价格变动，从而考察其对用户剩余和社会福利的影响；第四部分构建多寡头模型，以分析存在其他竞争者时约车平台兼并的福利效应；最后是总结和讨论。

## 3.1 行业背景及其性质

我们首先补充网络约车行业的相关背景知识，从而为后续理论分析奠定基础。在简单梳理该产业的发展历程和现状之后，我们从几个必要非充分条件入手来定性判断其是否具有双边市场属性。

### 3.1.1 行业概况

所谓网络约车，是指以移动互联网为基础，以手机 APP 作为主要服务平台，为有出行需求的顾客和具有出行服务资格及意愿的司机提供信息沟通和有保障连接服务的新型商业模式。网络约车并非我国所创，早在 2010 年美国就出现了以优步为主的十几家网络约车公司。其中，优步更是已经发展成为世界性的约车平台。我国第一家网络约车平台是“摇摇招车”，它最初于 2011 年年底开始上线运营。在此之后的几年时间里，网络约车行业进入了迅速发展期，滴滴、优步、易到、神州等约车平台相继在全国各大城市出现。截至 2015 年年底，我国移动端出行服务用户中乘客数量高达 3.99 亿，而提供接送服务的司机也多达 1871.4 万人①。同时，2016 年以

① 数据来自于艾瑞咨询发布的《2016 年中国移动端出行服务市场研究报告》，具体参见 http://www.iresearch.com.cn/view/259480.html。

来，网络约车订单日成交量已超过1000万单，全国有超过400个城市开通了专车服务[①]。另外，网络约车市场的交易规模和用户规模分别如图3-1A与3-1B所示。

网络约车之所以能够发展到如此规模，主要原因在于：第一，基于互联网信息技术的新服务模式提高了约车效率，有助于解决传统巡游车[②]服务能力不足这一问题；第二，网络约车APP软件可提供多元化的功能和服务，这有效缓解了出租车行业服务能力有限与人民群众个性化出行需求快速增长之间日益突出的矛盾；第三，大量国际国内资本进入网络约车市场，长期补贴促使用户形成了使用网约车的习惯；第四，除了满足用户差异化、个性化的需要之外，网约车的发展还能够非常有效地利用社会闲置资源，增进社会福利。在这些因素的促进下，网约车已经成为社会日常生活必不可少的一部分。

经历了几年的快速发展之后，网络约车行业已经逐步进入了成熟阶段。特别地，《暂行办法》的颁布以及后续实施赋予网约车以合法身份，这将有助于网络约车行业的规范化发展。其中，该行业的两个显著特征是：

其一，服务日益多元化，用户多属非常普遍。从一开始的预约出租车，各种服务模式不断涌现。目前，主流服务模式包括快车（专车）、拼车、代驾、出租车、租车、试驾、巴士等。此外，各约车平台还通过综合利用信息技术、大数据分析技术以及管理优化技术等，开发整合了一系列综合服务，包括驾驶员服务质量与信用评价、导航等，甚至还可以进行城市交通自动化调度、交通拥堵治理等。约车平台服务多元化程度不断提高，同时也促使市场两边用户的多属比例大幅提升。艾瑞咨询的数据显示，85.9%的乘客用户会使用两种以上的出行服务，其中，出租车约车、

---

① 张莉："网络约车：新规后的发展趋势［EB/OL］"，《今日中国》，2016年8月31日，http：//www.chinatoday.com.cn/chinese/economy/fxb/201608/t20160831_800066181.html。

② 巡游车主要是指传统的出租车和小规模运营的私家车，而网约车则指当前网络约车平台所提供的快车、专车等载客营运车辆。参见：曹政："出租车将分'巡游'与'预约'两大类［N］"，《北京日报》，2015年10月11日，第2版。这里我们考察的巡游车与网约车均为正当合法运营的7座及以下乘用车。

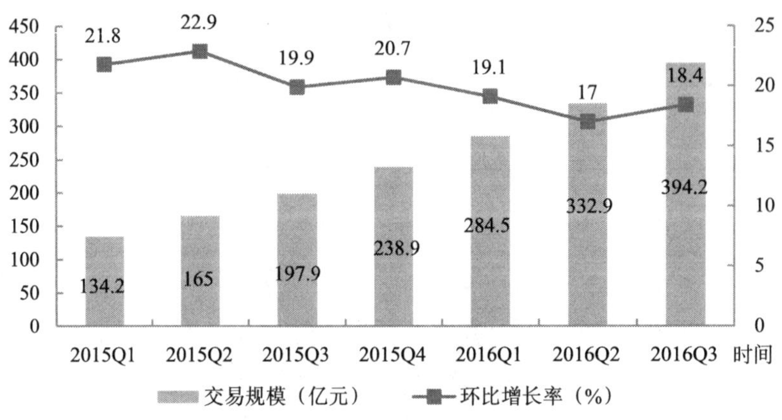


图3-1A　交易规模及其环比增长率

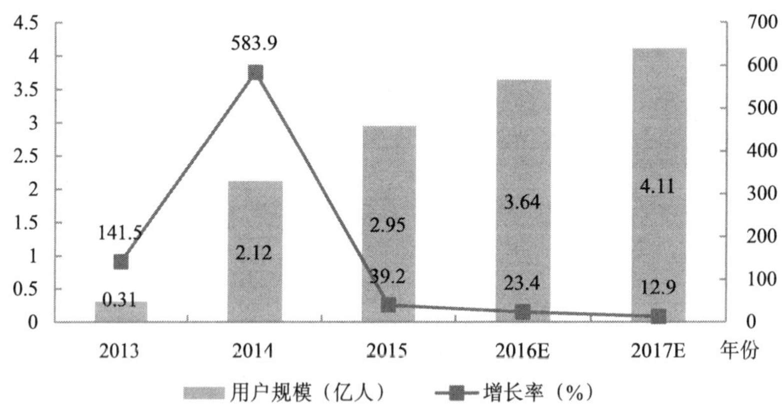


图3-1B　用户规模及其增长率

注：图3－1B中“2016E”与“2017E”表示预测数据。

资料来源：中国IT研究中心《2016年中国专车市场研究报告》。①

**图3－1　我国网络约车市场概况**

快车（专车）和拼车的乘客覆盖量最高，注册用户数量分别达到2.5亿、1.9亿和1.6亿。当然，相对于乘客用户而言，司机用户的多属比例相对很低②。

① 链接网址：http：//www.cnit－research.com/content/201611/11924.html。

② 在《网络预约出租汽车经营服务管理暂行办法》最终稿中，删除了“网约车不得同时接入两个或两个以上的网络服务平台并提供运营服务”这一条款，这也就意味着司机方多属是合法的。

表 3－1 滴滴与优步中国合并前后专车市场结构

| 约车平台 | 活跃用户覆盖率（%） | | 专车市场订单量份额（%） | |
|---|---|---|---|---|
| | 2016Q1 | 2016Q3 | 2016Q1 | 2016Q3 |
| 滴 滴 | 83.1 | 96.7 | 85.3 | 94.6 |
| 优步中国 | 14.9 | | 7.8 | |
| 易 到 | 10.1 | 14.3 | 3.3 | 3.6 |
| 神 州 | 4.9 | 5.2 | 2.9 | 1.7 |
| 其 他 | 4.7 | 1.1 | 0.7 | 0.1 |

注：2016 年 8 月滴滴与优步中国合并，因而，2016 年第 3 季度数据将两者一并计算。

资料来源：中国 IT 研究中心《2016 年中国专车市场研究报告》。

其二，市场高度集中，已形成寡头垄断结构。在 2012 年至今的短短几年时间里，网络约车行业经历了多轮市场洗牌。对于网络型产业来讲，培育市场是成功运营的必要前提。在最初的红杉资本以及后来的腾讯、阿里等互联网巨头的参与下，各个网络约车平台企业为了争夺市场份额展开了非常残酷的市场竞争。在此期间，网络约车市场剧烈动荡，出现了大量的退出与兼并重组①。其中，典型案例包括曾经占据北京市场主导地位的摇摇招车于 2013 年年底停止运营，以及滴滴收购快的、易到收购打车小秘等。经历过一番兼并重组之后，网络约车市场一超多强、一家独大的寡头垄断格局②已经形成。如表 3－1 所示，在合并后滴滴和优步中国的活跃用户覆盖率有所下降，但是专车市场订单份额却略有上涨。并且，其他约车平台所占份额大幅减少。

实际上，各约车平台背后都有着多家资本公司的支持。滴滴与优步的合并无疑能够降低相互之间的竞争程度，从而为资本尽快实现盈利创造可能。然而，该合并对社会福利的影响却是不明确的，需要我们进行深入剖析。值得强调的是，目前我国网络约车市场已经形成了滴滴、神州、易到和首汽约车四分天下且滴滴一支独大的格局（见表 3－2），这充分表明平

① 从 2012 年至今，累计有上百款打车应用上市并运营。

② 参见易观发布的《中国互联网专车市场专题研究报告 2016》。

台企业的横向兼并具有长期影响。因此，加强对该问题的研究非常必要和重要。

表 3-2　　我国网络约车市场结构

| 约车平台 | 市场渗透率（%） | 月活跃用户数量（万人） | 月均日活跃用户数量（万人） |
|---|---|---|---|
| 滴滴 | 13.82 | 9191 | 1504.4 |
| 神州 | 1.39 | 286 | 31.2 |
| 易到 | 0.33 | 138 | 20.7 |
| 首汽 | 0.23 | 111 | 9.5 |

资料来源：极光大数据《2018 年 5 月专车市场研究报告》①。

### 3.1.2　双边性质

双边市场理论是产业组织理论的新发展，应用该理论的基本前提是判断分析对象是否属于双边市场。双边市场与单边市场之间的界限并不明显（Evans & Schmalensee，2007；Hagiu，2007；Rysman，2009），因而，谨慎地进行界定十分必要。鉴于已有共识，我们从基本定义和必要条件两方面来判断网络约车行业是否具有双边市场属性。

在网络约车行业中，市场参与主体主要包括约车平台、乘客和司机。乘客和司机这两组不同的用户通过约车平台达成交易，并各自获得收益。此外，双方之间资金的转移支付是通过第三方支付平台②完成的，但这不是我们考察的重点。其中，乘客的收益是更加便捷的约车和乘车服务，这通常能够为其带来较大的时间成本节省；对于巡游出租车司机而言，加入平台能够大幅减少巡游接客的时间和成本，提高运营效率并扩大盈利空间；对于普通私家车司机来讲，加入平台并兼职网约车司机是获取额外收

① 相关链接：http：//baijiahao.baidu.com/s？id = 1604875860545985515&wfr = spider&for = pc。

② 第三方支付同样是一个双边市场，而且是其他很多双边市场特别是 O2O 市场运营的基础。随着移动支付终端的广泛普及，以生活消费类为主的很多双边市场连接成了一个复杂的生态系统。

入的可行渠道。无疑，网络约车行业的这些特征符合双边市场的基本定义，即双边市场是指存在两组不同用户通过一个共同平台进行交互并获得收益的市场（Evans，2003）。然而，仅仅满足基本定义并不能确保该行业具有双边市场属性，还需要讨论它是否符合双边市场所必须满足的若干必要条件。

其一，交叉网络外部性。在 Evans（2003）之后，Armstrong（2006a）进一步明确了双边市场的定义，即“存在两组须借助网络型平台实现互动的不同用户，其中一组用户加入平台的可得收益取决于另一组用户中加入该平台的数量”。这一定义的核心便是双边市场必然存在交叉网络外部性。在网约车市场中，乘客和司机从加入平台中得到的好处主要取决于对方的数量：平台上的司机越多，乘客就可以享有更便捷、更便宜的约车服务；而乘客数量越多，司机方的总体接单量就越多，每位司机接到订单的概率将大幅提升。也就是说，在乘客与司机之间存在交叉网络外部性[①]，任何一方数量的变动都将影响另一方能够得到的效用或福利。

其二，科斯定理失灵。双边平台之所以产生，是因为市场交易方式或一体化组织不能内部化交叉网络外部性。因此，Rochet & Tirole（2003，2004）认为，科斯定理失灵是双边市场存在的必要前提：如果科斯定理有效，那么市场两边用户可以通过讨价还价来内部化网络外部性，此时，双边平台也就失去了存在的必要性。如果没有网络约车平台，巡游出租车市场会经常面临高峰期的“打车难”以及闲暇时的“寻客难”等问题。对于专车市场来讲，如果没有约车平台的服务，私家车与乘客之间能够达成的交易将非常有限，即使有也是建立在高昂的交易成本之上。因此，科斯定理失灵在网络约车市场中是成立的。

其三，价格结构非中性。在讨论科斯定理失灵之后，Rochet & Tirole（2003，2006）进一步提出了判断双边市场的另一特征：价格结构非中性，

---

① 实际上，市场各边之间还存在组内外部性，而这种外部性又将对组间网络外部性（即交叉网络外部性）产生影响。例如，约车平台上司机一方用户越多，则意味着为获得乘客订单而展开的竞争可能更加激烈，这将促使司机方向乘客方提供更高质量的服务。

也即双边市场中两边用户的互动或交易量不仅取决于价格总水平，而且也会因价格结构或相对价格水平的不同而发生变动。在网络约车市场中，价格主要包括平台费用/抽成、乘客补贴和司机补贴[①]。其中，平台费用与乘客补贴之和会影响乘客方对平台的选择以及最终加入平台的用户数量，这在各约车平台培育市场的过程中得到了充分体现。同时，载客收费、平台抽成与司机补贴之和的变动也会影响司机参与平台的激励。当价格总水平一定时，不同的价格结构会给乘客方和司机方提供差异化的激励，最终导致平台交易量发生变动。由此可知，网络约车市场具备价格结构非中性这一特征。当然，使用“价格结构非中性”作为判定条件，必须满足一些基本前提，主要包括产品或服务提供方不能实施额外收费、市场是不完全竞争的（Gans & King，2003）。毫无疑问，网络约车市场满足这两个基本条件。

根据以上几个方面的判断，可以确定网络约车属于双边市场范畴[②]。因此，可以基于双边市场理论来分析滴滴与优步中国合并的竞争效应和福利效应。

## 3.2 基本模型

在本部分中，我们首先构建可以刻画网络约车市场的一般理论框架，然后，探讨垄断情形下的均衡价格水平，并将其作为后文分析平台企业兼并福利效应的基准。我们的模型建立在 Rochet & Tirole （2006）、Armstrong （2006a） 的基础之上，其关联和差异在于：Armstrong （2006a） 提供了考察平台竞争的一般框架，但没有进行深入分析；而 Rochet & Tirole （2006） 在垄断情形中讨论了会员外部性和使用外部性，但没有考察平台竞争问

① 乘客须支付平台费用，而司机须将乘客所支付乘车费用的一部分作为提成或服务费给予平台。另外，乘客补贴和司机补贴是约车平台在市场培育阶段或者用户协调过程中分别向乘客方和司机方收取的负价格。

② 一般而言，确定某一行业的双边市场属性需要从定性和定量两方面进行判断，具体可参见 Filistrucchi 等（2013）、傅联英和骆品亮（2014）、王小芳和纪汉霖（2013）。

题；本书将两者相结合，并用以探究网络约车市场中的平台企业横向兼并和市场竞争问题。也就是说，我们在融合并拓展两个模型的基础上进行分析。

### 3.2.1 网络约车市场

网络约车属于典型的地区性经济活动，因而，在考察该行业的竞争与垄断问题时，有必要将各个城市视为需求和价格彼此不相关的独立市场来加以分析。毫无疑问，各个独立市场之间会因为城市规模、基础设施建设状况、公共交通便捷性、交通堵塞情况、经济发展水平等城市特征的不同而存在较大差异。例如，相对于北、上、广、深等大城市或特大城市而言，中小城市居民对网络约车服务的需求较小，并且网络约车同巡游出租车、公共交通等相比，并不具有明显的竞争优势。也就是说，网络约车平台的合并对用户剩余以及社会福利的影响非常有限。有鉴于此，我们选择（特）大城市的网络约车市场作为考察对象。特别地，当距离较远时，乘客与司机之间不会存在实际需求。因此，我们用一个代表性区间（或者将整体市场拆分为多个相同的子市场）来进行分析。

如前所述，网络约车平台提供快车、专车、拼车、代驾等多元化服务。考虑到滴滴和优步中国在快车市场将近100%的总计市场占有率，我们将分析主要限定于这一子市场。特别地，快车这类网约车与巡游出租车之间有着非常强的可替代性。

在市场中存在3类主体，即有出行需求的乘客（Rider）、愿意提供接送服务的司机（Driver）和匹配司乘双方供需并从中收取中介服务费用的双边平台（即滴滴、优步）。为此，假定市场中存在2个双边平台（分别用1和2表示），它们同时为乘客（$r$）和司机（$d$）两组用户提供服务[①]。因为乘客和司机还可以通过其他方式获得所需服务，因而，平台可能无法

① 在后续部分，会将该假设一般化，从而讨论存在其他竞争者时的平台企业兼并和市场竞争。

实现对乘客或司机的完全覆盖。简单起见且不失一般性，我们将乘客和司机在平台以外的选择[①]都视为外部同质选择。将市场中乘客和司机的数量分别标准化为 1，每个平台上乘客和司机的数量分别为 $N_j^r$ 和 $N_j^d$（$j=1, 2$）。此时，必然有 $\sum_{j=1,2} N_j^r \leqslant 1$ 与 $\sum_{j=1,2} N_j^d \leqslant 1$[②]。如果两个不等式均成立（即不存在多属用户），那么 $N_j^r$ 和 $N_j^d$ 可以表示各个平台在两组用户中所占的市场份额。另外，平台通过匹配技术来促成乘客与司机之间的交易。为简化分析，假设两个平台具有相同的匹配技术，即 $\lambda_1=\lambda_2=\lambda$，且 $\lambda \in (0, 1]$。其中，$\lambda$ 越大，表示成功匹配的可能性越大（Caillaud & Jullien, 2003）。

### 3.2.2 定价

由于假设市场两边用户都已经在平台之上，因此，我们不再考虑平台培育阶段的问题[③]。相应地，平台将选择合适的价格来最大化自身的交易量和利润。现实中网约车的供需情况是不断变化的，因此，平台会实施动态定价。大致可以将平台 $j$ 面临的供需情况分为两种类型，即需求不足和供给不足。其中，需求不足是网络约车市场的主要情形。而供给不足情形会在某些特殊情况下出现[④]，此时，乘客方对网约车的需求超过司机方的供给能力。于是，乘客方有为获得网约车接送服务而进行竞价（即在基价之上加价）的激励。相应地，平台也将获得实施价格歧视（如峰时定价）的能力。由于本书主要考察一般的价格竞争问题，因而，我们只分析需求

---

① 为提高可比性，假定乘客的外部选择主要是传统出租车、非正规私人运营车辆等巡游车，司机方也可以通过街道巡游、小型私人中介等方式寻找到乘客。

② 这两个不等式严格成立的前提，是网络约车完全替代其他外部选择且不存在用户多属，但这种情形相对少见。我们首先分析两个平台完全覆盖市场的情形，然后，将其扩展到一般化情形。其中，用户在一定时间内只能使用一个平台的服务，因而，其实质上是单属的。

③ 本书重在分析平台合并的福利效应，因而，关注的是成熟阶段而非培育阶段。

④ 典型情况包括下雨、上下班高峰等，此时，人们对网约车的需求将陡然增加。

不足情形①。

当需求不足时，平台 $j$ 定价的目标是促成乘客与司机之间达成更多的交易。双边平台的作用在于内部化外部性，而双边市场中可能会产生会员外部性（Membership Externalities）和使用外部性（Usage Externalities）两种。当存在两种外部性时，平台可以同时对两边用户收取会员费和使用费（Rochet & Tirole，2004、2006）。如前所述，可以认为网络约车市场中仅存在使用外部性，因而，网络约车平台只能够对用户收取平台服务使用费。与巡游出租车类似，平台对网约车乘客的定价主要包含两个部分：其一是里程费，其二是时长费②。由于不考虑歧视定价情形，因而，这两个价格对于所有用户而言都是统一的。基于里程与市场之间的高度正相关关系，为了降低分析的复杂性，我们假设平台 $j$ 仅对乘客都收取统一使用价格 $p_j^r$，其相当于里程费和时长费的加权平均值。当然，平台可以得到的收入仅为 $p_j^r$ 的一部分，具体取决于其对司机方的定价。在收购优步中国前后，滴滴对司机方的定价模式发生了根本性变化：收购前，滴滴从司机收入中提取固定比例（20%）的管理费或提成；而在收购后，平台对里程费和时长费分别抽成，即平台对司乘双方分开计价，两者的差额就是平台对司机方收取的费用③。由于我们假定平台对乘客方收取单一定价，因而，暂不考虑司机方定价方式所产生的影响④，并假设平台 $j$ 对司机方的定价为 $p_j^d$：与对

① 与专车、顺风车等其他子市场类似，供给不足情形中的定价和竞争问题更为复杂，我们将在后续研究中加以探讨。其中，主要问题包括双边平台歧视定价与双边市场内部竞争，前者可参见 Busse & Rysman（2005）、Liu & Serfes（2013）、Reisinger（2014）等，而后者可参见 Armstrong（2006a）、Smith 等（2013）、Chiou & Tucker（2015）等。

② 例如，2016 年 8 月份以来，滴滴的价格是 1.8 元/公里、0.5 元/分钟（http://www.laiwunews.cn/b2b/x2512.html）。此外，还包括夜间费用以及在专车等提供差异化服务的子市场中收取的起步费，对此我们暂不加以考虑。

③ 假定平台对乘客方制定的单位里程费和单位时长费分别为 $a^r$ 和 $b^r$，而对司机方制定的单位里程费和单位时长费分别为 $a^d$ 和 $b^d$，那么平台对司机方收取的费用分别为单位里程费 $a^r - a^d$、单位时长费 $b^r - b^d$。

④ 在实行司乘分开定价后，网络约车平台通过差价获取利润，这与传统单边企业的盈利模式并无本质差异。对此，需要思考的问题是：定价方式的变动是否会改变网络约车市场的双边性质，以及其将如何影响司乘双方的平台参与决策以及相应的社会福利？我们将在后续的研究中加以分析。

乘客的定价不同，$p_j^d$ 表示司机从提供接送服务中获得的收入。相应地，$p_j^r - p_j^d$表示平台对每次交易中司机收入的抽成。

### 3.2.3 用户

一般而言，市场两边用户（$i \in \{r, d\}$）面临着是否加入平台以及是否使用平台服务的决策。作为理性经济人，他们的决策将取决于相应的成本—收益分析。在“加入”决策方面，两边用户的成本以及收益基本类似：成本是购买计算机或手机的费用、时间成本以及学习成本等，而收益则主要是平台提供的优惠券等补贴以及后续使用平台服务的预期收益。基于以下原因，我们认为可以忽略“加入”决策，或者假设所有两边用户都在平台上：其一，加入平台时不存在进入壁垒，几乎所有用户都可以随时加入；其二，加入平台的成本相对较小，在第一次使用之后，这些成本将不会影响用户的使用决策；其三，用户加入平台时的预期收益只有在使用平台服务时才能够兑现，也即“加入”决策远不如“使用”决策重要；其四，当用户预期使用平台服务能够增进自身的福利时，“加入”决策将受到“使用”决策的驱动①。因此，市场两边用户的“使用”决策才是分析的关键点②。

相对于巡游车而言，乘客使用某个平台所提供服务的主要目的在于获得时间节省③：通过网络约车平台，乘客可以有效减少等待车辆的时间，这对于出发地或目的地比较偏远的乘客而言尤其如此。这种时间节省能够给乘客带来收益，而其大小将取决于所加入平台上司机的数量（$N_j^d$）、同一平台上乘客的数量（$N_j^r$）、平台的匹配技术（$\lambda$）等因素。一方面，乘客通过平台 $j$ 获取司机接送服务的便捷性直接决定潜在时间节省量，而这

---

① 当然，“加入”决策是“使用”决策的前提，但加入的目的是为了使用平台服务，因而，可以将“加入”决策视为“使用”决策的连带产物。或者说，“加入”决策可以是瞬时完成的。

② 也就是说，在此处我们并不考虑两边用户之间的协调和承诺问题。

③ 当然，乘客还可以通过平台获得差异化服务。但为简化分析，我们主要考察快车市场，也即假定司机方提供同质服务。

种便捷性无疑与平台上司机数量 $N_j^d$ 成正比、与乘客数量 $N_j^r$ 成反比。其中，$N_j^d$ 的作用就是双边市场中最为重要的间接网络外部性，而 $N_j^r$ 的作用则是乘客方的直接网络外部性。换句话说，潜在时间节省量同乘客拥有的人均司机数（$N_j^d/N_j^r$）成正比。但是，乘客在使用网络约车平台时仅能看到自己的排位，而这取决于平台上司机的数量，因而，可以假设其使用决策并不受乘客数量的影响。因此，可以假定直接网络外部性参数为零，而间接网络外部性参数为 $\alpha^r>0$。另一方面，平台的匹配技术决定平台服务所产生的实际时间节省量。平台匹配技术水平越高，乘客与司机之间就能够越快实现有效交易，因而，可以使乘客获得更多的时间节省。

同时，乘客使用平台 $j$ 服务的成本受 3 种因素的影响：其一，平台定价 $p_j^r$ 与巡游车价格之差。通常来讲，乘客对接送服务有刚性需求，也即必须在网约车和巡游车之间进行选择。因此，影响乘客效用的成本并不是网约车的绝对价格，而是其与巡游车之间的相对价格。假定巡游车的平均价格为 $p$①，那么 $p_j^r-p$ 将影响乘客的选择：如果 $p_j^r-p>0$，即意味着其选择网约车会产生额外成本。当然，通常会有 $p_j^r-p\leqslant 0$，这是因为在市场培育阶段，平台会对乘客进行补贴，以激励其使用网约车；而在市场成熟阶段，由于网约车的总体成本相对较低，平台定价依然可以低于巡游车定价。其二，乘客的价格敏感度 $\theta^r$。出行距离、收入水平等的变动，会使得乘客对网络约车服务及其价格有着不同的敏感度。简单起见且不失一般性，假定 $\theta^r\in(0,1]$，其值越小，表示乘客对价格越不敏感。也就是说，$\theta^r(p_j^r-p)$ 表示乘客使用网络约车服务的实际机会成本。其三，乘客在使用平台服务中所产生的成本 $c_j^r$，主要是使用网络约车平台所产生的直接费用。由于这一成本很小，因而，可以假定 $c_j^r=0$。为简化分析，假定乘客的

① 由于出租车的价格是由各地方政府相关部门制定的，因而，可以将其视为给定的。同时，其他巡游车的价格将等于出租车价格的一定加成。因此，可以将巡游车的平均价格视为固定值。考虑到乘客在不同类型巡游车之间的随机选择，我们用平均水平 $p$ 来反映巡游车的价格。

效用函数满足可列可加性，因而，每次使用平台服务的净效用为①：

$$u_j^r = \alpha^r \lambda N_j^d - \theta^r \ (p_j^r - p) \tag{3-1}$$

类似地，司机使用平台 $j$ 服务的目的是为了获取更高收入②。因此，司机从使用平台 $j$ 服务可以得到的期望收益将受到相应平台上乘客数量 $N_j^r$、同一边司机数量 $N_j^d$、平台的匹配技术 $\lambda$ 的影响。类似地，由于司机并不能知晓平台上司机方的数量，因而，假定 $N_j^d$ 并不会影响司机的平台使用选择。同时，用 $\alpha^d > 0$ 衡量司机方所获得的间接网络外部性。另外，司机使用平台 $j$ 服务的成本取决于两个因素：其一，网约车与巡游车之间的价格之差。具体来讲，巡游车的价格 $p$ 可表示司机的期望收入。当其通过约车平台提供服务时，其收入为 $p_j^d$，但成本并未发生明显变化③。因此，两者的差异就是司机使用平台服务的期望损失。根据实际情况，$p - p_j^d$ 通常大于零。也就是说，司机使用平台服务的目的在于时间节省后的长期总收入增长而非单次收入。其二，司机的收入敏感度 $\theta^d$。类似地，司机对收入的敏感度为 $\theta^d \in (0, 1]$，其值越小，表示司机对收入减少越不敏感。于是，$\theta^d \ (p - p_j^d)$ 表示司机使用网络约车平台的机会成本。相应地，通过使用一次平台 $j$ 服务并成功完成接送服务，司机可得到的净效用为：

$$u_j^d = \alpha^d \lambda N_j^r - \theta^d \ (p - p_j^d) \tag{3-2}$$

### 3.2.4 利润与博弈时序

平台 $j$ 交易量 $V_j$ 是关于平台上乘客数量 $N_j^r$、司机数量 $N_j^d$ 以及匹配技

① 效用函数式 3-1 表明，如果平台能够为乘客带来较多的成本节省，那么它可以将价格提高至巡游车平均价格之上。

② 同样也可以说司机的目的是为了获得提供接送服务所需时间的节省，这是因为接送一位乘客所需时间越短，司机在固定时间内可以提供的服务越多，因而，可能得到更高的收入。

③ 事实上，司机作为巡游车和网约车提供服务所面临的成本有较大差异（如出租车公司与平台的抽成差异）。但考虑到油料耗费、磨损等费用在总成本中占主要部分，我们忽略其他方面的差异。当我们考虑机会成本时，司机在油料耗费方面的成本就无需考虑。

术 $\lambda$ 的函数，即 $V_j = V_j\ (N_j^r,\ N_j^d,\ \lambda)$①。毫无疑问，用户之间能够达成的最大交易无疑等于两边用户数量的最小值，因而，我们假定 $V_j = \lambda \min\{N_j^r,\ N_j^d\}$。在一定时间内，只有与对方匹配成功，乘客或司机才会使用平台的服务。因此，在均衡状态下平台上的乘客数量 $N_j^r$ 与司机数量 $N_j^d$ 大致相等。同时，平台 $j$ 提供匹配服务也会面临一定成本，并且成本是关于乘客数量、司机数量和匹配技术的函数，即 $C_j = C_j\ (N_j^r,\ N_j^d,\ \lambda)$，并且有 $\partial C_j/\partial N_j^r > 0$、$\partial C_j/\partial N_j^d > 0$、$\partial C_j/\partial \lambda < 0$。然而，基于互联网的平台服务边际成本通常非常小，因而，可以假定 $C_j = 0$。另外，平台对市场两边收取的价格总水平等于其抽成，即 $p_j^r - p_j^d$。鉴于 $N_j^r \cong N_j^d$，我们将平台 $j$ 的利润函数简化为②：

$$\pi_j \cong \lambda\ (p_j^r N_j^r - p_j^d N_j^d) \tag{3-3}$$

最后，我们在两阶段博弈框架中考察平台间竞争问题：第一阶段，平台 $j$ 同时且非合谋的设定价格 $\{p_j^r,\ p_j^d\}$；第二阶段，在观察到公开的 $\{p_j^r,\ p_j^d\}$之后，市场两边用户做出使用决策（即假定用户加入是瞬时完成的）。由于用户在一定时间内只能使用一个平台的服务，因此，可合理假定网络约车市场中不存在用户多属③。

## 3.3 双寡头竞争与兼并

根据上述基本框架，本部分分别考察双寡头市场结构下的平台企业竞争与兼并。通过比较分析两种情形下的市场均衡价格以及相关因素，探讨平台企业横向兼并对市场竞争以及用户剩余的影响。

---

① 例如，Caillaud & Jullien（2003）假设 $V_j = \lambda N_j^r N_j^d$，而 Rochet & Tirole（2003、2006）等假定 $V_j = N_j^r N_j^d$（即不考虑匹配技术）。

② 在这一函数设定下，可以将拼车等情况纳入考察范畴。

③ 从这一意义上来讲，用户多属的含义与 Rochet & Tirole（2003）定义的多属不同。在本书中所谓“多属”是指用户可以同时加入两个平台（即下载并注册两个软件），但不能同时使用两个平台的服务。

### 3.3.1 平台企业竞争

参照 Armstrong（2006a）等，我们使用标准 Hotelling 模型来刻画两个约车平台的差异化竞争。具体来讲，假定平台 1 和平台 2 分别位于区间［0，1］的两端。同时，乘客和司机两方都均匀地分布在区间［0，1］上。同时，用到平台 $j=1$，2 的交通成本来刻画乘客对某个平台的偏好。假定乘客和司机的单位交通成本分别为 $t^r$、$t^d$，那么位于 $x\in[0，1]$处的乘客或司机加入使用平台 1 的交通成本分别为 $t^rx$、$t^dx$，而使用平台 2 的交通成本分别为 $t^r$（$1-x$）、$t^d$（$1-x$）。同时，$t^r$ 和 $t^d$ 反映了市场两边（即乘客方和司机方）的平台服务差异性以及市场竞争性。

这里我们仅考虑两个约车平台之间的竞争，也即假定乘客和司机都会使用平台服务，因而，市场是完全覆盖的。同时，在一定时间和一定范围内两边用户都只能使用一个平台的服务，于是可以得到：$N_1^r+N_2^r=1$ 和 $N_1^d+N_2^d=1$。另外，在该范围内，乘客的价格敏感度和司机的收入敏感度都同质。于是，根据 Hotelling 基准模型，可以得到：

$$\begin{cases} N_1^r=\dfrac{1}{2}+\dfrac{u_1^r-u_2^r}{2t^r} \\ N_1^d=\dfrac{1}{2}+\dfrac{u_1^d-u_2^d}{2t^d} \end{cases} \tag{3-4}$$

同时，有 $N_2^r=1-N_1^r$、$N_2^d=1-N_1^d$。将其与式 3-1、式 3-2 都代入式 3-4，可以得到：

$$\begin{cases} N_1^r=\dfrac{1}{2}+\dfrac{\alpha^r\lambda\ (2N_1^d-1)\ -\theta^r\ (p_1^r-p_2^r)}{2t^r} \\ N_1^d=\dfrac{1}{2}+\dfrac{\alpha^d\lambda\ (2N_1^r-1)\ -\theta^d\ (p_2^d-p_1^d)}{2t^d} \end{cases} \tag{3-5}$$

由于本书所考察的是共享均衡而非市场倾斜，因而，必须有间接网络外部性参数 $\alpha^i$（$i=1，2$）小于服务差异化参数 $t^i$（$i=1，2$）。可知，出现共享均衡的充分必要条件是存在：

$$4t^r t^d > (\alpha^r + \alpha^d)^2 \lambda^2 \tag{3-6}$$

假设式 3－6 成立，在平台 1 和平台 2 分别给定价格组 $\{p_1^r,\ p_1^d\}$ 和 $\{p_2^r,\ p_2^d\}$ 的情况下，求解方程组式 3－5，可以得到：

$$\begin{cases} N_1^r = \dfrac{1}{2} + \dfrac{1}{2} \cdot \dfrac{\alpha^r \lambda \theta^d \ (p_1^d - p_2^d) \ + \theta^r t^d \ (p_2^r - p_1^r)}{t^r t^d - \alpha^r \alpha^d \lambda^2} \\ N_1^d = \dfrac{1}{2} + \dfrac{1}{2} \cdot \dfrac{\alpha^d \lambda \theta^r \ (p_2^r - p_1^r) \ + t^r \theta^d \ (p_1^d - p_2^d)}{t^r t^d - \alpha^r \alpha^d \lambda^2} \end{cases} \tag{3-7}$$

当式 3－6 成立时，必然有 $\Pi = t^r t^d - \alpha^r \alpha^d \lambda^2 > 0$①。因此，对方程组 3－7 求关于价格组 $\{p_1^r,\ p_1^d\}$ 和 $\{p_2^r,\ p_2^d\}$ 的偏导数：$\dfrac{\partial N_1^r}{\partial p_1^r} < 0$、$\dfrac{\partial N_1^r}{\partial p_2^r} > 0$、$\dfrac{\partial N_1^r}{\partial p_1^d} > 0$、$\dfrac{\partial N_1^r}{\partial p_2^d} < 0$、$\dfrac{\partial N_1^d}{\partial p_1^d} > 0$、$\dfrac{\partial N_1^d}{\partial p_2^d} < 0$、$\dfrac{\partial N_1^d}{\partial p_1^r} < 0$、$\dfrac{\partial N_1^d}{\partial p_2^r} > 0$。两个平台之间具有竞争关系，因此，乘客对平台服务的需求必然满足交叉价格弹性大于零。对于司机而言，平台定价的提高意味着其收入的增加或机会成本的减少，因此，司机的价差价格弹性小于零。同时，乘客与司机之间的交易存在间接网络外部性，即平台上一方用户数量的增加会提高另一方用户使用平台服务的可得效用。由此，可以得到：

**命题 3－1**：一个平台上的乘客数量将因另一平台上乘客方价格的提高而增加，而司机数量将因另一平台上司机方价格的提高而减少；同时，受间接网络外部性的影响，乘客和司机对平台服务的需求具有互补性，即一个平台上乘客（或司机）数量的增加会刺激司机（或乘客）对该平台服务的需求。

将式 3－7 代入式 3－3，可以得到平台 1 和平台 2 的利润为：

$$\pi_1 \cong \lambda \begin{Bmatrix} p_1^r \left[ \dfrac{1}{2} + \dfrac{1}{2} \cdot \dfrac{\alpha^r \lambda \theta^d \ (p_1^d - p_2^d) \ + \theta^r t^d \ (p_2^r - p_1^r)}{t^r t^d - \alpha^r \alpha^d \lambda^2} \right] \\ - p_1^d \left[ \dfrac{1}{2} + \dfrac{1}{2} \cdot \dfrac{\alpha^d \lambda \theta^r \ (p_2^r - p_1^r) \ + t^r \theta^d \ (p_1^d - p_2^d)}{t^r t^d - \alpha^r \alpha^d \lambda^2} \right] \end{Bmatrix} \tag{3-8}$$

---

① 即 $t^r t^d - \alpha^r \alpha^d \lambda^2 > \dfrac{1}{4}\left[\ (\alpha^r + \alpha^d)^2 \lambda^2 - 4\alpha^r \alpha^d \lambda^2 \right] = \dfrac{\lambda^2}{4}\ (\alpha^r - \alpha^d)^2 \geqslant 0$。

$$\pi_2 \cong \lambda \left\{ \begin{aligned} & p_2^r \left[ \frac{1}{2} + \frac{1}{2} \cdot \frac{\alpha^r \lambda \theta^d (p_2^d - p_1^d) + \theta^r t^d (p_1^r - p_2^r)}{t^r t^d - \alpha^r \alpha^d \lambda^2} \right] \\ & - p_2^d \left[ \frac{1}{2} + \frac{1}{2} \cdot \frac{\alpha^d \lambda \theta^r (p_1^r - p_2^r) + t^r \theta^d (p_2^d - p_1^d)}{t^r t^d - \alpha^r \alpha^d \lambda^2} \right] \end{aligned} \right\} \tag{3-9}$$

式 3－8 和式 3－9 表明，平台利润是关于价格$\{p_j^r, p_j^d\}$的二阶函数。当式 3－6 成立时，$\pi_1$ 和 $\pi_2$ 必然是关于价格的凹函数，因而有最大值。对 $\pi_j$ 分别求关于 $p_j^r$ 和 $p_j^d$ 的偏导数，可以得到利润最大化下的一阶条件。在对称均衡下，平台 1 和平台 2 将提供相同的价格组合，即 $p_1^r = p_2^r = p^r$、$p_1^d = p_2^d = p^d$。于是，可以得到方程组：

$$\begin{cases} \theta^r (t^d p^r - \alpha^d \lambda p^d) = t^r t^d - \alpha^r \alpha^d \lambda^2 \\ \theta^d (t^r p^d - \alpha^r \lambda p^r) = -(t^r t^d - \alpha^r \alpha^d \lambda^2) \end{cases} \tag{3-10}$$

求解式 3－10，可以得到：

$$\begin{cases} p^{r,I} = \dfrac{\theta^d t^r - \theta^r \alpha^d \lambda}{\theta^r \theta^d} = \dfrac{t^r}{\theta^r} - \dfrac{\alpha^d \lambda}{\theta^d} \\ p^{d,I} = \dfrac{\theta^d \alpha^r \lambda - \theta^r t^d}{\theta^r \theta^d} = -\dfrac{t^d}{\theta^d} + \dfrac{\alpha^r \lambda}{\theta^r} \end{cases} \tag{3-11}$$

根据式 3－11，可以得到：第一，平台对乘客一方的定价满足$\partial p^{r,I}/\partial \theta^r < 0$、$\partial p^{r,I}/\partial \theta^d > 0$、$\partial p^{r,I}/\partial t^r > 0$、$\partial p^{r,I}/\partial \alpha^d < 0$、$\partial p^{r,I}/\partial \lambda < 0$，即乘客方价格关于乘客价格敏感度、乘客带给司机一方的间接网络外部性和平台匹配技术负相关，而与司机收入敏感度、平台服务差异化程度呈正相关关系。第二，平台对司机一方的定价满足$\partial p^{d,I}/\partial \theta^r < 0$、$\partial p^{d,I}/\partial \theta^d > 0$、$\partial p^{d,I}/\partial t^d < 0$、$\partial p^{d,I}/\partial \alpha^r > 0$、$\partial p^{d,I}/\partial \lambda > 0$，即司机方价格关于司机收入敏感度、司机方带给乘客方的间接网络外部性和平台匹配技术正相关，而与乘客价格敏感度和平台服务的差异化程度呈负相关关系。其中，值得注意的是$\partial p^{r,I}/\partial \theta^d > 0$，即在其他条件不变的情况下，平台对乘客方的定价将随着司机方收入敏感度的增大而提高，这是因为如果司机方对收入或机会成本非常敏感，那么平台必须对乘客收取更高的价格，以获得一定收入或者给司机提供更多收入。相应地，对司机方的定价也符合这一情况，即$\partial p^{d,I}/\partial \theta^r < 0$。

也就是说，平台在制定市场两边价格时，需要进行权衡。根据这些结果，可以得到：

**命题3－2**：平台对乘客（或司机）收取的费用与其所产生的间接网络外部性负相关，且随着其价格（或收入）敏感度的增大而降低①；同时，平台间的差异化竞争将引致更高的市场均衡价格。

在单次交易中，可知平台的价格总水平等于：

$$P^I = p^{r,I} - p^{d,I} = \frac{\theta^d t^r - \theta^r \alpha^d \lambda}{\theta^r \theta^d} - \frac{\theta^d \alpha^r \lambda - \theta^r t^d}{\theta^r \theta^d} = \frac{t^r - \alpha^r \lambda}{\theta^r} + \frac{t^d - \alpha^d \lambda}{\theta^d} \quad (3-12)$$

根据式3－12，可以得知：其一，$\partial P^I / \partial \lambda < 0$，即平台收取的价格总水平关于匹配技术负相关；其二，价格总水平关于乘客价格敏感度和司机收入敏感度的关系不明确；其三，$\partial P^I / \partial \alpha^i < 0$（$i = r$，$d$），即市场两边之间的间接网络外部性越大，平台收取的价格总水平越低。根据式3－11，在对此均衡下，平台1和平台2的市场份额相等，且 $N_j^i = 1/2$（$i = r$，$d$；$j = 1$，2）。因此，平台1和平台2的利润为：

$$\pi^I = \pi_1^I = \pi_2^I = \frac{1}{2} P^I = \frac{1}{2}\left(\frac{t^r - \alpha^r \lambda}{\theta^r} + \frac{t^d - \alpha^d \lambda}{\theta^d}\right) \quad (3-13)$$

其中，$\pi$ 的上标 $I$ 表示两个平台相互独立，即两者互相竞争。根据式3－13，可以得到：$\partial \pi^I / \partial t^i > 0$、$\partial \pi^I / \partial \alpha^i < 0$。其中，$i = r$，$d$。也就是说，平台的均衡利润关于平台服务差异化程度正相关、关于间接网络外部性负相关，于是有：

**命题3－3**：竞争性平台的服务差异化能够提高各个平台的均衡利润，而较大的间接网络外部性将削弱平台的盈利能力②。

### 3.3.2 平台企业兼并

在双寡头市场中，平台企业横向兼并将产生两种结果：第一，两个平

① 在模型中，有 $\partial p^d / \partial \theta^d > 0$，也即平台从司机收入中提取的比例关于收入敏感度负相关。

② 当市场一方所产生的间接网络外部性越强时，平台需要向其分配更多的剩余。或者说，平台的市场势力将随着间接网络外部性的增大而减弱。

台合二为一，即一个平台完全垄断市场；第二，两个平台进行联合经营，即双方利益具有高度互补性。毫无疑问，滴滴与优步合并属于第二种情形，即两个平台由一个利益主体联合经营，且两个平台提供差异化服务。此时，平台企业的目的就是实现两个平台利润之和的最大化，而不是单个平台的利润最大化。

同样，假设市场完全覆盖，且用户都只使用一个平台。平台企业通过选择价格组合$\{p_1^r, p_2^r, p_1^d, p_2^d\}$，以最大化总利润：

$$\max\ (\pi^J = \pi_1 + \pi_2) \cong \max\lambda\ (p_1^r N_1^r - p_1^d N_1^d + p_2^r N_2^r - p_2^d N_2^d) \tag{3-14}$$

其中，上标 $J$ 表示两个平台实行联合经营，且满足 $N_1^r + N_2^r = 1$ 与 $N_1^d + N_2^d = 1$。从式 3-14 可知，联合经营下的利润是关于价格的多元函数。当两个平台联合经营时，它能够内部化自身定价所产生的外部性，也即平台企业无须担心过高定价所导致的用户流失和利润受损。因此，联合经营平台将设定能够完全攫取消费者剩余的价格。当考虑对称均衡时，必然会有 $N_1^r = N_2^r = 1/2$、$N_1^d = N_2^d = 1/2$。代入式 3-1 和式 3-2，可以得到：

$$\begin{cases} \alpha^r \lambda/2 - \theta^r\ (p_j^r - p)\ = 0 \\ \alpha^d \lambda/2 - 0^d\ (p - p_j^d)\ = 0 \end{cases} \tag{3-15}$$

非常直观地，从式 3-15 可以得到联合经营下的均衡价格为：

$$p^{r,J} = p_1^r = p_2^r = p + \frac{\alpha^r \lambda}{2\theta^r};\ p^{d,J} = p_1^d = p_2^d = p - \frac{\alpha^d \lambda}{2\theta^d} \tag{3-16}$$

根据式 3-16，可以得到：其一，$\partial p^{r,J}/\partial \alpha^r > 0$、$\partial p^{r,J}/\partial \theta^r < 0$、$\partial p^{r,J}/\partial \lambda > 0$，即联合经营平台对乘客方的定价关于乘客享有的间接网络外部性以及平台匹配技术正相关，而与乘客的价格敏感度呈负相关关系；其二，$\partial p^{d,J}/\partial \alpha^d < 0$、$\partial p^{d,J}/\partial \theta^d > 0$、$\partial p^{r,J}/\partial \lambda < 0$，即联合经营平台对司机方的定价关于司机享有的间接网络外部性和平台匹配技术负相关，而与司机的收入敏感度呈正相关关系。由此，可以得到：

**命题 3-4**：联合经营平台对乘客（或司机）收取的费用关于乘客（或司机）享有的间接网络外部性正相关，而关于乘客（或司机）的价格（或收入）敏感度负相关。同时，平台匹配技术能够增强平台企业的定价能力。

此时，联合经营平台的价格总水平为：

$$P^J = p^{r,J} - p^{d,J} = \frac{\alpha^r \lambda}{2\theta^r} + \frac{\alpha^d \lambda}{2\theta^d} \tag{3-17}$$

根据式 3－17，有$\partial P^r/\partial \lambda > 0$、$\partial P^r/\partial \theta^r < 0$、$\partial P^r/\partial \theta^d < 0$、$\partial P^r/\partial \alpha^r > 0$、$\partial P^r/\partial \alpha^d > 0$，即联合经营平台的价格总水平关于匹配技术、间接网络外部性正相关，而关于乘客的价格敏感度和司机的收入敏感度负相关。相应地，将均衡价格和市场份额代入式 3－14，可以得到均衡时联合经营平台的总利润为：

$$\pi^J = \lambda\left(\frac{\alpha^r \lambda}{2\theta^r} + \frac{\alpha^d \lambda}{2\theta^d}\right) \tag{3-18}$$

由于框架不同，我们无法将平台企业兼并与平台企业竞争下的结果进行直接比较分析。然而，根据两种情形下的均衡价格和均衡利润，可以得到以下启示：第一，平台定价水平关于乘客的价格敏感度或司机的收入敏感度负相关，这说明平台企业的定价将受到用户类型或偏好的限制；第二，与平台企业竞争情形不同，联合经营平台企业可以内部化定价的外部性，因而，可以更多地攫取用户剩余，同时其定价策略更加接近于传统单边企业；第三，在联合经营模式下，平台企业对网约车的定价将高于巡游车的平均水平，但这是忽略用户成本以及直接网络外部性的结果。用户之间的竞争将引致负的直接网络外部性，这将减少用户加入平台的预期收益，最终限制平台企业的价格水平。特别地，当学习成本、使用成本等较大时，平台企业必须制定低于巡游车的价格水平以吸引用户的加入。

作为比较，我们考虑平台企业兼并的第一种情形，即最终由单个平台完全垄断市场。参照 Armstrong（2006a），将平台企业向用户收取费用转换为向用户提供效用。相应地，用户的需求将是关于效用的递增函数：

$$N^r = \phi^r(u^r)\text{；} N^d = \phi^d(u^d) \tag{3-19}$$

此时，平台的利润函数可以转换为：

$$\pi \cong \lambda\phi^r(u^r)\left[\frac{\alpha^r\lambda\phi^d(u^d) - u^r}{\theta^r} + p\right] - \lambda\phi^d(u^d)\left[\frac{u^d - \alpha^d\lambda\phi^r(u^r)}{\theta^d} + p\right] \tag{3-20}$$

根据一阶条件，可以得到：

$$\begin{cases} p^{r,M} = -\dfrac{\alpha^d \lambda N^d}{\theta^d} + \dfrac{\phi^r(u^r)}{\theta^r \phi^{r'}(u^r)} \\ p^{d,M} = \dfrac{\alpha^r \lambda N^r}{\theta^r} - \dfrac{\phi^d(u^d)}{\theta^d \phi^{d'}(u^d)} \end{cases} \tag{3-21}$$

其中，上标 $M$ 表示垄断情形。根据式 3－21 可知，在垄断情况下有：其一，平台企业对乘客的定价与其带给司机一方的间接网络外部性（总量为 $\alpha^d \lambda N^d$）、乘客的价格敏感度和乘客的需求价格弹性负相关，而与司机的价格敏感度正相关；其二，平台企业对司机的提成（即 $p^r - p^d$）与司机带给乘客一方的间接网络外部性、司机的收入敏感度和司机的需求价格弹性负相关，而与乘客的价格敏感度正相关。将其与式 3－11 对比，可以发现：其一，在垄断情形下，乘客或司机因间接网络外部性而得到的价格减免幅度更大（即 $N^d > 1/2$）；其二，垄断情形下的价格提升主要取决于乘客或司机的需求价格弹性，而竞争情形下的价格提升则主要取决于平台间服务的差异化程度。一般而言，平台企业能够控制服务差异化程度，而无法改变用户的需求价格弹性，因而，竞争情形下平台企业在定价时有更大的自由度。考虑到单个平台情形下有更大的市场规模，我们可以得到如下命题：

**命题 3－5**：当间接网络外部性较大时，单个平台完全垄断时的用户剩余将大于竞争情形下的用户剩余，且平台企业面临更严格的涨价约束；同时，横向兼并后进行联合经营①通常能增加平台企业利润，并减少用户剩余。

## 3.4 多寡头竞争与平台企业兼并

在上一部分中，我们无法直接将平台企业竞争与平台企业兼并的结果

① 当两个平台进行合谋时，同样能够达到这种效果。当然，这里没有考虑联合经营后两个平台间服务的差异化。

进行比较。为此，本部分放松约束（即引入外部竞争者），以进一步考察平台企业兼并的影响。在网络约车行业中，滴滴和优步中国不仅要面临神州、易到等其他约车平台的竞争，而且与传统出租车、公共交通等之间也存在直接竞争关系。因此，基于 Rochet & Tirole（2003），对上述基本框架进行扩展。假设在区间 $[-\delta-1/2, \delta+1/2]$ 上，平台 1 和平台 2 这两个主导平台分别位于 $x=-1/2$ 和 $x=1/2$ 处。同时，假定两个同质的竞争者平台 3 和平台 4[①] 分别位于区间的两端，即 $x=-\delta-1/2$ 和 $x=\delta+1/2$ 处。其中，$\delta<1/2$，也即平台 3 和平台 4 处于弱势地位。另外，市场两边用户（乘客与司机）均匀分布于长度为 $1+2\delta$ 的区间上。

类似地，假定乘客和司机使用某个平台服务的单位交通成本分别为 $t^r$ 和 $t^d$，即当与平台的距离为 $\chi$ 时，乘客和司机需要支付的交通成本分别为 $t^r\chi$ 和 $t^d\chi$。假设 $t^r$ 和 $t^d$ 相对较大，从而市场不会出现完全倾斜。由于在同一时间内每个用户只能使用单个平台的服务，同样假设用户都是单属的。最后，假定平台 3 和平台 4 的定价固定为 $p$，这时 $p$ 以及价格（或收入）敏感度将不会进入用户使用平台 1 和平台 2 服务的净效用函数。因此，假设乘客和司机使用平台 $j$（$j=1, 2, 3, 4$）的净效用分别为：

$$\begin{cases} u_j^r = \alpha^r \lambda N_j^d - p_j^r \\ u_j^d = \alpha^d \lambda N_j^r - p_j^d \end{cases} \tag{3-22}$$

其中，$p_3^r=p_4^r=p_0^r$、$p_3^d=p_4^d=p_0^d$，也即假定外部竞争者定价无差异。需要指出的是，平台 1 和平台 2 也只能设定一个价格，即无法对不同位置的用户进行价格歧视。与前文分析不同，这里的价格是平台企业针对市场两边用户间单次交易收取的服务费用，因而，平台 $j$ 的利润函数近似为：

$$\pi_j \cong \lambda\ (p_j^r N_j^r + p_j^d N_j^d) \tag{3-23}$$

① 竞争者包括巡游车、公共交通以及其他约车平台等，为简化分析，这里仅考虑其他约车平台。

此时，博弈时序为：第一阶段平台 1 和平台 2 确定价格$\{p_j^r, p_j^d\}(j=1,2)$；第二阶段市场两边用户在 4 个平台之间做出选择。

### 3.4.1 一般性平台竞争

根据上述设定，假定 $x1 \in [-\delta-1/2, -1/2]$ 处的乘客使用平台 1 和平台 3 的净效用分别为：

$$\begin{cases} u_1^r = \alpha^r \lambda N_1^d - p_1^r - t^r(-x1-1/2) \\ u_3^r = \alpha^r \lambda N_3^d - p_0^r - t^r(x1+\delta+1/2) \end{cases} \tag{3-24}$$

求解式 3-24，可以得到对于用户而言平台 1 和平台 3 无差异的位置为：

$$x1 = -\frac{1+\delta}{2} - \frac{\alpha^r \lambda(N_1^d - N_3^d) + p_0^r - p_1^r}{2t^r} \tag{3-25}$$

同时，可以得到用户加入在平台 1 和平台 2 以及平台 2 和平台 4 之间的无差异点分别为：

$$\begin{cases} x2 = \dfrac{\alpha^r \lambda(N_1^d - N_2^d) + p_2^r - p_1^r}{2t^r} \\ x3 = \dfrac{1+\delta}{2} + \dfrac{\alpha^r \lambda(N_2^d - N_4^d) + p_0^r - p_2^r}{2t^r} \end{cases} \tag{3-26}$$

其中，$x2 \in [-1/2, 1/2]$，$x3 \in [1/2, \delta+1/2]$。

如图 3-2 所示，根据区间关系，可以得到式 3-27：

$$\begin{cases} N_1^r = x2 - x1 = \dfrac{\alpha^r \lambda(2N_1^d - N_2^d - N_3^d) + p_0^r + p_2^r - 2p_1^r}{2t^r} + \dfrac{1+\delta}{2} \\ N_2^r = x3 - x2 = \dfrac{\alpha^r \lambda(2N_2^d - N_1^d - N_4^d) + p_0^r + p_1^r - 2p_2^r}{2t^r} + \dfrac{1+\delta}{2} \\ N_3^r = x1 + \delta + 1/2 = \dfrac{\alpha^r \lambda(N_3^d - N_1^d) + p_1^r - p_0^r}{2t^r} + \dfrac{\delta}{2} \\ N_4^r = \delta + 1/2 - x3 = \dfrac{\alpha^r \lambda(N_4^d - N_2^d) + p_2^r - p_0^r}{2t^r} + \dfrac{\delta}{2} \end{cases} \tag{3-27}$$

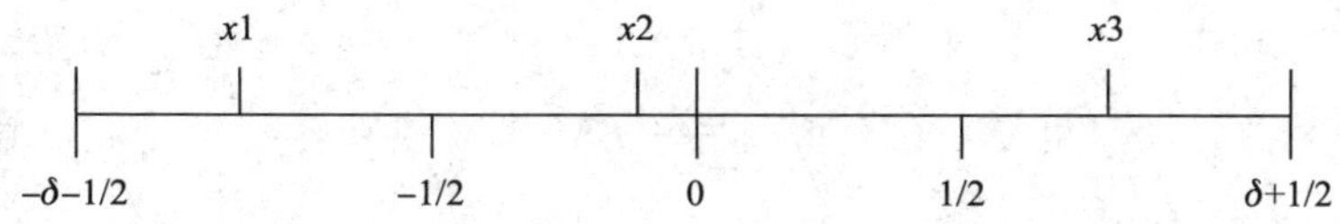


图 3－2　多平台下的用户归属

因为用户单属，所以满足：$N_1^r+N_2^r+N_3^r+N_4^r=1+2\delta$。类似地，可以得到：

$$\begin{cases} N_1^d=y2-y1=\dfrac{\alpha^r\lambda(2N_1^r-N_2^r-N_3^r)+p_0^d+p_2^d-2p_1^d}{2t^d}+\dfrac{1+\delta}{2} \\ N_2^d=y3-y2=\dfrac{\alpha^r\lambda(2N_2^r-N_1^r-N_4^r)+p_0^d+p_1^d-2p_2^d}{2t^d}+\dfrac{1+\delta}{2} \\ N_3^d=y1+\delta+1/2=\dfrac{\alpha^d\lambda(N_3^r-N_1^r)+p_1^d-p_0^d}{2t^d}+\dfrac{\delta}{2} \\ N_4^d=\delta+1/2-y3=\dfrac{\alpha^d\lambda(N_4^r-N_2^r)+p_2^d-p_0^d}{2t^d}+\dfrac{\delta}{2} \end{cases} \tag{3-28}$$

同样，有 $N_1^d+N_2^d+N_3^d+N_4^d=1+2\delta$。将式 3－27 代入式 3－26，同时考虑对称均衡（即 $N_1^d=N_2^d$；$N_3^d=N_4^d$、$p_1^r=p_2^r$；$p_1^d=p_2^d$），可以得到：

$$\begin{cases} N_1^r=N_2^r=\dfrac{1}{4}+\dfrac{\delta}{2}+\dfrac{t^rt^d+\alpha^r\lambda t^d}{4(t^rt^d-\alpha^r\alpha^d\lambda^2)}+\dfrac{\alpha^r\lambda(p_0^d-p_1^d)+t^d(p_0^r-p_1^r)}{2(t^rt^d-\alpha^r\alpha^d\lambda^2)} \\ N_3^r=N_4^r=\dfrac{1}{4}+\dfrac{\delta}{2}-\dfrac{t^rt^d+\alpha^r\lambda t^d}{4(t^rt^d-\alpha^r\alpha^d\lambda^2)}+\dfrac{\alpha^r\lambda(p_1^d-p_0^d)+t^d(p_1^r-p_0^r)}{2(t^rt^d-\alpha^r\alpha^d\lambda^2)} \end{cases} \tag{3-29}$$

同时，也可以得到：

$$\begin{cases} N_1^d=N_2^d=\dfrac{1}{4}+\dfrac{\delta}{2}+\dfrac{t^rt^d+\alpha^d\lambda t^r}{4(t^rt^d-\alpha^r\alpha^d\lambda^2)}+\dfrac{\alpha^d\lambda(p_0^r-p_1^r)+t^r(p_0^d-p_1^d)}{2(t^rt^d-\alpha^r\alpha^d\lambda^2)} \\ N_3^d=N_4^d=\dfrac{1}{4}+\dfrac{\delta}{2}-\dfrac{t^rt^d+\alpha^d\lambda t^r}{4(t^rt^d-\alpha^r\alpha^d\lambda^2)}+\dfrac{\alpha^d\lambda(p_1^r-p_0^r)+t^r(p_1^d-p_0^d)}{2(t^rt^d-\alpha^r\alpha^d\lambda^2)} \end{cases} \tag{3-30}$$

令 $\Delta p^r=p_1^r-p_0^r$、$\Delta p^d=p_1^d-p_0^d$，可知：$\partial N_j^r/\partial\Delta p^r<0$、$\partial N_j^r/\partial\Delta p^d<0$、$\partial N_j^d/\partial\Delta p^r<0$、$\partial N_j^d/\partial\Delta p^d<0$（$j=1$，2）。这就表明，主导平台（1 或2）上

乘客（或司机）的数量关于平台对乘客（或司机）定价超出竞争者定价的幅度负相关，同时也与平台对市场另一方司机（或乘客）定价超出竞争者定价的幅度呈负相关关系。也就是说，竞争者的存在制约着主导平台的定价行为。

具体地，以平台 1 和平台 3 为例求解均衡价格。当式 3－6 成立时，平台 1 或平台 3 的利润函数是关于价格的凹函数。根据一阶条件，简化之后可以得到：

$$\begin{cases}(2\alpha^r+\alpha^d)\ \lambda\Delta p^d+3t^d\Delta p^r=t^rt^d+\alpha^r\lambda t^d \\ (2\alpha^d+\alpha^r)\ \lambda\Delta p^r+3t^r\Delta p^d=t^rt^d+\alpha^d\lambda t^r\end{cases} \tag{3－31}$$

求解式 3－31，有：

$$\begin{cases}\Delta p^{r,C}=\dfrac{(t^tt^d+\alpha^d\lambda t^r)\ (2\alpha^r+\alpha^d)\ \lambda-\ (t^tt^d+\alpha^r\lambda t^d)\ \cdot 3t^r}{(2\alpha^r+\alpha^d)\ (2\alpha^d+\alpha^r)\ \lambda^2-9t^rt^d} \\ \Delta p^{d,C}=\dfrac{(t^tt^d+\alpha^r\lambda t^d)\ (2\alpha^d+\alpha^r)\ \lambda-\ (t^tt^d+\alpha^d\lambda t^r)\ \cdot 3t^d}{(2\alpha^r+\alpha^d)\ (2\alpha^d+\alpha^r)\ \lambda^2-9t^rt^d}\end{cases} \tag{3－32}$$

其中，上标 $C$ 表示竞争情形。单独根据式 3－32，我们无法得到有效信息，其作用在于为后续分析提供比较基准。

### 3.4.2 多寡头下的平台企业兼并

在单边市场中，相邻企业实施兼并的目的不是降低成本，就必然是为了获得市场势力以提高价格。同时，企业提高价格的幅度通常与兼并双方之间的距离成反比（Levy & Reitzes，1992）。总的来讲，相邻企业进行兼并的目的主要在于提高市场势力并获得垄断利润，而非相邻企业进行兼并主要是为了实现成本节省或合谋。那么，双边市场中的平台企业兼并又将产生什么结果呢？其兼并是为了获得市场势力还是实现成本节省呢？这里我们考虑两个相邻主导平台之间的兼并，即指代滴滴合并优步中国这一案例。也就是说，平台 1 与平台 2 合并，且合并后两者继续保持独立运营。

假定通过合并成本得到节省①，简单起见，假设该节省的规模关于平台服务人数正相关，即单位用户的成本节省为 $s$。因此，平台 1 和平台 2 的利润函数变为：

$$\pi_1 \cong \lambda[(p_1^r + s)N_1^r + (p_1^d + s)N_1^d)];\ \pi_2 \cong \lambda[(p_2^r + s)N_2^r + (p_2^d + s)N_2^d)] \tag{3-33}$$

相应地，兼并后平台的目标是最大化两个平台利润之和：$\max(\pi_1 + \pi_2)$。与此同时，平台 3 和平台 4 的利润函数保持不变。此时，仍然考虑对称均衡，即 $N_1^d = N_2^d$、$N_3^d = N_4^d$；$p_1^r = p_2^r$、$p_1^d = p_2^d$，根据利润最大化的一阶条件，可以得到：

$$\begin{cases}(2\alpha^r + \alpha^d)\lambda\Delta p^d + 3t^d\Delta p^r = t^r t^d + \alpha^r\lambda t^d - s(t^d + \alpha^d\lambda)\\(2\alpha^d + \alpha^r)\lambda\Delta p^r + 3t^r\Delta p^d = t^r t^d + \alpha^d\lambda t^r - s(t^r + \alpha^r\lambda)\end{cases} \tag{3-34}$$

求解式 3-34，可以得到：

$$\begin{cases}\Delta p^{r,M} = \dfrac{(t^t t^d + \alpha^d\lambda t^r)(2\alpha^r + \alpha^d)\lambda - (t^t t^d + \alpha^r\lambda t^d)\cdot 3t^r + 3st^r(t^d + \alpha^d\lambda) - s\lambda(t^t + \alpha^r\lambda)(2\alpha^r + \alpha^d)}{(2\alpha^r + \alpha^d)(2\alpha^d + \alpha^r)\lambda^2 - 9t^r t^d}\\[2ex]\Delta p^{d,M} = \dfrac{(t^t t^d + \alpha^r\lambda t^d)(2\alpha^d + \alpha^r)\lambda - (t^t t^d + \alpha^d\lambda t^r)\cdot 3t^d + 3st^d(t^r + \alpha^r\lambda) - s\lambda(t^d + \alpha^d\lambda)(2\alpha^d + \alpha^r)}{(2\alpha^r + \alpha^d)(2\alpha^d + \alpha^r)\lambda^2 - 9t^r t^d}\end{cases} \tag{3-35}$$

其中，上标 $M$ 表示平台 1 和平台 2 合并。根据式 3-35 和式 3-34，当平台 3 和平台 4 的定价不变时，可以得到：

$$\begin{cases}\Gamma^r = \Delta p^{r,M} - \Delta p^{r,C} = \dfrac{[3t^r(t^d + \alpha^d\lambda) - \lambda(t^t + \alpha^r\lambda)(2\alpha^r + \alpha^d)]\cdot s}{(2\alpha^r + \alpha^d)(2\alpha^d + \alpha^r)\lambda^2 - 9t^r t^d}\\[2ex]\Gamma^d = \Delta p^{d,M} - \Delta p^{d,C} = \dfrac{[3t^d(t^r + \alpha^r\lambda) - \lambda(t^d + \alpha^d\lambda)(2\alpha^d + \alpha^r)]\cdot s}{(2\alpha^r + \alpha^d)(2\alpha^d + \alpha^r)\lambda^2 - 9t^r t^d}\end{cases} \tag{3-36}$$

根据式 3-36 可知，$\Gamma^r$ 或 $\Gamma^d$ 是否大于零取决于间接网络外部性的大小、匹配技术和服务差异化程度（或用户偏好的异质性）等因素。也就是

① 对于网络约车平台来讲，兼并后能够节省软件升级、开发、维护等方面的费用。

说，如果存在成本节省（即 $s>0$），那么平台企业兼并并不必然导致价格上升。当网络外部性足够大时，兼并后平台企业会通过降低价格来实现自身利润的最大化。

**命题 3-6：** 当存在成本节省时，平台企业兼并并不必然导致市场均衡价格上升。如果用户之间的间接网络外部性足够大，平台企业在完成兼并后将有降低价格的激励。

### 3.4.3 基于 Salop 框架的分析

为了得到更加具体的结论，我们在 Salop 框架（Salop，1979）下继续进行分析。具体地，假设外部竞争者为一个整体（即平台 3），此时 3 个平台以相等间距分布于周长为 1 的圆周上①。同样，假设乘客和司机两方用户都是同质的，他们在圆周上均匀分布，且其数量均标准化为 1。同时，用户对不同平台有差异化的偏好，具体用其到达各个平台的交通成本来衡量（假定单位交通成本为 $t^r$ 或 $t^d$）。类似地，由于用户一次只能使用同一个平台的服务，因而，假定所有用户在一定时间或一定区域内是单属的。与上述设定相同，假定用户 $i=r$，$d$ 距离平台 $j$（$j=1，2，3$）的距离为 $x$，则其使用一次平台 $j$ 服务所得到的效用为：

$$\begin{cases} u_j^r = \alpha^r \lambda N_j^d - p_j^r - t^r x \\ u_j^d = \alpha^d \lambda N_j^r - p_j^d - t^d x \end{cases} \tag{3-37}$$

由此，可以得到对于用户 $i=r$，$d$ 而言，平台 1 和平台 2、平台 2 和平台 3 以及平台 3 和平台 2 的无差异点分别为：

$$\begin{cases} x_{1,2}^i = \dfrac{3\alpha^i \lambda (N_1^{-i} - N_2^{-i}) + 3p_2^i - 3p_1^i + t^i}{6t^i} \\ x_{2,3}^i = \dfrac{3\alpha^i \lambda (N_2^{-i} - N_3^{-i}) + 3p_3^i - 3p_2^i + t^i}{6t^i} \\ x_{1,3}^i = \dfrac{3\alpha^i \lambda (N_1^{-i} - N_3^{-i}) + 3p_3^i - 3p_1^i + t^i}{6t^i} \end{cases} \tag{3-38}$$

---

① 与之前不同，这里我们没有区分主导平台与其他竞争者。

其中，$x_{1,2}^{i}$为位于平台1和平台2之间用户到平台1的距离，$x_{2,3}^{i}$和$x_{1,3}^{i}$与之相同。由此，可以得到各个平台上的用户（$i=r$，$d$）数量分别为：$N_1^i=x_{1,2}^{i}+x_{1,3}^{i}$、$N_2^i=x_{2,3}^{i}+x_{2,1}^{i}$、$N_3^i=x_{3,1}^{i}+x_{3,2}^{i}$。为便于分析，将所有外生变量简单化，即令$\alpha^r=\alpha^d=\alpha$、$t^r=t^d=t$、$\lambda=1$。这样虽然会使得模型偏离实际情形，但是能够让我们有更加直观的理解。于是，可以得到各个平台的需求函数为：

$$\begin{cases} N_1^r=\dfrac{\alpha\lambda(2N_1^d-N_2^d-N_3^d)+p_2^r+p_3^r-2p_1^r}{2t}+\dfrac{1}{3} \\ N_2^r=\dfrac{\alpha\lambda(2N_2^d-N_1^d-N_3^d)+p_1^r+p_3^r-2p_2^r}{2t}+\dfrac{1}{3} \\ N_3^r=\dfrac{\alpha\lambda(2N_3^d-N_1^d-N_2^d)+p_1^r+p_2^r-2p_3^r}{2t}+\dfrac{1}{3} \\ N_1^d=\dfrac{\alpha\lambda(2N_1^r-N_2^r-N_3^r)+p_2^d+p_3^d-2p_1^d}{2t}+\dfrac{1}{3} \\ N_2^d=\dfrac{\alpha\lambda(2N_2^r-N_1^r-N_3^r)+p_1^d+p_3^d-2p_2^d}{2t}+\dfrac{1}{3} \\ N_3^d=\dfrac{\alpha\lambda(2N_3^r-N_1^r-N_2^r)+p_1^d+p_2^d-2p_3^d}{t}+\dfrac{1}{3} \end{cases} \tag{3-39}$$

求解方程组3-39，以平台1为例可以得到：

$$N_1^r=\frac{(12\alpha\lambda t^2-18\alpha^3\lambda^3)(p_2^d+p_3^d-2p_1^d)+(8t^3-12\alpha^2\lambda^2t)(p_2^r+p_3^r-2p_1^r)+\dfrac{4t^2}{3}-2\alpha^2\lambda^2}{(4t^2-9\alpha^2\lambda^2)(4t^2-6\alpha^2\lambda^2)} \tag{3-40}$$

$$N_1^d=\frac{(12\alpha\lambda t^2-18\alpha^3\lambda^3)(p_2^r+p_3^r-2p_1^r)+(8t^3-12\alpha^2\lambda^2t)(p_2^d+p_3^d-2p_1^d)+\dfrac{4t^2}{3}-2\alpha^2\lambda^2}{(4t^2-9\alpha^2\lambda^2)(4t^2-6\alpha^2\lambda^2)} \tag{3-41}$$

可知，平台1的利润函数是关于价格的二次函数。当$4t^2-9\alpha^2\lambda^2>0$时，可知利润函数为凹函数。相应地，可以得到平台1的一阶条件：

$$\begin{cases}\dfrac{\partial \pi_1}{\partial p_1^r} = \lambda\left(N_1^r + p_1^r \cdot \dfrac{\partial N_1^r}{\partial p_1^r} + p_1^d \dfrac{\partial N_1^d}{\partial p_1^r}\right) = 0 \\ \dfrac{\partial \pi_1}{\partial p_1^d} = \lambda\left(N_1^d + p_1^r \cdot \dfrac{\partial N_1^r}{\partial p_1^d} + p_1^d \dfrac{\partial N_1^d}{\partial p_1^d}\right) = 0\end{cases} \tag{3-42}$$

考虑对称均衡，即 3 个平台选择相同的价格组合，即 $p_1^r = p_2^r = p_3^r = p^r$、$p_1^d = p_2^d = p_3^d = p^d$。代入后求解方程组，可以得到：

$$p^{r,C} = p^{d,C} = \frac{2t^2 - 3\alpha^2\lambda^2}{6(4t^3 + 6\alpha\lambda t^2 - 6\alpha^2\lambda^2 t - 9\alpha^3\lambda^3)} \tag{3-43}$$

其中，上标 $C$ 表示未兼并前的竞争情形。当 $4t^2 - 9\alpha^2\lambda^2 > 0$ 时，可知式 3-43 大于零。现在，假设平台 1 兼并平台 2，且两者合并后均独立运行。同时，兼并后平台企业能够获得成本节省。简单起见，假设单位用户的成本节省额为 $s$。此时，兼并企业（平台 1 和平台 2 的综合体）的目标是最大化两个平台的总利润：

$$\max(\pi_1 + \pi_2) = \lambda[(p_1^r + s)N_1^r + (p_1^d + s)N_1^d + (p_2^r + s)N_2^r + (p_2^d + s)N_2^d] \tag{3-44}$$

在兼并企业内部，平台 1 和平台 2 是对称的，因而，其均衡价格为：

$$p_1^{r,M} = p_2^{r,M} = p_1^{d,M} = p_2^{d,M} = \frac{2t^2 - 3\alpha^2\lambda^2}{6(4t^3 + 6\alpha\lambda t^2 - 6\alpha^2\lambda^2 t - 9\alpha^3\lambda^3)} - \frac{2s}{3} \tag{3-45}$$

同时，平台 3 的定价为：

$$p_3^{r,M} = p_3^{d,M} = \frac{\frac{4}{3}(2t^2 - 3\alpha^2\lambda^2)}{6(4t^3 + 6\alpha\lambda t^2 - 6\alpha^2\lambda^2 t - 9\alpha^3\lambda^3)} - \frac{s}{3} \tag{3-46}$$

根据式 3-45 和式 3-43，可以得到兼并后平台 1（或平台 2）的价格变动为：

$$\Delta p_{1,2}^r = \Delta p_{1,2}^d = -\frac{2s}{3} < 0 \tag{3-47}$$

同时，平台 3 的价格变动为：

$$\Delta p_3^r = \Delta p_3^d = \frac{\frac{1}{3}(2t^2 - 3\alpha^2\lambda^2)}{6(4t^3 + 6\alpha\lambda t^2 - 6\alpha^2\lambda^2 t - 9\alpha^3\lambda^3)} - \frac{s}{3} \tag{3-48}$$

由此，式 3 - 47 给出了一个非常明确的含义：兼并后平台企业是否涨价以及涨价的幅度与成本节省负相关。如果不存在成本节省，兼并方不会改变价格。同时，成本节省越多，兼并方更有激励降低价格。另外，式 3 - 48表明：在平台 1 和平台 2 合并后，平台 3 是否降低价格取决于服务差异化程度、间接网络外部性、匹配技术和兼并方的成本节省等。

为了更清晰地反映平台 3 价格变动与间接网络外部性和成本节省 $s$ 的关系，我们根据式 3 - 48 进行数值模拟。

令 $\Theta = \frac{2t^2 - 3\alpha^2\lambda^2}{6\left(4t^3 + 6\alpha\lambda t^2 - 6\alpha^2\lambda^2 t - 9\alpha^3\lambda^3\right)}$，则当 $s^* = \Theta$ 时表示平台 3 的价格变动为零，即 $s^*$ 是使平台 3 价格降低的成本节省临界值。分别取不同参数值，数值模拟结果如图 3 - 3 所示。从图 3 - 3 中可以很明显地看出，在服务差异化程度和匹配技术给定的情况下，使得平台 3 价格下降的成本节省临界值与间接网络外部性呈负相关关系。同样可知，在实际成本节省 $s$ 给定的情况下，平台 3 的降价幅度与间接网络外部性负相关。由此，可以得到如下命题：

**命题 3 - 7**：当存在成本节省时，实施横向兼并的平台企业将有降低价格的激励。同时，当间接网络外部性和成本节省较大时，兼并完成之后，非兼并平台也会降低价格。

当然，这里建立在 Salop 框架上的模型较为简单，不能刻画平台兼并前后市场变动的全部事实。然而，理论研究和数值模拟足以表明：当兼并能够产生成本节省时，平台企业横向兼并并不必然损害用户剩余，相反，其有较大可能增加用户剩余并增进社会福利。因此，在审查双边市场平台企业横向兼并时，反垄断执法机构应当允许平台企业进行效率抗辩，并谨慎权衡横向兼并所产生的反竞争效应和成本节省（或者效率提升）。其中，对于网络约车平台以及类似基于互联网的双边平台而言，横向兼并所引致的成本节省或效率提升主要来自于两个方面：其一，减少软件或系统维护、升级、保障等方面的成本；其二，提高经营活动的效率，节省平台企

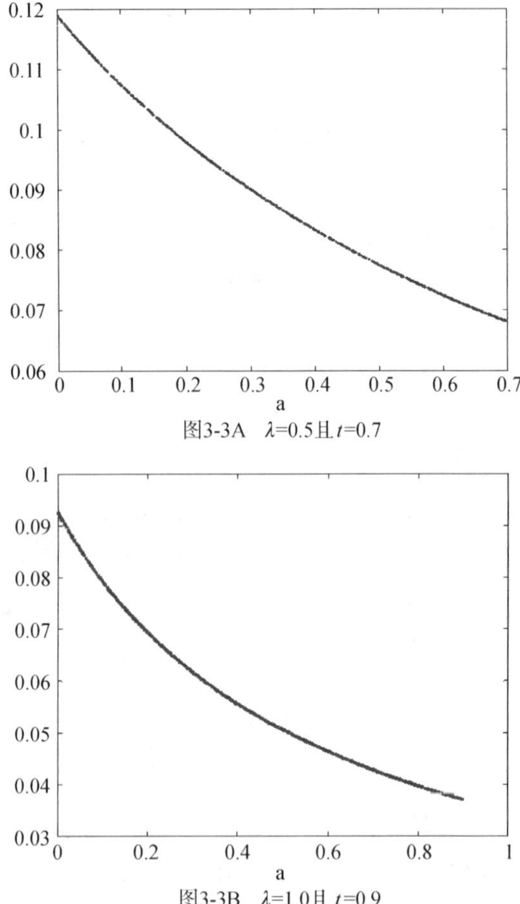

图3-3A　λ=0.5且 t=0.7


图3-3B　λ=1.0且 t=0.9

注：横轴为间接网络外部性参数 $\alpha$，纵轴为成本节省临界值 $s^*$。

**图 3-3　非兼并方价格变动的数值模拟**

业运营管理成本，尤其是为争夺市场所投入的营销成本①。

## 3.5　小　结

在传统单边市场中，主导企业的横向兼并通常会削弱市场竞争并损害

① 在寡头市场中，企业之间的广告营销会因为寡头间的博弈而缺乏效率，具体可参见威廉·G·谢泼德和乔安娜·M·谢泼德（2007）。

社会福利，因而是反垄断规制关注的重点。然而，受网络外部性等因素的影响，这一观点以及相应做法在双边市场中并不完全适用。因此，反垄断执法机构在应对双边市场平台企业的横向兼并时，往往会陷入难以抉择的困境。为此，我们以最近发生的典型案例——滴滴合并优步中国作为现实背景，全面探讨双边市场平台企业横向兼并的竞争效应和福利效应，以期为反垄断执法机构针对双边市场平台企业的具体执法提供帮助。

以 Armstrong（2006a）、Rochet & Tirole（2006）为基础，我们构建了能够刻画网络约车市场基本特征的简约模型。通过双寡头和多寡头两种情形下的比较分析，本书得到以下主要结论：第一，用户之间所存在的间接网络外部性使得市场两边用户对平台产品/服务的需求具有相互依赖性或互补性，而平台对市场一边用户的定价与间接网络外部性的规模负相关，也即间接网络外部性的存在将限制平台企业在市场一边或两边使用其市场势力的能力。第二，在其他条件不变的情况下，平台企业能够通过提高服务的差异化程度来获取更强的定价或议价能力，也即差异化竞争会产生更高的均衡利润。第三，间接网络外部性增大将使得平台企业需要将更多剩余分配给相关用户（尤其是边际用户），因而，会限制平台企业获取高额利润的能力。第四，间接网络外部性越大，单个平台企业完全垄断市场能够产生更多的用户剩余和社会福利。第五，由于能够内部化定价的外部性，横向兼并后进行联合经营的平台企业①能够更好地攫取用户剩余，从而获得更高的利润。第六，当存在成本节省时，平台企业横向兼并并不必然导致市场均衡价格的上升，相反，兼并方以及非兼并方都可能有降低价格的激励。相应地，在对平台企业横向兼并进行反垄断审查时，允许平台企业进行效率抗辩非常必要，如此能够避免不恰当的禁止所导致的市场扭曲和福利损失。

当然，为得到具有可比性的解析解，我们对理论模型进行了简化，这

---

① 如前文所述，主导平台企业之间交叉持股以及混业经营已经成为互联网经济的主要趋势。在后续研究中，笔者将进一步探讨双边平台联合经营的竞争效应和福利效应。

使得模型无法完美刻画网络约车市场。然而，在实际中，主导平台企业（即滴滴和优步中国）面临着更多的竞争约束，包括其他差异化约车平台以及各种形式的交通工具。从市场数据来看（见表3－1），兼并后滴滴和优步中国的市场份额（活跃用户占比）有所下降，但交易额占比却略有上升，这充分反映了其他竞争者存在的约束作用。同时，平台企业兼并后也可能存在明显的福利增进。从该视角来看，我们的结论具有较高的可信度，即滴滴与优步中国的合并并不必然损害社会福利。

虽然兼并后乘客和司机所缴纳的费用都有所上涨，但是我们必须知晓的一个事实是：在兼并前，滴滴、优步中国等平台企业制定较低价格的目的主要在于培育市场尤其是培养用户忠诚度（或用户习惯）。在完成兼并后，出现一定的价格上涨符合第四部分中的模型预示，即平台企业可以通过内部化网络外部性而获利。当网络外部性较大时，平台企业的定价甚至可以高于巡游车等传统交通工具的定价。另外，我们仅考虑了平台企业兼并对市场价格的影响。事实上，企业兼并可以通过多种方式来巩固并使用其获得的市场势力，同时对社会福利造成广泛而深远的影响。平台企业横向兼并自然不会是例外，它既可能从多个方面增进社会福利，又可能在短期或长期中损害消费者剩余和社会福利。特别地，受网络外部性的影响，兼并企业可能能够在其他相关市场中使用已经获得的市场势力，这将扩大平台企业横向兼并的影响范围。因此，除考察价格变动之外，还需要对平台企业兼并的影响进行更加全面的分析，这是本书后续章节的研究内容。

# 4. 平台企业纵向一体化分析：以网络购物行业为例

得益于信息通信技术的发展和互联网应用的普及，互联网经济在国民经济中的比重以及重要性不断提高。相应地，互联网经济的主要组织形式——双边市场也日益成为经济发展的重要动力，且主要表现为已有大型平台企业不断向其他领域扩张以及传统单边市场也开始逐步向双边市场转型。此时，双边市场的竞争水平和状况必然成为影响市场竞争秩序和社会福利的关键因素。对于一个双边平台而言，实现正常运营的基本前提是市场两边都在平台之上（Caillaud & Jullien，2003）。于是，平台企业可能会通过纵向一体化或者纵向约束来保证市场一边有一定的用户规模，并以此为基础来保障平台的盈利能力。因而，除了横向兼并以及平台间的直接竞争外，平台企业实施纵向一体化或纵向约束也是双边市场的常见现象：一方面，平台企业通过纵向兼并、纵向发展等向市场一边（通常是卖方）渗透或者扩张[①]，例如，爱奇艺投资成立影视公司、乐视网收购花儿影视等，其主要目的就是确保高质量影视作品的独家供应；另一方面，平台企业通过排他性协议、忠诚折扣等方式，来降低用户的流动性或者多属比例、以确保用户的规模，典型做法包括会员制度、独家销售、特约商家等。那么，平台企业的纵向一体化/纵向约束将如何影响双边市场竞争以及社会福利呢？本章将对此问题进行详细讨论[②]。

① 事实上，作为双边平台一边用户的企业也有进行纵向一体化的激励，例如，华谊兄弟入股耀莱影城。此外，平台企业的跨界兼并活动也较为频繁。

② 对于平台企业而言，纵向一体化和纵向约束的主要目的都是确保拥有一定的用户规模。为此，我们将纵向约束简单地视为纵向一体化的一种形式，当然其主要差别在于实施的成本不同。

在单边市场中，主导企业可能会通过纵向一体化来封锁竞争对手、扩张市场势力或者形成默契合谋（Riordan，2008），因而是反垄断执法机构的主要关注点。与此不同，双边市场中平台企业的纵向一体化对市场竞争和社会福利的影响却具有较大的不确定性。受交叉网络外部性的影响，双边市场通常具有较高的市场集中度，因而，平台企业的纵向一体化会显著改变市场结构或竞争约束，这很可能弱化市场竞争并损害消费者剩余和社会福利。然而，纵向一体化有利于降低平台企业的用户协调难度与成本、提高产品/服务的质量，并且实现更大规模的交叉网络外部性。特别地，对部分领域来讲，纵向一体化可能是成功培育双边市场的必要基础。因此，关于平台企业纵向一体化的竞争效应和福利效应，学术界并未达成共识（Nocke 等，2007；Miao，2009；Doganoglu & Wright，2010；Cennamo & Santalo，2013；Zhu & Liu；2014；Liu，2014）。其中，最具争议的问题在于：第一，平台企业纵向一体化是否必然削弱竞争而不是促进竞争？第二，平台企业纵向一体化是否必然会损害消费者剩余和社会福利？

针对上述问题，我们以网络购物行业为例进行深入分析，选择该行业的主要原因在于：首先，网络购物行业属于典型的双边产业，其运行效率的高低将显著影响网络购物平台所连接的数以万计消费者和商家的可得收益，这充分说明了深化研究的价值。其次，网络购物行业主要由网络购物平台、商家、消费者 3 类主体构成[①]，较为简单的用户结构能够降低模型刻画的难度。再次，网络购物行业中网络购物平台（即平台企业）纵向一体化行为十分普遍，也即各平台企业所采取的经营策略有较高多样性。例如，阿里巴巴的淘宝网和天猫商城属于纯粹的双边平台，而京东商城和 1 号店在卖家一边实现了纵向一体化。同时，独家销售、会员制度等纵向约束行为是网络购物平台的常用策略。毫无疑问，这一行业为我们考察纵向一体化的相关影响提供了非常适宜的现实情境。最后，网络购物行业是

---

① 也就是说，这里主要关注 B2C 网络购物形式。

B2C 商业模式的主要代表，其相应分析结果也同样适用于其他大量的 B2C 领域。

简单起见且不失一般性，我们将在双寡头差异化竞争框架下展开分析，其合理性在于：如果双寡头情况下的纵向一体化没有损害市场竞争和社会福利，那么在现实中（即市场存在较多差异化平台）市场竞争也基本不会因为纵向一体化而弱化。事实上，平台企业进行纵向一体化可能有多种动机。根据现实情况，我们主要关注其中两种动机：一是确保有一定规模的商家加入平台，以解决市场培育和用户协调问题；二是实现与竞争对手之间的纵向差异化，从而削弱市场竞争或提高盈利能力。也就是说，这里考察的是网络购物平台在卖方一边进行的纵向一体化①：一种是平台企业实行纵向一体化发展，即平台企业自主供应商品（或平台自营），此时，它同时扮演中介与商家的角色；另一种是平台企业通过纵向兼并或者纵向约束的方式获得对某些商家的排他性控制权，此时，其竞争对手无法接触这些商家。在分析过程中，我们的关注点是市场两边尤其是消费者一边相应价格的变化，以此简单评价平台企业纵向一体化的竞争效应和福利效应。在网络购物行业这一情境下，与纵向一体化相关的问题是平台企业在线上模式和线下模式（即彻底的纵向一体化）之间的权衡及其对市场用户的影响②。我们并不考察这一问题，而是简单地假定：B2C 平台企业仅在线上模式与同时采用线上和线下两种模式之间进行选择。

我们参照 Armstrong（2006）、Armstrong & Wright（2007）构建能够刻画网络购物市场基本特征的 Hotelling 模型，类似文献还包括纪汉霖（2011）、吴绪亮和刘雅甜（2016）。其中，Armstrong（2006）和 Armstrong & Wright（2007）对用户单属、多属以及不同定价策略进行了详尽分析，为后续研究奠定了基本框架；基于两组用户完全同质这一假定，纪汉霖

---

① 也就是说，我们不考虑买方一边存在的会员制度、忠诚折扣等问题。同时，将纵向约束作为纵向一体化的一种特殊方式。

② Lieber & Syverson（2012）提供了关于线上和线下竞争的文献综述，其他相关讨论可以参见 Chen 等（2015）、Cavallo（2017）、Chen 等（2017）等。

(2011) 对比分析了完全单属、一边部分多属和两边部分多属情况下的平台竞争和市场均衡；吴绪亮和刘雅甜（2016）在纪汉霖（2011）的基础上引入了直接网络外部性，并在 O2O 的情境下进行了分析。与这些文献不同，我们重点考察平台企业的纵向一体化决策及其可能产生的影响。与本章类似的文献主要有王小芳和纪汉霖（2011），但他们考察的是市场一边企业为平台提供互补品这种情形，即关注游戏操作平台、操作系统等双边产业。我们关注的是网络购物等双边产业，其中市场一边（即商家）与平台之间并不存在互补关系。

本章剩余部分结构安排如下：第一部分简单概述我国网络购物行业的背景，并确定相应市场是否具有双边性质；第二部分构建基本分析框架，并在市场两边用户均部分多属的情况下考察平台竞争问题；第三部分主要考虑平台企业的纵向一体化决策及其对市场竞争和均衡结果的影响，同时根据网络购物产业实际情况进行具体分析；最后是总结和讨论。

## 4.1 行业背景与双边性质

在构建基础模型并进行理论分析之前，我们先对网络购物行业进行初步了解。同时，根据定性判断双边市场的几个条件来讨论网络购物市场的双边性质，从而论证基于双边市场理论进行分析的合理性。

### 4.1.1 行业背景

所谓网络购物，是指借助互联网实现商品或者服务从商家（或卖家）向消费者（或用户）转移的过程。整个过程由物流、资金流和信息流组成，其中，任何一个环节都有网络的参与。与传统购物相比，网络购物的特点是买卖双方无须面对面进行讨价还价，所有交易环节（包括协商、付款、互动等）主要依托网络购物平台进行。毫无疑问，网络购物是伴随着互联网技术发展和互联网应用普及而兴起的。在 2000 年以前，网络购物只是零星地进行。自 2000 年起，互联网迅速成为经济社会的焦点，这直接刺激了网络购物的发展①。而 2009 年的第一个“双十一”促销活动②，标志着我国网络购物进入了腾飞阶段。如图 4－1 所示，2011 年我国网络购物用户规模为 1.9 亿人、市场交易规模达到 0.8 万亿元，占社会消费品零售总额的比例达到 4.3%。到 2017 年，网络购物交易规模达到 6.1 万亿元，其占社会消费品零售总额的比例也提高至 16.4%。同时，网络购物用户规模也增加到 5.33 亿人。

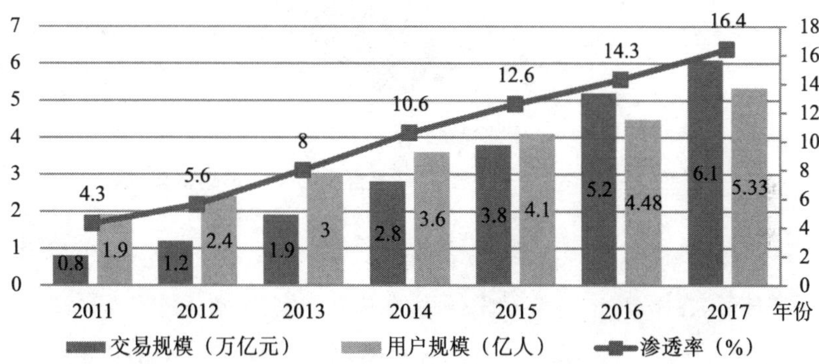


注：（1）网络购物市场交易规模是 B2C 和 C2C 两类网络购物平台上交易规模的总和，而交易规模是指网络购物平台上产生的所有订单（包括取消、拒收以及退货等）的总金额；（2）渗透率是指网络购物交易规模在社会消费品零售总额中所占的比重；（3）用户规模是指通过网络购物的用户数量。

资料来源：智研咨询《2017～2023 年中国网络购物行业深度调研及投资战略研究报告》；中商产业研究院《2018～2023 年中国网上外卖行业市场前景及投资机会研究报告》

**图 4－1　我国网络购物市场交易规模**

根据连接两边用户的类型，可以将网络购物平台分为 B2C、C2C、B2B 3 种类型，其中，B2C 和 C2C 是主要部分。统计数据表明，B2C 的市场交易规模于 2015 年首次超过 C2C，达到 51.9%。因此，我们将 B2C 作为分析对象，其原因在于除了纵向约束之外，C2C 网络购物平台无法普遍地采取其他纵向一体化策略。目前，我国 B2C 网络购物平台（简称 B2C 平台）

① 关于我国网络购物的早期发展情况，可参见刘娜（2008）。

② 2009 年第一个“双十一”的支付宝交易额约为 1 亿元，而 2017 年仅阿里巴巴一家的“双十一”销售额就已达到 1682 亿元。

的发展呈现出以下特征：

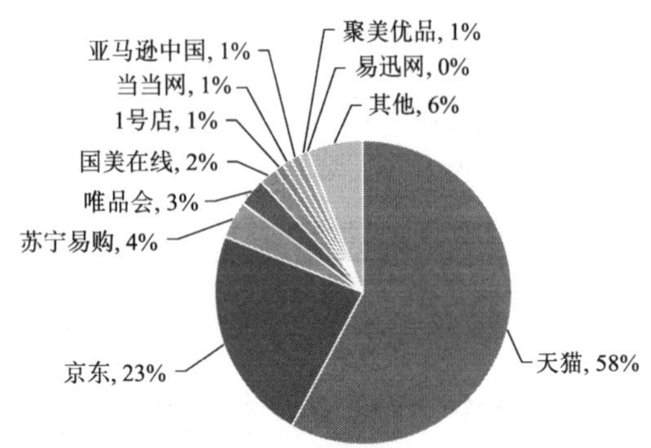


资料来源：艾瑞咨询《2016 年中国网络购物行业监测报告》①。

**图 4 – 2　2015 年我国 B2C 平台交易规模市场份额**

第一，市场高度集中，寡头垄断格局逐步形成。如图 4 – 2 所示，2015 年天猫和京东在 B2C 市场交易份额中的占比分别为 58.0% 和 22.9%②，两者合计高达 80.9%，即接近于双寡头垄断特征。第二，各 B2C 平台普遍实施差异化发展战略，且涉及商品日益多元化。例如，当当网侧重于中文图书，而聚美优品则以化妆品作为主打产品。第三，除了少数几家市场规模较大的 B2C 平台进行综合化经营以外，其他 B2C 平台均以垂直细分领域作为经营目标。例如，在图 4 – 2 所示的主要 B2C 平台中，综合类平台包括天猫、京东、苏宁易购、1 号店、当当网、亚马逊中国、国美在线，而聚美优品和易迅网都属于垂直类平台，它们的目标领域分别为时尚产品和 3C 数码产品。也就是说，新进入者或市场份额较小者通过垂直差异化和水平差异化经营来避免与已有主导平台企业之间的激烈竞争。

### 4.1.2　双边性质

如今，网络购物与实体店购物的关系日益紧密，而“线下体验、线上

① 十大品牌网的统计数据表明，2016 年中国最好的十大购物网站依次为天猫、京东、苏宁易购、1 号店、唯品会、淘宝网、国美在线、当当网、亚马逊中国、聚美优品。其中，除了淘宝网之外，其他都为 B2C 平台。具体参见 http://www.china-10.com/china/543goo55_index.html。

② 从 2014 年以来各季度的数据来看，天猫和京东所占市场份额没有发生较大变化。

购物”就是一个典型的表现。然而，网络购物同实体店购物有着本质区别，即前者属于双边市场、后者属于传统单边市场。考虑到两类市场相应分析范式的巨大差异，必须在进行具体考察之前，界定网络购物市场所具有的双边性质。

在 B2C 网络购物市场中，主要经济主体包括 B2C 平台、消费者和商家 3 类，消费者和商家通过 B2C 平台进行交易。其中，B2C 平台的作用主要是为消费者和商家提供以互联网技术为基础的中介服务（包括信息服务、广告服务、争议调解服务等）。当 B2C 平台采用一体化策略时，其本身也是一个商家。除此之外，消费者和商家之间交易的完成还需要其他经济主体的参与，主要包括支付平台、物流平台等。也就是说，网络购物行业实际上就是消费者和商家通过一个核心平台（B2C 平台）与多个辅助平台（支付平台、物流平台、提供接入服务的各类网络平台等）进行的交易活动（见图 4－3）。然而，我们仅考察网络购物行业中的核心关系，即消费者和商家通过 B2C 平台进行交易。

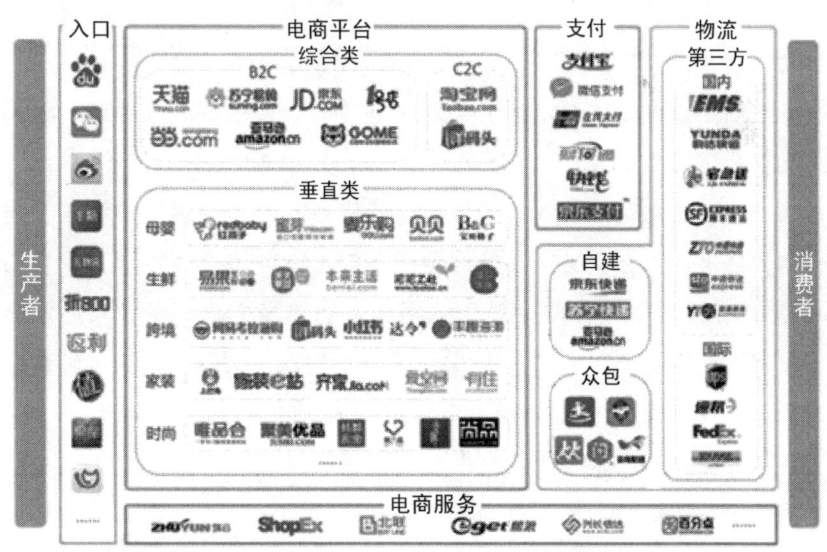


资料来源：艾瑞咨询《2016 年中国网络购物行业监测报告》。

**图 4－3　中国 B2C 网络购物“生态系统”**

对于消费者而言，他们通过 B2C 平台购买商品可以获得搜寻成本、交通成本、支付费用等的减少。而对商家来讲，他们通过 B2C 平台出售产品或服务，可以降低交易成本、仓储成本、经营管理成本等。同时，B2C 平台带给消费者和商家一个更重要的好处，是平台能够内部化双方之间存在的间接网络外部性：加入平台的商家越多，消费者的多样化需求越容易得到满足；而在平台上购物的消费者越多，商家也就能够接触到更多的潜在顾客，从而可以有更高的预期收益。也就是说，B2C 平台满足双边市场的基本条件：其一，存在两个不同的用户群体，即消费者和商家；其二，用户群体之间的交互活动存在外部性；其三，存在一个中介组织（即 B2C 平台）将群体之间的外部性内部化（Evans，2003a）。

另外，还需要从几个定性条件来更严谨地判断网络购物市场的双边性质。第一，科斯定理失灵（Rochet & Tirole，2003、2006）。如果不存在内部化外部性的 B2C 平台[①]，那么消费者和商家之间将难以发生大规模交易：一方面，由于搜寻成本、交通成本的限制，消费者在一定的时间内通常只能光顾本地商家，其消费次数和总额都相对较少；另一方面，商家往往只能被动等待消费者上门，难以开展有针对性的促销/营销活动。特别地，消费者与商家双方无法通过私下协商来获得外部性的好处。因此，科斯定理失灵在一定程度上成立。

第二，交叉网络外部性。外部性或者网络外部性在现实生活中普遍存在，相比之下，具有交叉网络外部性才是双边市场的重要特征之一（Armstrong，2006a）。在基于 B2C 平台的网络购物市场中，消费者和商家的行为与效用相互影响：一方面，当 B2C 平台上的商家数量和类型足够多，消费者的多样性需求能够得到更好地满足，因而，也更加愿意加入这一平台；另一方面，商家是否加入平台取决于该平台上“常驻”或“忠实”消费者的数量，他们的预期收益与消费者数量正相关。这就表明，市场一边

---

① 需要注意的是，除了 B2C 平台外，消费者与商家之间的交易还可以借助购物商场、电视购物等其他双边市场进行。考虑到网络购物市场规模远大于其他类型的市场，我们仅考虑 B2C 平台。

用户的行为将受另一方用户的行为以及数量的影响，也即网络购物市场中确实存在交叉网络外部性。

第三，价格结构非中性。在网络购物市场中，B2C 平台向商家收取费用，主要包括平台使用费和交易抽成费用①。例如，天猫收取技术服务年费，并按一定的技术服务费率对每次完成的交易收费②；而京东则对入驻商家收取固定的平台使用年费和一定比例的交易抽成③。假定平台收取的总费用一定，则将一部分费用分摊至消费者必然会引起消费者脱离平台。同时，商家也不能向消费者收取额外费用，因为这同样会减少消费者的效用，从而"迫使"其离开。此外，网络购物市场是异质产品竞争，因而，不属于完全竞争市场。根据上述论述，可以判定该市场满足价格结构非中性这一条件（Rochet & Tirole，2003、2006；Gans & King，2003）。

结合以上几个方面的分析，可以确认 B2C 网络购物市场具有双边性质，这也就意味着在双边市场理论的框架下进行相关分析是合理的。

## 4.2 一般分析框架

在本部分中，综合参照 Armstrong（2006a）和 Armstrong & Wright（2007），构建能够刻画网络购物市场基本特征的 Hotelling 模型。

### 4.2.1 模型设定

与网络约车不同，网络购物属于非地区性经济活动。因此，在分析网络购物市场的竞争问题时，可以将整个区域或全国视为单一市场。上述分析表明，我国 B2C 网络购物市场形成了典型的多寡头市场结构。特别地，天猫和京东两个 B2C 平台企业占据了 80% 左右的市场份额。简单起见且不

① 除此之外，B2C 平台还会对商家收取保证金，但它不同于费用或价格，主要用于事后理赔，因而，不属于本书考察范围内。

② 参见：https：//rule. tmall. com/tdetail－3263. htm？ spm＝a223k. 7864291. 1216756058. 5. vXzzS3&tag＝self。

③ 参见：http：//help. jd. com/Vender/question－905. html。

失一般性，假设市场中仅存在两个寡头平台，即平台 1 和平台 2（$j=1$，2）。同时，市场中有两组用户，即消费者（$B$）和商家（$S$），他们通过平台进行交易。按照惯例，将两组用户的人数标准化为 1，即 $N^i=1$（$i=B$，$S$）。令 $N_j^i$ 表示平台 $j$ 上第 $i$ 组用户的数量，其中，单属用户的数量为 $n_j^i$，而多属用户的数量 $n^i$，即 $N_j^i=n_j^i+n^i$（$i=B$，$S$）①。假设两个 B2C 平台实现了对网络购物市场的完全覆盖，即有 $\sum_{j=1,2} N_j^i - n^i = 1$，或者 $N_j^i+n_{-j}^i=1$（$j\neq -j$ 且 $j$，$-j\in\{1, 2\}$）。

假设两个 B2C 平台分别位于区间［0，1］的两端，两者之间进行横向差异化竞争。不失一般性，假设平台 1 位于 $x=0$ 处，而平台 2 位于 $x=1$ 处。对于 B2C 平台而言，其利润取决于收费结构和提供服务的成本。从上文可知，平台对用户实施两部门收费制度，即对加入平台的用户每年收取使用平台的固定费用或会员费，并按照固定比例从每笔交易中提取服务费。当会员费和单次交易服务费一定时，平台从交易中获得的收入与交易量成正比，而平台交易量取决于平台上两边用户的规模②，后者主要取决于会员费。基于用户同质这一假设，平台企业通过收取单次交易服务费所获得的总收益是关于会员费的递减函数。特别是单次交易服务费的金额远小于会员费，且商家可以将其部分地转嫁给消费者③。也就是说，对市场结构起决定性作用的是会员费而非单次交易服务费。为简化分析，可假定平台仅收取会员费④。

假定平台不能对用户进行价格歧视，因而，对市场 $i$ 边所有用户的定

---

① 在本章中，上标表示市场两边用户——消费者或商家，下标表示 B2C 平台——平台 1 或平台 2。

② 确切地说，平台上的实际交易量应当是关于两边用户数量的递增函数，即 $f(N_j^B, N_j^S)$，可以用 $N_j^B N_j^S$ 表示潜在交易量。

③ 消费者无须向 B2C 支付单笔服务费，所缴纳的可能费用只有会员费。

④ 考虑到会员费为年费，这一设定的潜在含义是，市场两边用户以一年为周期进行重复的平台选择。

价均为 $P_j^i$ （$i=B$，$S$），且 $P_j^i \geqslant 0$①。同时，假设两边用户都是同质的，因而，平台为单个 $i$ 边用户提供服务的固定成本为 $C_j^i$ （$i=B$，$S$）②。由此，对于平台 $j$ 而言，其能够获得的利润为：

$$\pi_j = (P_j^B - C_j^B) N_j^B + (P_j^S - C_j^S) N_j^S \tag{4-1}$$

假设消费者和商家这两组用户都是同质的，他们分别均匀地分布在区间［0，1］上。然而，他们对两个平台有着差异化的评价，这种差异主要来源于必要设备购置成本、学习成本、加入平台所需要花费的时间等。按照标准 Hotelling 模型的方式，我们用接入平台需要支付的交通成本来衡量这种差异：假设市场 $i$ 边用户的单位交通成本为 $t^i$，则位于 $x \in [0,1]$ 处的用户加入平台 1 和平台 2 所需要支付的交通成本分为别 $t^i x$ 和 $t^i(1-x)$。

一般而言，消费者是否加入平台 $j=1$，2 的决策取决于如下因素：一是加入平台 $j$ 的固定收益 $F^B$，主要是因为可以参与网络购物而获得的满足③；二是加入平台 $j$ 必须支付的固定费用或者会员费 $P_j^B$ （$P_j^B \geqslant 0$）④；三是加入平台 $j$ 的交通成本 $t^B$；四是间接网络外部性，即消费者从平台 $j$ 上商家数量的单位增量中得到的收益（实际上，这里的间接网络外部性可以视为消费者从每次潜在交易中可以得到的净效用）。对于 B2C 平台上的消费

---

① 当 $P_j^i=0$ 时，市场 $i$ 边可能会发生道德风险和逆向选择问题。例如，B2C 平台对消费者一边收取的固定费用为零，因而，消费者可能仅将 B2C 作为获取商品信息的渠道，而不会进行实际购买。然而，我们暂且不考虑这一问题，基本分析可以参见 Kalyanam & Tsay（2013）。

② 事实上，平台在促成单次交易时还会遭遇可变成本，但基于以下原因我们暂时不予考虑：其一，在网络购物中，单次交易所引致的成本非常小；其二，由于不考虑单次交易服务费，那么在同质交易下可以将交易服务费与可变成本的差额视为商家收益的一部分，可以事后通过转移支付实现。另外，固定成本主要是进行用户资料审核、提供基本服务等所产生的费用。

③ 为确保市场完全覆盖，此处假设 $F^B$ 足够大，因而，所有消费者都至少会加入一个平台。

④ 在实践中，B2C 平台对消费者收取的会员费通常为零。此时，可以将平台向消费者推送的广告视为平台向消费者收取的费用，这一费用可视为网络广告相对于其他广告的成本节省。也就是说，假定 $P_j^B$ 可以大于零也可以等于零。

者而言，其能够得到的间接网络外部性为正①，我们用参数 $\beta^B$ 来表示。不失一般性，假设有 $t>\beta^B>0$，否则，消费者加入平台必然是能够增进收益的。综上所述，当平台 $j$ 上的消费者和商家数量分别为 $N_j^B=n_j^B+n^B$ 和 $N_j^S=n_j^S+n^S$时，则位于 $x\in[0,1]$处的消费者仅加入平台 1 和平台 2 时，可得到的效用分别为：

$$u_1^B=F^B+\beta^B\ (n_1^S+n^S)\ -P_1^B-t^Bx \tag{4-2}$$

$$u_2^B=F^B+\beta^B\ (n_2^S+n^S)\ -P_2^B-\ (1-x)\ t^B \tag{4-3}$$

如果消费者选择多属，即同时加入平台 1 和平台 2，那么他必须支付两笔交通成本。实际上，消费者选择多属但不进行消费的情况非常普遍。这里我们假定消费者加入平台的同时也会进行消费。在网络购物情境下，该假定的合理性在于：其一，网络购物日益成为社会消费的重要模式，也即 B2C 平台上的用户活跃度非常高，加入但不消费的消费者比例在迅速减少；其二，如果在某个平台上属于非活跃用户，多属的消费者也无须向相应 B2C 平台支付任何费用，其在学习、设备等方面的交通成本也几乎为零，因而，假定其属于实质性的多属并不会影响后续分析。此时，多属消费者的效用等于②：

$$u_{1,2}^B=F^B-P_1^B-P_2^B+\beta^B-t^B \tag{4-4}$$

与消费者类似，位于 $y\in[0,1]$处的商家加入单属于平台 1、单属于平台 2 以及多属时的效用分别为式 4-5、式 4-6、式 4-7。其中，需要指出的是，第一，商家所对应的间接网络外部性可以视为其通过 B2C 平台出售商品所得的利润增量③；第二，B2C 平台向商家收取的费用通常大于零，

---

① 间接网络外部性主要来自于消费者能够从数量增加的商家一边得到更好的多样性满足，即相对于实体店购物而言得到的效用增量。事实上，消费者之间也会存在直接网络外部性，例如，其他消费者的评价和数量会对单个消费者的行为产生影响，即市场中同时存在正的直接网络外部性和负的直接网络外部性。我们假设正负两种直接网络外部性均较小且能够相互抵消，相关研究可参见吴绪亮和刘雅甜（2016）。

② 用户多属意味着其能够接触到市场两边的所有用户，也即其获得的间接网络效应和直接网络效应的总量分别为 $\beta^B$ 和 $\alpha^B$。

③ 假设商家通过 B2C 平台和实体店分别出售一单位相同商品的利润分别为 $\pi'$和 $\pi''$，则有 $\beta^s=\pi'-\pi''$。由于通过网络销售能够获得成本节省，因此有 $\beta^s>0$。

即 $P_j^S>0$；第三，假定 $t^S>\beta^S>0$，否则，商家必然会选择多属。

$$u_1^S=F^S+\beta^S(n_1^B+n^B)-P_1^S-t^S y \tag{4-5}$$

$$u_2^S=F^S+\beta^S(n_2^B+n^B)-P_2^S-(1-y)t^S \tag{4-6}$$

$$u_{1,2}^S=F^S-P_1^S-P_2^S+\beta^S-t^S \tag{4-7}$$

B2C 平台与市场两边用户之间的交互是一个两阶段博弈，其中，平台在第一阶段设定会员费 $P_j^i$（$i=B$，$S$；$j=1$，$2$）。观察到会员费组合 $\{P_1^B，P_1^S，P_2^B，P_2^S\}$之后，市场两边用户做出自己的决策，即选择单属于平台 1 或平台 2，或者选择多属。

### 4.2.2　两边用户部分多属与平台竞争

如果不存在排他性策略或纵向一体化行为，市场两边用户部分多属是实际中的常见情形。因此，我们将该情形下的结果作为纵向一体化分析的比较基准。当平台 1 与平台 2 仅通过会员费进行市场竞争时，市场两边的结构具有对称性。因此，可以消费者为例来推导其参与决策。当市场两边用户均多属时，则有 $\sum_{j=1,2}N_j^i-n^i=1$ 且 $n^i\neq 0$（$i=1$，$2$）。假定消费者的位置为 $x\in[0，1]$，则其加入平台 1 的效用与 $x$ 负相关，而加入平台 2 的效用与 $x$ 正相关。因此，如图 4-4 所示，通过比较单属和多属的效用可以得到临界点 $x_1$ 和 $x_2$。其中，$x_1$ 是对于消费者而言单属于平台 1 和多属无差异的点，即 $u_1^B=u_{1,2}^B$；而 $x_2$ 是单属于平台 2 和多属无差异的点，即 $u_2^B=u_{1,2}^B$。根据式 4-2 至式 4-4，可以得到：

$$x_1=1+\frac{P_2^B}{t^B}-\frac{\beta^B n_2^S}{t^B} \tag{4-8}$$

$$1-x_2=1+\frac{P_1^B}{t^B}-\frac{\beta^B n_1^S}{t^B} \tag{4-9}$$

根据图 4-4 可知，单属于平台 1 和单属于平台 2 的消费者数量分别为：$n_1^B=x_1$、$n_2^B=1-x_2$。相应地，可以得到商家中分别单属于平台 1 和平台 2 的数量分别为：

$$n_1^S = y_1 = 1 + \frac{P_2^S}{t^S} - \frac{\beta^S n_2^B}{t^S} \tag{4-10}$$

$$n_2^S = 1 - y_2 = 1 + \frac{P_1^S}{t^S} - \frac{\beta^S n_1^B}{t^S} \tag{4-11}$$

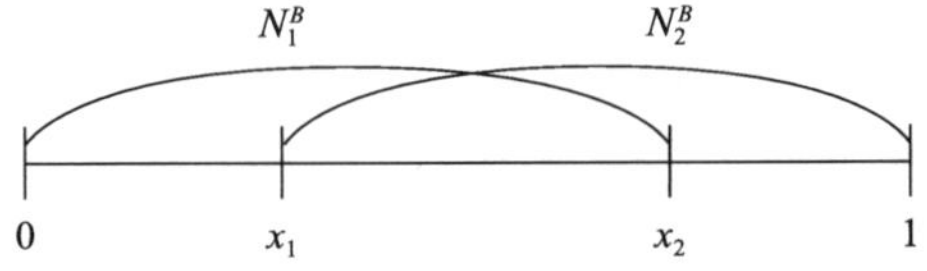


**图 4－4 消费者的平台参与决策**

求解上述联立方程，可以得到：

$$n_1^B = \frac{t^S(t^B - \beta^B)}{t^B t^S - \beta^B \beta^S} + \frac{t^S P_2^B}{t^B t^S - \beta^B \beta^S} - \frac{\beta^B P_1^S}{t^B t^S - \beta^B \beta^S} \tag{4-12}$$

$$n_1^S = \frac{t^B(t^S - \beta^S)}{t^B t^S - \beta^B \beta^S} + \frac{t^B P_2^S}{t^B t^S - \beta^B \beta^S} - \frac{\beta^S P_1^B}{t^B t^S - \beta^B \beta^S} \tag{4-13}$$

$$n_2^B = \frac{t^S(t^B - \beta^B)}{t^B t^S - \beta^B \beta^S} + \frac{t^S P_1^B}{t^B t^S - \beta^B \beta^S} - \frac{\beta^B P_2^S}{t^B t^S - \beta^B \beta^S} \tag{4-14}$$

$$n_2^S = \frac{t^B(t^S - \beta^S)}{t^B t^S - \beta^B \beta^S} + \frac{t^B P_1^S}{t^B t^S - \beta^B \beta^S} - \frac{\beta^S P_2^B}{t^B t^S - \beta^B \beta^S} \tag{4-15}$$

根据式 4－12 至式 4－15 求市场两边单属用户数量关于价格的偏导数，可以得到：

$$\frac{\partial n_j^B}{\partial P_j^S} = \frac{-\beta^B}{t^B t^S - \beta^B \beta^S} < 0, \quad \frac{\partial n_j^S}{\partial P_j^B} = \frac{-\beta^S}{t^B t^S - \beta^B \beta^S} < 0$$

$$\frac{\partial n_j^B}{\partial P_{-j}^B} = \frac{t^S}{t^B t^S - \beta^B \beta^S} > 0, \quad \frac{\partial n_j^S}{\partial P_{-j}^S} = \frac{t^B}{t^B t^S - \beta^B \beta^S} > 0$$

其中，$j \neq -j$ 且 $j, -j \in \{1, 2\}$。由此可知，平台 $j$ 上单属消费者（或商家）的数量会因为平台对商家（或消费者）定价的提高而减少，同时会因为平台 $-j$ 对消费者（或商家）定价的提高而增加。同时，用户差异化以及间接网络外部性的大小将影响这种用户转移的幅度。

此时，假设平台提供服务的固定成本为零，即 $C_j^i = 0$（$i = B, S$；$j = 1, 2$），则平台 1 和平台 2 的利润为：

$$\begin{cases}\pi_1 = P_1^B N_1^B + P_1^S N_1^S = P_1^B(1-n_2^B) + P_1^S(1-n_2^S) \\ \pi_2 = P_2^B N_2^B + P_2^S N_2^S = P_2^B(1-n_1^B) + P_2^S(1-n_1^S)\end{cases} \tag{4-16}$$

当 $t^B t^S - \beta^B \beta^S > 0$ 时，方程 4 - 16 有解。将式 4 - 12 至式 4 - 15 代入方程 4 - 16 中，求解利润最大化的一阶条件。简单起见，这里仅考虑对称均衡，即 $P_1^B = P_2^B = P^B$、$P_1^S = P_2^S = P^S$，由此可以得到联立方程组：

$$\begin{cases}1 - \dfrac{2t^S P^B}{\Delta} - \dfrac{t^S(t^B - \beta^B)}{\Delta} + \dfrac{\beta^B P^S}{\Delta} = 0 \\ 1 - \dfrac{2t^B P^S}{\Delta} - \dfrac{t^B(t^S - \beta^S)}{\Delta} + \dfrac{\beta^S P^B}{\Delta} = 0\end{cases} \tag{4-17}$$

其中，$\Delta = t^B t^S - \beta^B \beta^S$，求解可以得到：

$$P^B = \frac{2t^B t^S \beta^B - \beta^B \beta^S(\beta^B + t^B)}{4t^B t^S - \beta^B \beta^S} \tag{4-18}$$

$$P^S = \frac{2t^B t^S \beta^S - \beta^B \beta^S(\beta^B + t^S)}{4t^B t^S - \beta^B \beta^S} \tag{4-19}$$

为简化分析，假设 $t^B = t^S = t$、$\beta^B = \beta^S = \beta$。类似于纪汉霖（2011），可以得到市场两边均部分多属时的唯一对称均衡定价（$t > \beta$）[①]：

$$P^{B,m} = P^{S,m} = \frac{\beta(t-\beta)}{2t-\beta} \tag{4-20}$$

相应地，将式 4 - 20 代入式 4 - 12 至式 4 - 15，可以得到两个平台分别拥有的单属用户数量为：$n_1^{B,m} = n_1^{S,m} = n_2^{B,m} = n_2^{S,m} = \dfrac{2t^2 - \beta^2}{(t+\beta)(2t-\beta)}$。同时，两个平台的对称均衡利润为：

$$\pi^m = \pi_1^m = \pi_2^m = \frac{2\beta^2 t(t-\beta)}{(t+\beta)(2t-\beta)^2} \tag{4-21}$$

其中，$\dfrac{\partial p^{B,m}}{\partial t} = \dfrac{\partial p^{S,m}}{\partial t} = \dfrac{\beta^2}{2t-\beta} > 0$，这说明平台之间差异化程度的提高能够增强平台的议价能力。然而，平台差异化程度对平台利润的作用却不明确。

---

① 其中，上标中的 m 表示市场两边部分多属。

**命题 4-1**：在网络购物市场中，竞争性 B2C 平台的议价能力将随着平台间差异化程度的提高而增强。

## 4.3 纵向一体化与市场竞争

双边平台必须解决好用户协调问题，以确保市场两边都加入平台。并且，用户规模直接关系到平台的盈利性。因此，在网络购物行业中，B2C 平台通常会将纵向一体化作为重要策略，并且常用方式包括两种：其一，纵向一体化发展，即平台企业通过自身供应商品来确保平台对消费者的吸引力，并以获得的消费者作为引导商家加入的基础；其二，纵向约束，即通过排他性契约、独家销售协议等方式绑定商家，从而提高自身的竞争力。本部分分别考察这两种形式的作用和影响。

### 4.3.1 纵向一体化发展

在网络购物行业中，纵向一体化发展是指 B2C 平台在为消费者与商家之间的交互提供中介服务时，自己也作为经销商向消费者出售产品[①]。也就是说，如果不考虑商家之间竞争加剧所引发的负直接网络外部性，那么 B2C 平台纵向一体化发展会增加平台上商家的数量。假定平台 $j=1$，2 开设的自营店数量为 $n_{j,P}^{S}$（其中，下标 $P$ 表示平台的自营店）[②]，那么此时平台上的商家数量为 $N=N_j^S+n_{j,P}^S$。同时，平台实行纵向一体化发展需要支付成本，假设单位商家的成本为 $c_j^S\in(0,1]$，因而，总成本为 $n_{j,P}^S c_j^S$，而平台 $j=1$，2 的利润为：

$$\pi_j=(P_j^B-C_j^B)N_j^B+(P_j^S-C_j^S)N_j^S-n_{j,P}^S c_j^S \tag{4-22}$$

与之前不同，博弈时序将发生改变：平台企业在第一阶段同时确定自营店数量和价格。事实上，平台纵向一体化并不会直接影响商家的效应，

---

① 在理论分析部分，我们暂且不考虑 B2C 平台纵向一体化发展的动态性。

② 实际上，商家自营店数量等于 1，但是当进行一般化考察时，可以令产品种类等于自营店数量。

但会直接影响消费者的选择。也就是说，位于 $x \in [0, 1]$ 处的消费者单属于平台 1、单属于平台 2 和多属时的效用分别变为：

$$\begin{cases} u_1^B = F^B + \beta^B(n_1^S + n^S + n_{1,P}^S) - P_1^B - tx \\ u_2^B = F^B + \beta^B(n_2^S + n^S + n_{2,P}^S) - P_2^B - (1-x)t \\ u_{1,2}^B = F^B - P_1^B - P_2^B + \beta^B(1 + n_{1,P}^S + n_{2,P}^S) - t \end{cases} \quad (4-23)$$

同样，假设 $C_j^i = 0$、$t^B = t^S = t$、$\beta^B = \beta^S = \beta$，可以得到消费者和商家中选择单属的数量分别为：

$$n_1^B = \frac{t}{t+\beta} + \frac{tP_2^B}{t^2-\beta^2} - \frac{\beta P_1^S}{t^2-\beta^2} - \frac{t\beta n_{2,P}^S}{t^2-\beta^2} \quad (4-24)$$

$$n_2^B = \frac{t}{t+\beta} + \frac{tP_1^B}{t^2-\beta^2} - \frac{\beta P_2^S}{t^2-\beta^2} - \frac{t\beta n_{1,P}^S}{t^2-\beta^2} \quad (4-25)$$

$$n_1^S = \frac{t}{t+\beta} + \frac{tP_2^S}{t^2-\beta^2} - \frac{\beta P_1^B}{t^2-\beta^2} + \frac{\beta^2 n_{1,P}^S}{t^2-\beta^2} \quad (4-26)$$

$$n_2^S = \frac{t}{t+\beta} + \frac{tP_1^S}{t^2-\beta^2} - \frac{\beta P_2^B}{t^2-\beta^2} + \frac{\beta^2 n_{2,P}^S}{t^2-\beta^2} \quad (4-27)$$

从式 4－24 至式 4－27 可知，$\frac{\partial n_1^B}{\partial n_{2,P}^S} = \frac{\partial n_2^B}{\partial n_{1,P}^S} = -\frac{t}{t^2-\beta^2} < 0$，$\frac{\partial n_1^S}{\partial n_{1,P}^S} = \frac{\partial n_2^S}{\partial n_{2,P}^S} = \frac{\beta}{t^2-\beta^2} > 0$，这说明：其一，消费者单属于平台 1（或平台 2）的数量会随着平台 2（或平台 1）自营店的增加而减少，即平台的纵向一体化发展能够提高自身对消费者的吸引力；其二，商家单属于平台 1（或平台 2）的数量会随着平台 1（或平台 2）自营店数量的增加而增加，即平台的纵向一体化发展通过吸引更多消费者加入而产生更大的间接网络外部性，这将给商家的加入提供更大的激励。

**命题 4－2**：在竞争性市场中，一个 B2C 平台的纵向一体化发展将减少另一个平台上单属消费者的数量，并增加自身另一边单属商家的数量。

在双边市场中，消费者或商家的单属/多属决策取决于可获得的间接网络外部性的规模。B2C 平台开设自营店增加了平台上商家的数量，而这会吸引原来单属于敌对平台的消费者的加入。同时，消费者数量的增加又会增强另一边商家选择单属的激励。与此对应的情形是，商家自营店所经销的商品与其他商家所销售商品并无直接或较强的竞争关系。例如，京东商城自营店与其他商家之间更多进行差异化竞争：在品质保障、售后服务、价格、可开具发票等方面，两者之间有明显的差异；同时，其他商家所经营的商品种类远多于自营店。因此，自营店的存在可以吸引更多的消费者加入，并以此促使更多商家选择单属，而不会显著削弱商家加入的激励。

类似地，当 $t>\beta$ 时，市场均衡存在。为提高分析的适用性且降低解析解的复杂性，假设 $n_{j,P}^{S}$取值为 0 或 1：当 $n_{j,P}^{S}=0$ 时，说明平台 $j$ 没有实行纵向一体化发展；当 $n_{j,P}^{S}=1$ 时，说明平台采取了纵向一体化发展模式。相应地，可以得到 $n_{1,P}^{S}=n_{2,P}^{S}=0$，$n_{1,P}^{S}=n_{2,P}^{S}=1$，$n_{1,P}^{S}=0$、$n_{2,P}^{S}=1$ 和 $n_{1,P}^{S}=1$、$n_{2,P}^{S}=0$ 这 4 种情形。毫无疑问，在 $n_{1,P}^{S}=0$、$n_{2,P}^{S}=1$ 和 $n_{1,P}^{S}=1$、$n_{2,P}^{S}=0$ 两种情形下不可能出现对称均衡。因此，我们仅考虑 $n_{1,P}^{S}=n_{2,P}^{S}=0$ 和 $n_{1,P}^{S}=n_{2,P}^{S}=1$ 两种情形。

上文已经分析了第一种情形，现在我们考虑第二种情形，即两个 B2C 平台都实行了纵向一体化发展。此时，将 $n_{1,P}^{S}=n_{2,P}^{S}=1$ 代入式 4－24 至式 4－27，然后，求此时利润函数①的一阶条件。考虑对称均衡（即 $P_1^B=P_2^B=P^B$、$P_1^S=P_2^S=P^S$），可以得到：

$$P^{B,V1}=\frac{\beta(2t^2+t\beta-2\beta^2)}{4t^2-\beta^2};\ P^{S,V1}=\frac{\beta(2t^2-2t\beta-\beta^2)}{4t^2-\beta^2} \qquad (4-28)$$

在式 4－28 中，上标中的 $V1$ 表示纵向一体化的第一种情形——纵向一体化发展。结合式 4－28 和式 4－20，可以得到表 4－1。其中，纯平台情形是指两个 B2C 平台均未实施纵向一体化策略。当满足 $t>\beta$ 时，根据表 4－1 中的结果可知：$P^{B,V1}>P^{B,m}=P^{S,m}>P^{S,V1}$。由此，可以得到如下命题：

**命题 4－3**：在对称均衡中，两个竞争性平台所实行的纵向一体化发展会使得对消费者的收费提高，而对商家的收费降低。

---

① 即 $\pi_j=P_j^B(1-n_{-j}^B)+P_j^S(1-n_{-j}^S)-c_j^S$，其中，$j\neq -j$；$j$，$-j=1$，2。

表 4-1　　纯平台情形与纵向一体化发展的比较

| 用户组 | 纯平台情形 | 纵向一体化发展 |
|---|---|---|
| 消费者 | $P^{B,m}=\dfrac{\beta(t-\beta)}{2t-\beta}$ | $P^{B,VI}=\dfrac{\beta(2t^2+t\beta-2\beta^2)}{4t^2-\beta^2}$ |
| 商家 | $P^{S,m}=\dfrac{\beta(t-\beta)}{2t-\beta}$ | $P^{S,VI}=\dfrac{\beta(2t^2-2t\beta-\beta^2)}{4t^2-\beta^2}$ |

实际上，B2C 平台纵向一体化发展可能会产生多种效应，主要包括：一是规模效应，平台上商家数量或者商品多样性增加将提高其对消费者的吸引力，相应地平台企业可以提高对消费者的定价；二是竞争效应或挤出效应，由于消费者数量有限，B2C 平台自身销售商品将减少其他商家加入平台的期望利润，此时，平台必须降低对商家的定价以吸引其加入。对于这一结果，我们可以根据实际情况加以理解：

首先，B2C 平台间接而非直接向消费者收取费用。表面上，消费者无需为获取 B2C 平台的一般性服务支付费用。然而，消费者愿意接收/接受更多的广告，这与直接支付费用并无本质差异：在前者中，消费者获得平台服务的代价是遭受更多无关/不必要广告带来的效用损失；而在后者中，消费者用自身财富的减少来换取平台服务。也就是说，B2C 平台通过广告间接收费，这是其重要的收入来源之一。在本书中，B2C 平台对消费者收费的提高表现为两个方面：其一，消费者接收/接受的广告量增加，意味着其遭受的负效用（即支付的费用）增多；其二，消费者数量越多，B2C 平台投放广告的折算成本越低，或者广告的成本收益之比越大①。

其次，B2C 平台进行纵向一体化的目的在于确保平台上有足够数量的商家，并以此吸引更多消费者的加入，最终成功实现双边市场用户协调和平台有效运营。此时，一体化平台自身通常会销售质量较好的产品，这能

① 为促销产品、拓展市场，加入平台的商家会委托或借助 B2C 平台投放广告，且这种意愿将随着平台上消费者数量的增加而增强。其结果是，包括我们在内的消费者接收的广告（包括信息、网络页面等）越来越多。同时，当消费者数量足够多时，B2C 平台（或商家）可以更有效地投放广告（如精准营销），通过广告取得的实际收益也将增加。

够增加消费者的相应收益，并吸引支付意愿更高的消费者。因此，一体化平台提高对消费者的收费（即增加广告投放量以及平台广告收益）是合理的。

最后，平台实行一体化发展可能降低加盟商家的预期利润，或者增加吸引更多商家加入并从消费者处获取更多收益的需要，因而，一体化平台对商家的收费通常要低于非一体化平台。例如，天猫对商家收取的平台使用年费分为 3 万和 6 万两个档次，而京东的平台使用费为 1000 元/月（基建材料、整车除外）。

将式 4－28 代入式 4－24 至式 4－27，可以得到两个平台上市场两边的单属用户数量分别为：

$$\begin{cases} n_1^{B,V1} = n_2^{B,V1} = n^{B,V1} = \dfrac{4t^4 - 10t^3\beta + 2t\beta^3 - \beta^4}{(t^2 - \beta^2)(4t^2 - \beta^2)} \\ n_1^{S,V1} = n_2^{S,V1} = n^{S,V1} = \dfrac{4t^4 - 2t^3\beta - t^2\beta^2 - t\beta^3 + \beta^4}{(t^2 - \beta^2)(4t^2 - \beta^2)} \end{cases} \tag{4-29}$$

相应地，两个 B2C 平台的利润分别为：

$$\pi_1^{V1} = \pi_2^{V1} = P^{B,V1}(1 - n^{B,V1}) + P^{S,V1}(1 - n^{S,V1}) - c \tag{4-30}$$

令 $\pi^{V1*} = P^{B,V1}(1 - n^{B,V1}) + P^{S,V1}(1 - n^{S,V1})$，结合式 4－21 和式 4－30，在限定条件 $n^{B,V1} \geqslant 0$、$n^{S,V1} \geqslant 0$、$P^{S,V1} > 0$ 的情况下进行数值模拟。令 $c^* = \pi^{V1*} - \pi^m$，其表示可实现盈利的纵向一体化成本的临界值。从图 4－5A 和图 4－5B 可知，当平台服务差异化程度给定时，成本临界值将随着间接网络外部性规模的扩大而提高。也就是说，网络购物市场中间接网络外部性越大，B2C 平台实行纵向一体化发展的盈利空间也越大。同时，图 4－5C 和图 4－5D 表明，在间接网络外部性规模给定时，纵向一体化的成本临界值与服务差异化程度负相关，即服务差异化程度越大，B2C 平台实行纵向一体化发展的盈利空间越小。这是因为平台间服务差异化程度越大，网络购物市场的细分程度越高，此时，通过纵向一体化发展能够获取的潜在客户越少，因而所得到的利润更加有限。

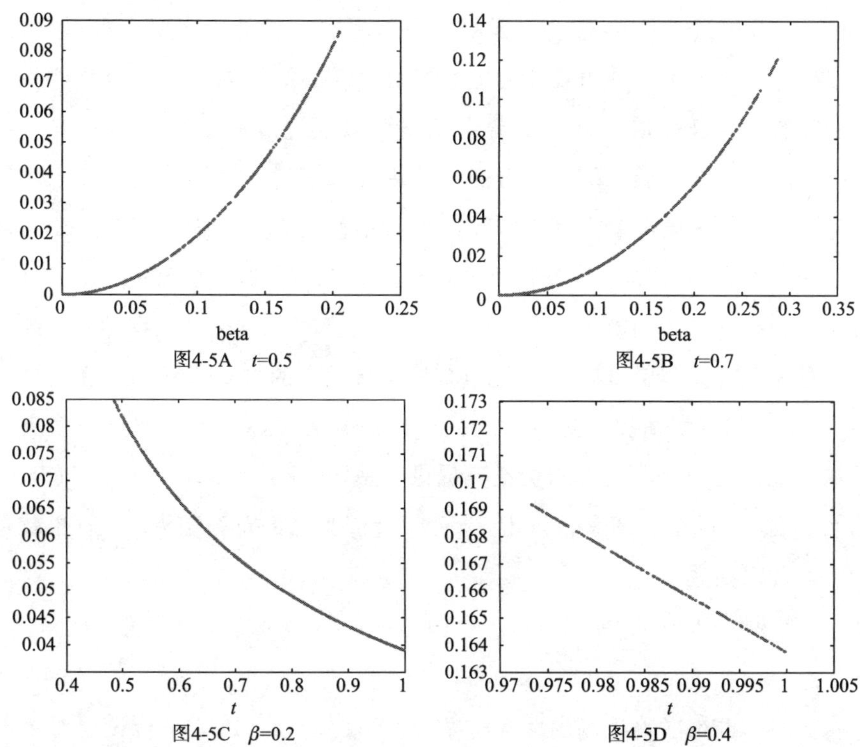


图4-5A　$t$=0.5　　图4-5B　$t$=0.7

图4-5C　$\beta$=0.2　　图4-5D　$\beta$=0.4

注：图 4－5A 和图 4－5B 中横轴为平台服务差异化程度 $t$，图 4－5C 和图 4－5D 中横轴为间接网络外部性参数 $\beta$；纵轴均为纵向一体化成本临界值 $c^*$。

**图 4－5　纵向一体化发展情形下市场结果的数值模拟**

根据数值模拟结果，可以得到如下命题：

**命题 4－4**：B2C 平台实行纵向一体化发展的预期收益与间接网络外部性正相关，与平台服务的差异化程度负相关。

B2C 平台进行纵向一体化发展的收益，主要取决于其吸引到的消费者/商家的数量。间接网络外部性越大，或者平台间竞争越激烈（即差异化程度越小），新增消费者/商家的数量将越多，B2C 平台从纵向一体化发展中获得的收益自然越大。

### 4.3.2　纵向约束

事实上，平台企业实行纵向一体化的目的无外乎有两种：一是通过自身供应市场一边，解决双边市场用户协调问题；二是限制用户多属行为，增强平台相对于市场一边或两边的市场势力，最终提高平台的盈利性。因此，除通过自身发展之外，平台企业还可以通过纵向约束来达到这一目的。在网络购物领域，B2C 平台通常采用独家销售、特约商户、排他性契约等方式进行纵向约束。其中，2017 年天猫商城强制要求商家在天猫和京东之间“二选一”就是一个典型的例子。这里我们重点考察纵向约束对平台竞争和市场均衡的影响。

具体而言，假定 B2C 平台通过奖励单属用户的方式来对用户施加纵向约束①。根据现实情况，这种限制同样以商家为目标。也即如果商家决定单属于平台 $j$，那么平台 $j$ 将会给其提供补贴 $a_j$②。其中，$a_j \in [0,\ 1]$ $(j=1,\ 2)$。平台 $j$ 上的单属商家数量为 $n_j^S$，则平台 $j$ 提供的总补贴为 $n_j^S a_j$。也就是说，其利润函数为：

$$\pi_j = (P_j^B - C_j^B)(1 - n_{-j}^B) + (P_j^S - C_j^S)(1 - n_{-j}^S) - n_j^S a_j \quad j \neq -j;\ j,\ -j = 1,\ 2 \tag{4-31}$$

此时，网络购物市场的博弈时序为：第一阶段，B2C 平台设定对单属商家的补贴额度；第二阶段，B2C 平台设定价格组 $\{P_1^B,\ P_1^S,\ P_2^B,\ P_2^S\}$；第三阶段，在观察到价格之后，消费者和商家做出自己的选择。与之前不同的是，商家的效用函数略有改变：

$$\begin{cases} u_1^S = F^S + \beta^S (n_1^B + n^B) + a_1 - P_1^S - t^S y \\ u_2^S = F^S + \beta^S (n_2^B + n^B) + a_2 - P_2^S - (1-y) t^S \\ u_{1,2}^S = F^S - P_1^S - P_2^S + \beta^S - t^S \end{cases} \tag{4-32}$$

假定 $C_j^i = 0$、$t^B = t^S = t$、$\beta^B = \beta^S = \beta$，可以得到在平台进行纵向约束的情况下消费者和商家中选择单属的数量分别为：

$$n_1^B = \frac{t}{t+\beta} + \frac{tP_2^B}{t^2-\beta^2} - \frac{\beta P_1^S}{t^2-\beta^2} - \frac{\beta a_2}{t^2-\beta^2} \tag{4-33}$$

---

① 当然，如果平台企业有足够的市场势力，那么它就可以通过对多属商家进行惩罚的方式实施纵向约束。

② B2C 平台采用的补贴形式有很多种，包括减免平台使用费、降低广告费率、返还费用等。

$$n_2^B = \frac{t}{t+\beta} + \frac{tP_1^B}{t^2-\beta^2} - \frac{\beta P_2^S}{t^2-\beta^2} - \frac{\beta a_1}{t^2-\beta^2} \tag{4-34}$$

$$n_1^S = \frac{t}{t+\beta} + \frac{tP_2^S}{t^2-\beta^2} - \frac{\beta P_1^B}{t^2-\beta^2} + \frac{ta_1}{t^2-\beta^2} \tag{4-35}$$

$$n_2^S = \frac{t}{t+\beta} + \frac{tP_1^S}{t^2-\beta^2} - \frac{\beta P_2^B}{t^2-\beta^2} + \frac{ta_2}{t^2-\beta^2} \tag{4-36}$$

根据式 4－33 至式 4－36 可以得到，$\frac{\partial n_1^B}{\partial a_2} = \frac{\partial n_2^B}{\partial a_1} = -\frac{\beta}{t^2-\beta^2} < 0$，$\frac{\partial n_1^S}{\partial a_1} = \frac{\partial n_2^S}{\partial a_2} = \frac{t}{t^2-\beta^2} > 0$，这两个式子表明：平台 1（或平台 2）对单属商家补贴额度的提高将减少平台 2（或平台 1）上单属消费者的数量，同时也会增强自身对商家选择单属的激励。出现这一结果是因为：平台对单属商家予以补贴，这将改变商家中选择该平台（尤其是选择单属）的数量，而这又会给平台另一边的消费者带来更大的间接网络外部性，从而吸引更多的消费者进行平台间转移①。由此，可以得到如下命题：

**命题 4－5**：B2C 平台对单属用户的补贴将影响市场两边用户的平台选择，补贴增加会降低消费者单属于敌对平台的激励，同时增强商家单属于自身的激励。

补贴改变了消费者/商家的效用函数，并使得其关于单属或多属的偏好发生改变。平台补贴越多，消费者/商家选择加入的激励就越强。同样，为了使结果具有可比性，我们仅考虑对称均衡。也就是说，两个 B2C 平台对单属商家的补贴是相等的，即 $a_1 = a_2 = a$。同时，平台在补贴给定的情况下进行价格决策。根据利润最大化的一阶条件，在对称均衡（即 $P_1^B = P_2^B = P^B$、$P_1^S = P_2^S = P^S$）时，可以得到如下方程组：

$$\begin{cases} \beta(t-\beta) - 2tP^B + \beta P^S + 2\beta a = 0 \\ \beta(t-\beta) - 2tP^S + \beta P^B - ta = 0 \end{cases} \tag{4-37}$$

求解方程组 4－37，可以得到纵向约束下的对称均衡价格：

① 这里我们假定市场两边用户的转移成本为零。

$$\begin{cases} P^{B,V2} = \dfrac{\beta(2t^2 - t\beta - \beta^2 + 3ta)}{4t^2 - \beta^2} \\ P^{S,V2} = \dfrac{(t-\beta)(\beta^2 + 2t\beta - 2at - 2a\beta)}{4t^2 - \beta^2} \end{cases} \tag{4-38}$$

其中，上标 $V2$ 表示纵向一体化的第二种情形——纵向约束。结合式 4－38 和式 4－20，可以得到表 4－2。

**表 4－2　　纯平台情形与纵向约束的比较**

| 用户组 | 纯平台情形 | 纵向约束 |
| --- | --- | --- |
| 消费者 | $P^{B,m} = \dfrac{\beta(t-\beta)}{2t-\beta}$ | $P^{B,V2} = \dfrac{\beta(2t^2 - t\beta - \beta^2 + 3ta)}{4t^2 - \beta^2}$ |
| 商家 | $P^{S,m} = \dfrac{\beta(t-\beta)}{2t-\beta}$ | $P^{S,V2} = \dfrac{(t-\beta)(\beta^2 + 2t\beta - 2at - 2a\beta)}{4t^2 - \beta^2}$ |

经过计算，可以得到：$P^{B,V2} - P^{B,m} = \dfrac{3ta\beta}{4t^2 - \beta^2} > 0$，$P^{S,V2} - P^{S,m} = \dfrac{2a(\beta^2 - t^2)}{4t^2 - \beta^2} < 0$，即 $P^{B,V2} > P^{B,m} = P^{S,m} > P^{S,V2}$。同时，有：

$$\frac{\partial(P^{B,V2} - P^{B,m})}{\partial a} = \frac{3t\beta}{4t^2 - \beta^2} > 0；\frac{\partial(P^{S,V2} - P^{S,m})}{\partial a} = \frac{2(\beta^2 - t^2)}{4t^2 - \beta^2} < 0。$$

事实上，可以将补贴额度视为纵向约束强度的测度指标。由此，可以得到如下命题：

**命题 4－6**：与一般情形相比，当两个 B2C 平台都通过补贴单属商家的方式来实行纵向约束时，消费者所面临的价格将提高，而商家面临的价格将有所降低。同时，纵向约束强度的提高会导致消费者面临的价格上涨幅度增大，并使得商家获得的价格下降幅度逐步减少。

命题 4－6 所对应的情况是，平台企业将商家一边作为战略重点。对于 B2C 平台而言，实施纵向约束能够产生两种效应：一是通过补贴或其他方式改变商家的行为约束，从而促使其更多地选择单属；二是平台上商家（尤其是单属商家）数量的增加将增大平台另一边消费者可以获得的间接网络外部性，即增强消费者加入的激励。而为更大程度地发挥纵向约束的作用，B2C 平台会降低其对商家的定价。也就是说，在通过纵向约束锁定一部分商家的同时，降低价格以吸引更多的商家加入，从而进一步提高对消费者的吸引力。由于在消费者一边市场势力的增强，B2C 平台可以提高其对消费者收取的价格。同样，如果将对消费者的收费视为广告给消费者带来的负效应，那么平台就可以从中获得更多的广告收益。另外，随着平台所实施纵向约束强度的提高，其对消费者的锁定能力将进一步增强，因而，能够对消费者制定更高的价格。相应地，当平台上消费者一边的用户黏性因为平台纵向约束而增强后，受间接网络外部性的影响，平台相对于商家一边而言，就更具有市场势力和议价能力。于是，B2C 平台给予商家的价格减免额将逐步缩小，最终可能回归到一般情形下的价格水平。

在分析中，我们仅考虑了对称均衡。如果考虑非对称均衡，即只有原本市场份额较大的平台 1 进行纵向约束。这时原本单属于平台 2 的部分商家将向平台 1 转移，选择多属的商家减少。同时，平台 1 对消费者的吸引力将增强，因而，也可以获得高于平台 2 的市场势力和定价能力。毫无疑问，平台 1 将会从纵向约束中受益，并对平台 2 产生排斥作用。另外，如果考虑到消费者的异质性，纵向约束的作用将会受到一定的限制。然而，如果市场中存在一个独一无二且消费者对其有刚性需求的商家，那么平台对该商家实行纵向约束能够同时达到锁定消费者和排斥市场竞争的作用。

将均衡价格 $P^{B,V2}$ 和 $P^{S,V2}$ 代入式 4－33 至式 4－36，可以得到市场均衡中两个平台企业上的单属用户数量为：

$$\begin{cases} n_1^{B,V2} = n_1^{B,V2} = n^{B,V2} = \dfrac{4t^4 - 2t^3\beta - 4t^2\beta^2 + t^2a\beta - t\beta^3 - a\beta^3 + \beta^4}{(t^2-\beta^2)(4t^2-\beta^2)} \\ n_1^{S,V2} = n_1^{S,V2} = n^{S,V2} = \dfrac{4t^4 - 2t^3\beta + 2t^2a - 4t^2\beta^2 + t\beta^3 - 2ta\beta^2 + \beta^4}{(t^2-\beta^2)(4t^2-\beta^2)} \end{cases} \tag{4-39}$$

同时，两个平台的均衡利润为：

$$\pi^{V2} = \pi_1^{V2} = \pi_2^{V2} = P^{B,V2}(1-n^{B,V2}) + P^{S,V2}(1-n^{S,V2}) - n^{S,V2}a \tag{4-40}$$

同样，结合式 4－21，在限定单属数量 $n^{B,V2} \geq 0$、$n^{S,V2} \geq 0$、$P^{S,V2} > 0$ 的情况下进行数值模拟。其中，满足条件 $1 > t > \beta > 0$，且假定 $a < \beta$，以确保

数值模拟具有实际意义。

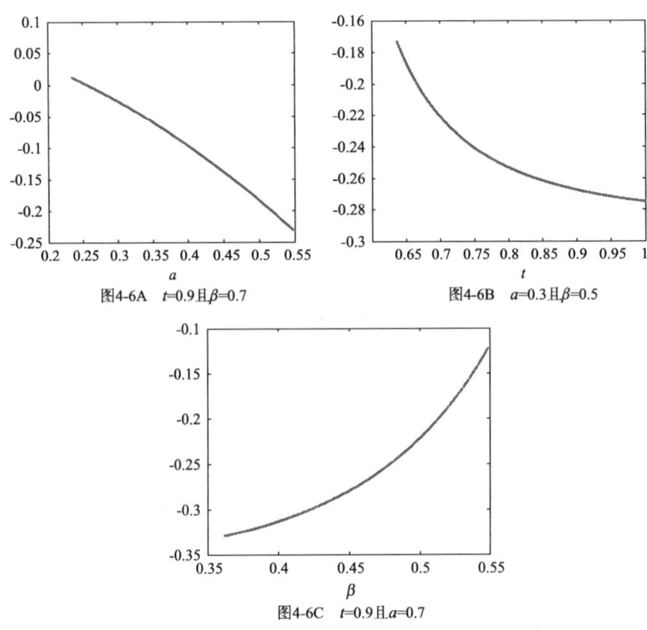


图4-6A　$t$=0.9且$\beta$=0.7

图4-6B　$a$=0.3且$\beta$=0.5

图4-6C　$t$=0.9且$a$=0.7

注：图 4 -6A、图 4 -6B、图 4 -6C 的横轴分别是单属补贴 $a$、平台服务差异化程度 $t$ 和间接网络外部性规模 $\beta$；纵轴均为纵向约束的利润增幅 $\pi_{V2}-\pi_m$。

**图 4 -6　纵向约束情形下市场结果的数值模拟**

根据图 4 -6 的所示结果，可以得到以下结论：其一，当平台服务差异化程度和间接网络外部性规模给定时（见图 4 -6A），B2C 平台通过纵向约束所获得的利润增幅与单属补贴负相关。这是因为间接网络外部性一定时，单属补贴只会增加平台企业的成本，而不会增加单属商家的数量。其二，当单属补贴和间接网络外部性规模给定时（见图 4 -6B），B2C 平台通过纵向约束可获得的利润增幅与平台服务差异化程度负相关。也就是说，平台服务的差异化形成对平台纵向约束行为的限制。其三，当单属补贴和平台服务差异化程度给定时（见图 4 -6C），纵向约束所引致的利润增幅与间接网络外部性规模正相关，这是因为间接网络外部性越大，单属补贴所导致的商家转移和商家单属越多，B2C 平台也就越有能力在消费者一边使用其市场势力。由此，可以得到如下命题：

**命题4－7**：在其他条件给定的情况下，B2C平台通过纵向约束可得到的利润增幅与平台服务差异化程度负相关，与用户所产生的间接网络外部性正相关。

最后，将两种纵向一体化情形下的均衡价格进行比较，可以得到：

$$\begin{cases} \Delta P^B = P^{B,V2} - P^{B,V1} = \dfrac{\beta(\beta^2 - 2t\beta + 3ta)}{4t^2 - \beta^2} \\ \Delta P^S = P^{S,V2} - P^{S,V1} = \dfrac{t\beta^2 - 2t^2 a + 2a\beta^2}{4t^2 - \beta^2} \end{cases} \quad (4-41)$$

从式4－41可知，补贴额度 $a$ 将影响两种情形下均衡价格的差异。求 $\Delta P^B$ 和 $\Delta P^S$ 关于 $a$ 的偏导数，可以得到：

$$\begin{cases} \dfrac{\partial \Delta P^B}{\partial a} = \dfrac{3t\beta}{4t^2 - \beta^2} > 0 \\ \dfrac{\partial \Delta P^S}{\partial a} = \dfrac{2\beta^2 - 2t^2}{4t^2 - \beta^2} < 0 \end{cases} \quad (4-42)$$

根据式4－42可知，如果将纵向一体化发展情形作为基准，那么平台纵向约束强度越大，将对消费者越不利，同时对商家的损害将减小。给定 $t = 0.7$、$\beta = 0.5$，$\Delta P^B$ 和 $\Delta P^S$ 与单属补贴 $a$ 的关系如图4－7所示。从图4－7可知，当 $a = 0$ 时 $\Delta P^B < 0$、$\Delta P^S > 0$，且 $\Delta P^B$ 随着 $a$ 的增大而增大，而 $\Delta P^S$ 随着 $a$ 的增大而减小；当 $a = 0.4$ 时，$\Delta P^B > 0$、$\Delta P^S < 0$。由此，可以得到如下命题：

**命题4－8**：以一体化发展为基准，随着纵向约束强度的增大，B2C平台在商家一边实行的纵向约束对消费者的损害越大，而对商家的损害将逐步减小。

如前所述，平台企业实行纵向一体化的目的主要在于培育市场和运营平台，而并非获取更大的利润。相反，平台企业对商家一边实施纵向约束，以提高自身市场势力和议价能力，并最终获取更大的利润。因此，纵向约束强度越大，自然会对消费者更加不利。相应地，平台企业无需通过降低价格来吸引更多商家的加入并确保纵向约束的作用发挥，因为纵向约束本身足以给商家选择单属提供有效激励。

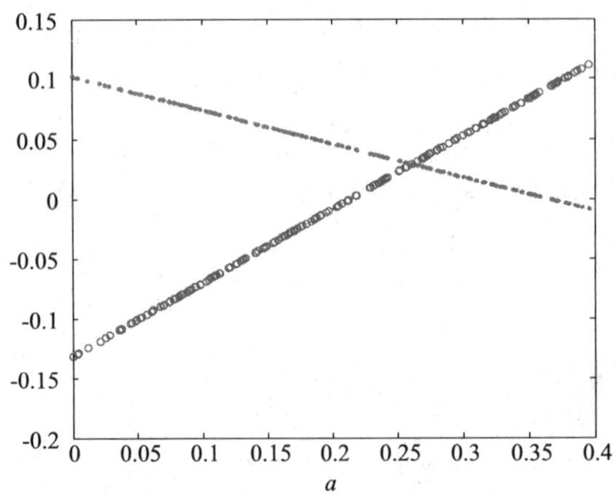


注：其中，$t=0.7$、$\beta=0.5$；圆圈曲线代表 $\Delta P^B$，实点曲线代表 $\Delta P^S$；横轴为单属补贴 $a$，纵轴为 $\Delta P^B$ 和 $\Delta P^S$ 的取值。

**图 4-7　纵向一体化发展与纵向约束的价格比较**

### 4.3.3　具体分析

要实现盈利性运营，双边平台必须妥善解决好用户协调问题，即确保市场两边用户都加入平台并在平台上进行大规模的互动和交易。在市场培育阶段，"分而治之、各个击破"是最为常用的策略（Caillaud & Jullien，2003），平台企业首先通过各种优惠政策引导市场一边用户的加入，并借助其所产生的网络外部性来吸引市场另一边用户的加入。其中，纵向一体化发展或者纵向约束是可选方式，它有助于双边平台获得一定规模的市场一边用户规模，从而成功"启动"平台运营。也就是说，平台企业通过纵向一体化①实现市场培育具有合理性。

在我国 B2C 网络购物行业的发展过程中，纵向一体化确实起到了非常重要的作用。其中，京东是纵向一体化发展的典型代表。从主打电子产品网络销售做起，京东培育了大量的固定消费者，这为其后来转向 B2C 双边平台奠定了坚实基础。与京东不同，天猫更多使用了纵向约束策略（即特

① 本书中所谓的纵向一体化是一个广义概念，具体包括纵向一体化发展、纵向兼并以及有类似作用的纵向约束等多种形式。

约商家）。天猫是阿里巴巴以 C2C 平台——淘宝为基础发展起来的 B2C 平台，淘宝所吸纳的消费者以及部分较大规模商家为天猫的成功运营提供了充足用户。天猫将入驻卖家限定为有一定规模的商家（主要是企业）而非个体零售商，并以此吸引支付意愿较高或者品牌偏好较强的消费者的进入，最终实现了 B2C 平台的有效运转，并且迅速占据了较大的市场份额。

毫无疑问，纵向一体化有力促进了京东和天猫这两个 B2C 平台的规模化发展。也就是说，市场培育阶段平台企业的纵向一体化行为是较为合理且必要的，它能够增进消费者剩余和社会福利。相比之下，我们更应该关注市场成熟阶段平台企业纵向一体化的竞争效应和福利效应。特别地，需要对不同形式的纵向一体化进行区别对待。在这一阶段，纵向一体化发展将不是主要考察对象，反垄断关注的焦点应该是纵向约束和纵向兼并。在双边市场中，两者的本质都是平台企业通过影响市场一边（即商家）的行为或决策来提高自身的盈利能力或者改变自身所受约束。而且，纵向约束可能造成对竞争对手的排斥以及对市场竞争的削弱，而纵向兼并则可能成为平台企业利用市场势力向其他市场扩张的有效手段①。此时，纵向一体化行为所产生的负面效应可能大于正面效应，因而，需要反垄断执法机构进行一定的干预。也就是说，对于进入成熟阶段②的双边市场，适当地关注和规制纵向一体化行为是有必要的。

## 4.4 小　结

在传统单边市场中，主导企业的纵向一体化很可能产生市场封锁等不利结果，因而是反垄断规制/执法的一个重要领域。相比之下，双边市场中的纵向一体化明显具有其特殊性。纵向一体化是平台企业实现用户协调

---

① 当然，在 B2C 网络购物中，纵向约束较为常见（例如，天猫可以跟某个品牌商家签订排他性销售协议，从而获得其他平台无法拥有的竞争优势），而纵向兼并甚少出现。

② 一般而言，双边市场成熟的标志有用户规模、交易频次、市场格局（大量平台消亡，最终形成寡头垄断格局）等。

的基本手段之一，它有助于内部化网络外部性并最终增进社会福利。因此，在如何对待双边市场中主导平台企业的纵向一体化行为方面还存在较大争议。为此，我们以纵向一体化行为较为普遍的 B2C 网络购物行业为例进行分析，以期深化对平台企业纵向一体化之竞争效应和福利效应的认识。

通过对纵向一体化发展和纵向约束①两种情形的分析，我们得到如下主要结论：第一，平台企业的纵向一体化发展将使得平台对消费者的收费将提高，同时对商家的收费将降低。其中，对消费者的收费实际上体现为更多的广告量以及由此产生的更多收益。第二，间接网络外部性越强，或者平台服务的差异化程度越低，平台企业实行纵向一体化所能得到的预期收益越大。也就是说，间接网络外部性是实行纵向一体化的正向激励，而差异化竞争将对平台企业施加一定的约束。第三，平台企业的纵向约束将改变商家选择单属的偏好，最终引起市场两边用户在不同平台之间的转移。第四，平台企业所实行的纵向约束将对市场两边用户（消费者与商家）带来方向相反的影响，且强度越大的纵向约束所产生的差异化影响越大。换句话说，更大强度的纵向约束将引致双边市场各类主体之间更大幅度的剩余/福利转移。

借助于理论分析和数值模拟，我们可以把握平台企业纵向一体化行为对双边市场竞争和社会福利的主要影响：一方面，平台企业的纵向一体化通常会损害市场一边用户的利益，同时也能够增加市场另一边用户的剩余；另一方面，平台企业通过纵向一体化能够获得更多利润，但其并不必然削弱市场竞争和损害社会总福利。特别地，各种形式的纵向一体化还是平台企业解决用户协调问题的一种重要手段，从这一角度来讲，其存在具有较高合理性。因此，在应对平台企业的纵向一体化行为时，反垄断执法机构可以根据其所处双边市场的发展阶段而采取略有差异的态度：如果目

① 在 B2C 网络购物情境中，纵向一体化发展和纵向约束分别表现为平台自营和单属/忠诚补贴。

标企业处于未成熟的双边市场，则对其纵向一体化行为持相对宽容的态度，因为该行为是实现用户协调和培育双边市场的一种有效策略；相反，如果目标企业所处市场已经发育成熟，则应当对其行为持相对严厉的态度，因为成熟双边市场中主导平台企业的纵向一体化行为将引致市场进一步集中。其中，天猫和京东所处的B2C市场已经非常成熟，因而，反垄断执法机构需要谨慎对待天猫所实施的强制“二选一”策略。毫无疑问，当面临此类情况时，反垄断执法机构需要详细调查平台企业的意图和平台两边用户的意愿，并综合考虑各方面情况做出判断。

值得强调的是，平台企业的纵向一体化行为将引起社会总剩余在市场不同参与方之间的再分配。因此，反垄断执法目标的合理选择（消费者剩余还是社会总福利）至关重要，这直接关系到反垄断执法机构对平台企业各种行为的相应评价、判断以及最终所做的决策。例如，如果反垄断执法的主要目标是保护消费者利益，那么成熟双边市场中主导平台企业的纵向一体化行为受到反垄断规制的可能性就很大，因为这些行为通常会损害消费者剩余。然而，如果反垄断执法旨在保护社会总福利，就需要对平台企业所实施行为的不同影响加以权衡。也就是说，平台企业的纵向一体化行为虽然会损害市场一方用户的利益，但是并不必然损害社会总福利。此时，允许平台企业进行效率抗辩极为重要。

当然，我们的理论模型较为简单，且仅通过考察价格变动来探讨平台企业纵向一体化的影响，因而，无法描述实际问题的全貌，还必须对相关问题进行深入分析，从而为反垄断执法机构的决策提供更加合理、可靠的依据。具体而言，未来主要可以从两个方面加以拓展：一是考虑平台间非对称性、更广泛的用户异质性、双边市场的高度动态性等因素，使得理论模型更加逼近现实情况；二是从短期与长期、局部与整体等多重视角出发，对平台企业纵向一体化的竞争效应和福利效应进行更加全面、细致的分析。

# 5. 平台企业兼并的潜在反垄断问题分析

经济学理论通常认为，市场是配置资源的最有效机制，且完全竞争的市场能够实现社会福利的最大化。然而，多种因素的存在会导致市场失灵，而垄断势力就是其中一种。竞争与垄断两者紧密相关，自由竞争会引发企业兼并且可能最终形成垄断或寡头垄断市场格局。同时，一定程度的市场垄断可能提高企业预期收益、投资激励以及市场竞争程度。因此，反垄断规制的目的并不在于消除企业的市场垄断地位，而是抑制主导企业滥用市场势力阻碍自由竞争并获取超额利润的行为。也就是说，反垄断规制的核心内容是制止垄断企业的反竞争行为，其中心作用在于维护市场公平竞争秩序、提高经济活动效率、切实保障社会福利。

由于网络效应以及常与之相伴的“赢者通吃”现象，成熟的双边产业通常会形成一家独大或寡头垄断的市场格局。而除了搜索引擎等少数产业外，多数双边产业的较高市场集中度都是在大量的平台企业兼并以及类似的交叉控股等过程中形成的。其中，网络约车、网络购物、网络旅游、第三方支付等就是典型的代表。因此，相对于传统市场，双边市场中的垄断威胁似乎更加严重，也更容易引起社会各界尤其是反垄断执法机构的垄断关切（Shapiro，1999）。特别地，在实施“互联网 +”和“大众创业万众创新”等国家战略的背景下，加强对双边市场的反垄断规制以确保市场公平竞争可能更加重要，因为它直接关系到创新型企业能否自由进入市场以及这些战略能否成功实施。

反垄断规制是一柄“双刃剑”，只有正确使用，才能真正达到消除垄断势力所致市场失灵这一目的，否则，将会造成更加严重的市场扭曲以及更大的社会福利损失。因此，找准问题是实施反垄断规制的基本前提。尽管与单边市场的界限日益模糊，但是双边市场确实有着自身的特性，这使得平台企业的较高市场份额与可以使用的市场势力以及获得超额垄断利润之间不再存在必然的联系。也就是说，我们不能将传统观点直接沿用于双边市场，而是需要具体问题具体分析。因此，本章将对平台企业兼并潜在的反垄断问题进行系统分析，其意义在于：第一，加强对平台企业兼并之竞争效应和福利效应的认识，为深化平台企业兼并理论分析奠定基础；第二，找准与平台企业兼并有关的反垄断问题，为反垄断规制以及制定相关竞争政策提供支持和指导。

如前所述，双边市场中的平台企业兼并通常会显著改变市场结构。相应地，我们通过分析平台企业兼并的两方面影响来考察潜在的反垄断问题：其一，平台企业兼并的反竞争效应，即通过横向兼并或纵向一体化获得垄断势力的平台企业是否以及如何影响市场公平竞争和社会福利；其二，平台企业兼并的间接福利效应，即平台企业兼并所引致的较高市场集中度将在长期内如何影响用户剩余和社会福利。

为此，我们首先简要讨论关于双边市场平台企业兼并的主要反垄断案例，以此为考察相关反垄断问题提供基本素材；其次，结合已有文献和具体案例分别考察平台企业横向兼并和纵向一体化的反竞争效应；最后，在长期视角下探讨平台企业兼并的福利效应。具体来讲，对于平台企业横向兼并，我们主要关注两种情形：其一，兼并完成后一家平台企业完全垄断市场；其二，平台企业兼并完成后市场形成寡头垄断结构。类似地，在考察纵向一体化时也聚焦于完全垄断平台企业的纵向一体化和寡头垄断平台企业的纵向一体化。

## 5.1 反垄断案例剖析

在双边市场快速发展和扩张的同时，各国反垄断执法机构旨在抑制平台企业反竞争行为的反垄断规制和诉讼也逐步增加。这些案例给产业组织理论尤其是反垄断经济学带来了严峻挑战，同时也给双边市场理论的发展创造了条件并指引了方向。除了平台企业兼并案例之外，我们还收集了双边市场其他方面的反垄断案例，以便为后文分析提供素材。其合理性在于，如果具有市场支配地位的平台企业有采取反竞争行为的激励，那么对平台企业兼并进行适当的反垄断规制、消除双边市场高度集中所带来的潜在威胁就十分必要。

### 5.1.1 谷歌收购 DoubleClick

基于自身在网络搜索市场的主导地位，近些年来，谷歌通过收购、兼并等方式快速实现了产业链扩张和业务多元化发展，并成为互联网领域的真正巨头。这一过程中，谷歌在世界各地遭遇了大量反垄断调查与诉讼。具体来讲，这些调查与诉讼主要包括 3 种类型：其一，谷歌进行横向兼并和纵向一体化，引起了反垄断执法机构的垄断关切；其二，谷歌利用自身优势地位排斥竞争对手，或者与其他平台企业签订协议以弱化竞争；其三，谷歌对不同地区的消费者、广告商等各类用户进行歧视性定价。本书的考察内容是同一双边市场中的同质或异质平台兼并及其反垄断问题，因而，这里仅考虑典型的平台兼并案例，主要包括谷歌收购 Double Click 和谷歌兼并 AdMob①。

2007 年 4 月，谷歌宣布将以 31 亿美元的天价收购网络广告公司 DoubleClick，并声称在整合 DoubleClick 之后，它们将能够为客户提供更加出色的网络广告目标、服务和分析工具。谷歌是目前全球最大的搜索引擎，它以提供免费网络搜索服务为基础，迅速渗透到了广播、视频、广告等领域，并且成为搜索广告领域的主导企业。同时，DoubleClick 是一家服务于

---

① 事实上，谷歌的收购或兼并案例主要是纵向一体化扩张或者产业链扩张，例如，谷歌收购 Android、谷歌收购内容分享平台 YouTube 等。其中，谷歌收购 YouTube 属于典型的纵向一体化扩张，因为 YouTube 上所产生的内容是谷歌搜索的重要对象。此外，谷歌与雅虎签订合作协议属于双边平台之间的合谋。当然，很多兼并并没有引发反垄断调查或诉讼，因此，我们并不对其进行分析。关于谷歌近些年发起的兼并，可以参见《历史回顾：Google 的十大高价收购》（http://36kr.com/p/40395.html）。

广告商和网站两类用户的中介平台，是从事网络广告管理软件开发和广告服务的主要企业之一。谷歌以高于 DoubleClick 上年经营收入 20 多倍的价格进行收购，其每年营业额将高达 288 亿美元。通过实现在搜索广告和在线显示广告两个领域的强强联合，谷歌进一步巩固了自身在网络广告市场中的优势地位，并继续拉大了与微软、雅虎这两个主要竞争对手的差距。

谷歌的收购使得网络广告市场的集中度迅速提高，这自然引发了社会各界尤其是竞争对手和反垄断执法机构的垄断关切。为此，欧盟委员会和美国联邦贸易委员会（简称为“FTC”）相继启动了针对谷歌的反垄断调查。然而，谷歌所运营的网络广告市场具有典型的双边性质，其结果是调查过程中各方观点出现了较大分歧。美国两位议员 Herb Kohl 和 Orrin Hatch 向 FTC 提交申请，要求其对谷歌的收购行为保持高度警惕，以免形成具有强大市场支配力量的互联网企业集团并最终损害竞争者和消费者的利益。

相反，谷歌一方则认为，这一收购交易将对消费者、广告商和网站发布者普遍带来好处。在美国参议院司法委员会的听证会上，谷歌首席法律顾问 David Drummond 声称，谷歌与 DoubleClick 具有不同的业务，两者之间的合并并不会导致市场垄断。他认为谷歌与 DoubleClick 之间的关系，与亚马逊和联邦快递的关系类似，即亚马逊销售书籍、联邦快递负责快递投送。对此，谷歌的主要竞争对手——微软则指出：“谷歌俨然既是亚马逊，又是联邦快递了，而他们现在是想买下邮局。”①

微软等竞争对手认为，谷歌占有网络搜索广告的大部分市场份额，而在收购 DoubleClick 之后，它将获得显示广告领域的市场支配地位。也就是说，谷歌会成为整个网络广告市场的主导企业，这将严重损害市场公平竞争秩序。

从各方主体的辩论来看，谷歌收购计划能否成功或者其是否会产生垄

① 具体参见：http：//www. forbes. com/2007/11/21/google – doubleclick – antitrust – tech – cx_wt_1121googledc. html。

断威胁，关键在于网络搜索广告和网络显示广告两个领域之间具体关系的界定。事实上，谷歌、微软、DoubleClick、雅虎等都是网络广告市场中的平台企业，但它们之间是异质竞争而非同质竞争的关系。特别地，由于用户既可以直接观看 DoubleClick 的显示广告，又可以通过谷歌的搜索服务看到在 DoubleClick 上发布的广告。因此，搜索广告与显示广告两者之间同时存在纵向关系和横向关系，因而，两者合并所产生的竞争效应并不明确。

经过调查、取证和辩论，FTC 与欧盟委员会相继通过/批准了谷歌的收购申请。2007 年 12 月，FTC 得出四票赞成、一票反对的表决结果，从而结束了将近 8 个月的调查。在声明中，FTC 表示：谷歌收购 DoubleClick 并不会大幅度削弱网络广告市场的竞争①。此后，欧盟委员会于 2008 年 3 月正式宣布：经过深入的市场调查，并未发现有证据表明谷歌收购 DoubleClick 将导致网络广告市场出现不良竞争；同时，微软、雅虎、AOL 等企业提供了可靠的替代性广告产品和服务，谷歌与 DoubleClick 合并并不会使得消费者丧失市场选择权，因而，谷歌收购潜在竞争对手——DoubleClick 并不会改变网络广告市场的竞争格局②。于是，谷歌高价收购 DoubleClick 的计划正式完成。

通过此次收购，谷歌获得了行业领先的显示广告平台，这将有助于其在网络广告市场竞争中取得重要优势③。谷歌于 2008 年 4 月发布的第一季度财务报表显示，其每股收益为 4.12 美元，高于上一季度的 3.79 美元，继续保持强劲增长。并且，通过收购 DoubleClick 获得的竞争优势将会进一步凸显，如此谷歌将在高速增长的网络广告市场中占据更大份额。同时，谷歌的收购交易也引发了网络广告市场的兼并热潮。继谷歌之后，雅虎以 6.8 亿美元收购 Right Media，微软以 60 亿美元收购 aQuantitve，WPP 集团

---

① 关于该案例的具体信息，可以参见新浪网提供的“谷歌 DoubleClick 并购案专题”（http：//tech.sina.com.cn/focus/Google_DB07/index.shtml）。

② 参见李远：“欧盟正式宣布批准谷歌收购 DoubleClick [EB/OL]”，赛迪网，2008 年 3 月 12 日，http：//www.ccidnet.com/2008/0312/1387351.shtml。

③ 参见中国新闻出版报社：“谷歌成功收购 DoubleClick [EB/OL]”，《中国新闻出版报》，2008 年 3 月 18 日，http：//www.chinaxwcb.com/xwcbpaper/html/2008－03/18/content_26901.htm。

以6.49亿美元收购24/7 Real Media，而AOL也收购了Tacoda①。这几大巨头都希望通过收购来增强自身的竞争力，并从日益庞大的网络广告市场中获取高额回报。

上述事实表明，尽管谷歌通过收购DoubleClick获得了较大的市场份额，但是它并未拥有可以滥用的市场势力。相反，其兼并行为使得主要竞争者纷纷效仿，这无疑引发了更加激烈的市场竞争。事实上，对于谷歌来讲，其收购DoubleClick的一个重要目的就是应对网络广告市场的竞争压力。作为搜索广告领域的主导企业，谷歌仍然面临着多重竞争约束。除现有竞争对手（包括传统广告企业和平台型广告企业）之外，它还需要应对议价能力提升的广告买方（即广告商）、网络内容提供商、市场潜在进入者以及可替代广告方式等的挑战②。也就是说，这一案例充分表明：作为双边市场的一种，网络广告市场的竞争十分充分，主导平台企业的横向兼并并不会显著削弱市场竞争；相反，随着市场价值的不断扩大，并存的几个寡头平台企业将会为争夺经济蛋糕而展开更加激烈的竞争。

### 5.1.2 谷歌兼并AdMob

2009年11月，互联网巨头谷歌宣布将以7.5亿美元收购AdMob，后者是一家以移动手机为基础平台的广告公司。虽然AdMob的规模很小，但是随着移动手机以及手机互联网的迅速普及，它将迅速增长并成为手机广告市场的主要企业之一。因此，谷歌、苹果等大型企业都试图收购AdMob，主导企业之间的争夺也使得AdMob的身价倍增。研究公司IDC预测，如果成功完成收购，谷歌在手机广告市场中的份额将提高至21%③。

① 参见“谷歌DoubleClick并购案专题”（http://tech.sina.com.cn/focus/Google_DB07/index.shtml）。

② 事实上，这体现了双边市场的一个特点，即：与传统单边市场的企业相比，双边市场中的平台企业将面临更多约束。在后续分析中，我们将对此进行详细讨论。

③ 参见“Google收购AdMob：移动广告新时代”（http://magazine.cyzone.cn/articles/201004/1728.html）。

也就是说，这一收购计划会显著提高市场集中度，因而，自然引起了竞争对手和反垄断执法机构的高度关注。FTC 也于 2009 年 12 月叫停谷歌的收购计划，并启动了反垄断调查程序。

谷歌认为，其收购 AdMob 将对出版商、开发商、广告商和消费者更加有利，因为手机广告会变得更有关联性，并且两者合并有助于降低广告成本、提高广告效果。然而，对于这一收购，市场中的其他相关主体持有明显不同的意见。谷歌的主要竞争对手微软和苹果认为，谷歌收购 AdMob 将形成手机广告市场的垄断。部分开发商也认为，收购完成后他们的可选择性将大幅减少，并且广告成本也将显著提高。相应地，FTC 也担忧谷歌在收购 AdMob 后可能会将其在搜索领域的市场势力扩张至手机互联网，并削弱手机广告市场中的竞争。

相反，另外一些企业或观察者则持肯定态度。例如，Twitter 手机应用程序开发商 Naan 的一位高管认为，谷歌收购 AdMob 并不会对应用软件开发商造成威胁，相反，最大的威胁来自于苹果与 Quattro 的合并。也有人认为，FTC 阻止谷歌的收购将不利于创新，这是因为互联网领域的创业者通常是通过出售公司获得回报，如果谷歌收购计划受阻，创业者将可能失去主要的获利途径，其创新激励也将大幅减弱。

事实上，此次反垄断调查的关键点在于相关市场界定。谷歌、苹果和微软等都是计算机网络广告市场的巨头，同时，它们也都在手机广告领域占有一定市场份额。不过，当时手机广告业务的市场规模仅约为亿美元，只占美国广告市场的 0.4%。也就是说，从短期来看，谷歌收购 AdMob 并不会对市场竞争和均衡结果产生重大影响。然而，伴随着移动智能手机的迅速普及，手机广告市场将会高速增长，并成为广告市场的重要组成部分。如果将 AdMob 所处相关市场界定为手机非搜索广告市场，那么 FTC 担心谷歌收购 AdMob 后将获得并行使市场垄断地位是非常合理的。然而，手机广告市场的快速变化和手机相关计划的发展会使得这种将手机搜索广告市场与手机非搜索广告市场一分为二的做法丧失合理性。另外，手机广告市场也是一个创新非常活跃的领域，不适当的反垄断规制可能会抑制经济主体的创新，从而造成更大的社会福利损失。

经过6个多月的调查，FTC最终于2010年5月以5比0的表决结果批准了谷歌兼并AdMob的申请①。在声明中，FTC表示：虽然谷歌收购AdMob确实可能引发严重的反垄断问题，但是相关市场的最新动向表明该收购所产生的反竞争效应非常小；特别地，苹果收购AdMob的主要竞争对手——Quattro Wireless，这将有效抵消谷歌收购AdMob的不利影响。因此，FTC认为谷歌收购AdMob并不会削弱手机网络广告这一新兴领域的市场竞争。

实际上，除了苹果应对举措所产生的市场冲击外，FTC做出该决定的主要原因就是新兴市场的快速变化使得反垄断规制的难度大增。同时，这一重要特性也使得相应市场较少有进入壁垒。在此次反垄断调查中，主要存在两个争议：其一，如何界定计算机广告市场与手机广告市场的关系。涉案当事人都是典型的平台企业，从整个广告市场来看，谷歌收购AdMob属于典型的平台企业横向兼并，这无疑会强化谷歌的市场支配地位。然而，部分学者认为不应当将两个市场合二为一。例如，哈佛商学院国际商业管理教授David B. Yoffie认为，尽管谷歌在互联网搜索广告市场具有主导地位，但是其在手机广告市场却只占较小份额；这一市场受苹果等其他公司的影响更大，谷歌收购AdMob反而有可能强化市场竞争。其二，移动互联网中的新兴市场是否存在有效的进入壁垒。通常认为，互联网具有高度创新性，这将使得相关市场不存在进入壁垒。如果这一观点符合实际，那么市场中的平台企业兼并可能并不会削弱市场竞争，甚至还可能加剧市场竞争（谷歌与苹果之间的激烈竞争也印证了这一点②）。

### 5.1.3 荷兰花卉拍卖市场合并

2006年10月，荷兰两家主要的花卉拍卖市场——FloraHolland（以下

---

① 具体参见：http：//www. nytimes. com/2010/05/22/technology/22admob. html。

② 参见“纽约时报：苹果谷歌反目成仇的秘密”（http：//www. csdn. net/article/2010 - 03 - 15/275602）。

简称为“花荷”）和 Aalsmeer Flower Auction（以下简称为“阿斯米尔”）在荷兰海牙签订了合并意向书。其中，花荷占花卉拍卖市场的份额为54%，而阿斯米尔大约占44%的市场份额。也就是说，两家合并之后新成立的花荷占荷兰花卉拍卖市场的总份额将高达97%~98%。无疑，这种将产生接近完全垄断格局的合并自然会引发社会的垄断关切。同时，花荷和阿斯米尔还是全球最大的两家花卉拍卖市场，因而，该合并也必然会显著改变世界市场竞争格局。为防止过度集中可能产生的垄断问题，荷兰竞争管理局启动了针对该合并申请的反垄断调查程序。

花卉种植者认为，两大拍卖市场合并将使得他们丧失对拍卖中心的自由选择权，这可能导致拍卖价格降低和利润减少。然而，荷兰花卉拍卖协会与花荷公司本身却认为合并是必然趋势，这将有助于增加拍卖参与者的可得收益。花卉拍卖协会主席 Doeke Faber 认为，由于花卉拍卖市场具有拍卖钟和交易协调两大功能，合并将产生多方面的好处，主要包括避免重复包装、统一拍卖过程与标准、降低协调与管理成本、提高服务质量、扩大拍卖市场对原有订单交易购买者的吸引力等。同时，协会顾问 George Frank 强调，拍卖市场合并并不会减少种植者的选择，相反将增加他们的选择，这是因为拍卖市场是由种植者共同出资组建的合作组织，在合并后种植者只须缴纳一次管理费就可以同时在多个拍卖市场上进行拍卖（孔海燕，2007a）。阿斯米尔执行主席 Timo Huge 则认为，拍卖市场合并是应对花卉市场国际化趋势、满足日益增长的差异化需求、确保国际市场供需平衡、降低拍卖市场交易与管理成本、提高荷兰花卉企业以及拍卖市场国际竞争力的必要举措（Beytes，2007）。

花卉拍卖市场为购买者和种植者两方服务，属于典型的双边市场。同时，拍卖市场是以种植者为会员共同出资组建的合作组织，也即具有与信用卡组织——Visa 和 MasterCard 同样的性质。在调查中，荷兰竞争管理局将相关市场界定为“观赏园艺产品交易市场”，包括拍卖市场以及直销、电子商务和中间贸易等其他销售渠道（林平和刘丰波，2014）。这一定义考虑了广泛的花卉市场，此时两大拍卖市场的市场份额大幅降低，因为荷兰有大约50%的花卉是通过订单交易购销的。也就是说，荷兰竞争管理局全面考虑了各种花卉销售渠道之间的可竞争性①。在详细调查并征询花卉种植者、购买者的意见后，荷兰竞争管理局于2007年8月批准了这一合并申请。

在花荷和阿斯米尔两家拍卖市场的会员投票表决中，两大市场分别以77%和85%的赞成率通过了合并计划。这一合并于2008年1月1日正式完成，合并后新成立的拍卖市场将实现40亿欧元左右的年销售额（孔海燕，2007b）。市场预期新拍卖市场将大幅提高荷兰花卉拍卖系统的实力，这将有助于降低市场运营成本、实现花卉拍卖各环节的标准化运作，同时能够提高花卉产品的多样化程度，更好地满足购买者的需求。从这一视角来讲，双边市场平台兼并可能是增进而非损害社会福利。

### 5.1.4 双边市场其他案例

在表5-1中，我们列举了一些涉及双边市场平台企业的反垄断案例。根据这些案例，可以看到：与单边市场不同，尽管涉案或被调查的平台企业拥有较高的市场份额，但是这并不意味着其拥有市场势力；同时，是否需要将平台企业的行为界定为反竞争行为会受到多重因素的影响，因而，难以得到完全满足各方诉求的决策；最后，反垄断调查/诉讼的决策是反垄断执法机构权衡利弊的结果，它通常是局部或者阶段性的最优结果，但双边市场的多变性和动态创新性会使得相应决策在长期来看可能并非是最优的。可以说，平台企业兼并或者双边市场的高度集中对市场竞争和社会福利的影响并不确定。接下来，我们将对此进行详细讨论。

① 与谷歌收购DoubleClick案例类似，这里竞争当局也非常重视平台企业遭遇多重竞争约束这一事实。

**表 5-1　　双边市场的其他反垄断案例**

| 年份 | 原告/规制机构 | 被告/被规制对象 | 相关市场 | 缘由 | 涉嫌反竞争行为 | 处理结果 |
|---|---|---|---|---|---|---|
| 1998 | 美国司法部 | Visa 与 MasterCard | 信用卡服务 | 原告指控被告违反美国反垄断法，其违法行为包括“双重控制”和“排他性竞争” | 合谋；排他性竞争 | 2004 年 10 月，美国最高法院判定被告的“排他性竞争”行为违法，但“双重控制”并不违法反垄断法 |
| 1999 | 德国 15 家电信运营商、欧盟委员会 | 德国电信公司 | 电信服务 | 德国电信公司实行较高的批发价格，排挤竞争对手 | 价格挤压 | 2003 年欧盟委员会认定被告构成滥用市场支配地位，要求其停止相关行为并处以 1260 万欧元罚款 |
| 2004 | Daum 通讯、RealNetworks、韩国公平贸易委员会 | 微软 | 操作系统 | 微软利用在操作市场中的市场主导地位搭售即时通信软件、捆绑媒体播放器，涉嫌限制市场竞争 | 捆绑、搭售 | 处以 3200 万美元罚款，且要求微软另外提供没有捆绑和搭售的操作系统 |
| 2004 | 欧盟委员会 | 微软 | 操作系统 | 微软垄断个人电脑操作系统市场 | 捆绑 | 罚款 4.97 亿欧元，强制微软剥离操作系统中的媒体播放器。经过多番博弈，至 2012 年最终结案，罚款金额确定为 8.6 亿欧元 |

续表

| 年份 | 原告/规制机构 | 被告/被规制对象 | 相关市场 | 缘由 | 涉嫌反竞争行为 | 处理结果 |
|---|---|---|---|---|---|---|
| 2004 | 美国加州若干城市政府 | 微软 | 操作系统 | 微软对操作系统不合理定价 | 掠夺性定价 | |
| 2004 | 日本公平贸易委员会 | 微软 | 操作系统 | 微软涉嫌迫使PC销售商接受一些强制性条款 | 纵向限制 | |
| 2005 | 沃尔玛等 | Visa、MasterCard以及多家银行 | 信用卡服务 | 原告指控被告合谋抬高信用卡使用手续费 | 合谋垄断定价 | 2013年年底各方达成和解，被告大约支付60亿美元赔偿，并承诺调低手续费。同时，沃尔玛跳出和解协议，并单独提出赔偿要求 |
| 2007 | Wanadoo Espana公司 | Telefonica公司 | 互联网宽带服务 | 被告涉嫌滥用市场支配地位，通过设定不公平价格以挤压市场竞争对手 | 价格挤压 | 欧盟委员会要求被告停止相关违法行为，并处以1.52亿欧元的罚款 |
| 2008 | 美国司法部 | 谷歌<br>雅虎 | 网络广告 | 谷歌与雅虎签订的合作协议允许谷歌为雅虎提供搜索广告 | 合谋 | 被告放弃协议 |
| 2009 | 美国联邦贸易委员会 | 谷歌<br>苹果 | 多个互联网领域 | 两家公司共享董事会 | 交叉持股 | 谷歌CEO辞去苹果董事会中的职务 |

续表

| 年份 | 原告/规制机构 | 被告/被规制对象 | 相关市场 | 缘由 | 涉嫌反竞争行为 | 处理结果 |
|---|---|---|---|---|---|---|
| 2009 | 意大利报纸编辑联合会 | 谷歌 | 搜索引擎 | 谷歌强制要求所有新闻媒体共享资源，否则，会将其剔除出搜索结果 | 纵向限制 | 谷歌承诺不会剔除任何搜索结果 |
| 2009 | 美国司法部 | 谷歌 | 搜索引擎 | 2005年起谷歌与出版社达成协议，将出版书做成电子版，这可能加重谷歌在搜索市场的份额 | 知识产权侵权、捆绑 | 和解 |
| 2009 | 唐山市人人信息服务有限公司 | 百度 | 搜索引擎 | 原告指控百度在自然搜索排名结果中全面屏蔽自己的全民医药网 | 垄断定价 | 原告败诉 |
| 2010 | 欧盟委员会 | 谷歌 | 网络广告 | 谷歌涉嫌利用其网络广告垄断地位随意打压厂商 | 价格歧视 | |
| 2011 | 中国发改委价格监督检查与反垄断局 | 中国电信<br>中国联通 | 互联网宽带服务 | 被告对不同客户的接入服务实施差别定价 | 价格歧视 | 被告实行整改 |
| 2011 | 奇虎360 | 腾讯QQ | 即时通信软件和服务 | 原告指控被告利用市场支配地位排斥竞争 | 排他行为 | 原告败诉 |
| 2012 | Bottin Cartographes公司、法国商事法庭 | 谷歌 | 在线地图 | 谷歌为企业免费提供谷歌地图API | 掠夺性定价 | 谷歌向Bottin Cartographes公司交付50欧元赔款 |

续表

| 年份 | 原告/规制机构 | 被告/被规制对象 | 相关市场 | 缘由 | 涉嫌反竞争行为 | 处理结果 |
|---|---|---|---|---|---|---|
| 2015 | 欧盟委员会 | 亚马逊 | 电子书 | 亚马逊在与欧盟各出版商签订关于电子书业务的条约中规定：出版商与亚马逊的竞争对手签订合同时，如果提供给竞争对手更有利的条件，则需要向亚马逊通报 | 纵向限制 | |
| 2015 | Spotify 等数字音乐流媒体服务商 | 苹果 | 移动手机应用服务 | 苹果利用移动终端方面的市场势力进行不合理的接入定价 | 排他性定价 | |
| 2016 | 卡巴斯基 | 微软 | 杀毒软件 | 原告认为被告在Windows 10 系统中内置杀毒软件属于捆绑行为，这会损害杀毒软件市场竞争 | 捆绑 | |

注："年份"是指反垄断调查或诉讼发生的时间。

资料来源：作者收集整理所得。

## 5.2 横向兼并的反竞争效应

在前面的平台企业兼并反垄断案例中，可以看出平台企业横向兼并对市场竞争的影响并不明确：一方面，竞争对手通常认为平台企业兼并将打破现有格局并损害市场竞争；另一方面，若干平台企业兼并最终都引致了更加激烈的市场竞争。因此，本节将详细讨论双边市场平台企业横向兼并可能产生的反竞争效应。具体而言，本节将通过分析横向兼并可能引致的反竞争行为及其主要影响因素，来探讨平台企业横向兼并是否会产生反竞争效应。同时，根据产业组织理论相关文献，同样将横向兼并的反竞争效应分为单边效应和协调效应两类。

### 5.2.1 横向兼并的单边效应

所谓兼并的单边效应（Unilateral Effects）①，是指兼并企业通过兼并获得了市场势力的增强，因而不需要与其他企业进行协调便可以单独提高其产品价格、减少产量或者限制竞争等。早期反垄断规制主要考察企业合谋问题，针对单边效应的讨论开始较晚，这一概念直到 1992 年才首次被美国引入到《横向并购指南》中。持续的企业兼并最终将会使得市场形成寡头垄断格局，而单边效应理论主要以古诺模型和伯特兰模型为基础，因此单边效应比协调效应更加普遍②，也更应当被列为反垄断规制的主要关注点。对于市场集中度通常较高的双边市场，似乎更有理由也更应该关注平台企业横向兼并的单边效应③。根据定义，如果获得市场势力的平台企业能够单方面采取反竞争行为，那么平台企业横向兼并就会产生单边效应。下面，我们着重探讨几种潜在的单边行为：

---

① 在《欧盟合并规制》中，单边效应也被称之为“非协调效应”（Non - coordinated Effects）。

② 事实上，用“单边”一词并不是说企业之间的行为不会有相互影响，或者说非兼并企业不会对兼并采取应对措施，而是强调所有企业尤其是兼并企业可以单方面采取能够实现自身利润最大化的行为或策略。平台企业兼并（主要是横向兼并）之所以可能产生反竞争效应或者兼并后的新企业竞争性减弱，是因为参与者通过兼并内部化了原有企业之间的竞争，并使之改变各自的行为。此时，如果非兼并竞争对手的行为决策模式在兼并前后并未发生变化，那么兼并企业的反竞争行为就是单边的。特别地，只要企业之间没有进行协调，那么即使非兼并竞争对手在兼并后采取与兼并前不同的行为（并且这种改变使得兼并企业盈利增加），相应的影响仍然是单边效应（Werden & Froeb，2008）。

③ 关于横向兼并中单边效应的定义、识别、测度等内容，可参见综述性文献 Werden & Froeb（2008）、张兴（2011）等。

5.2.1.1 掠夺性定价

对平台企业而言，向市场某一边收取低于平均可变成本、边际成本甚至小于零的价格可能是有利可图的。Evans（2003a）等经验研究也表明，双边市场中低于成本的定价非常普遍，稳定的市场均衡通常具有这一特征。因此，不应当将平台企业的这种定价模式武断地视为旨在排斥竞争的掠夺性定价[①]。然而，平台企业也有可能通过实施掠夺性定价来抑制竞争：其一，对市场一边进行掠夺性定价，以阻止其他平台企业成功获得该边用户；其二，对市场两边都采取掠夺性定价，以封锁竞争对手或阻碍市场进入。由于大量不确定性的存在[②]，掠夺性定价通常很难成功实施，这在竞争性双边市场中尤其如此：竞争对手可以通过采取相反的操作、提供差异化的产品/服务或者进行长期价格战等方式，最终获得必要的临界规模，并实现成功运营（Carlton & Perloff，2005）。

而当平台企业通过兼并获得市场支配地位后，掠夺性定价的可能性将大幅提升：为了排挤竞争对手或者阻止潜在进入者进入，主导或完全垄断的在位平台企业可以通过对一边用户进行掠夺性定价并从市场另一边用户处收回损失[③]；足够大的市场份额以及交叉网络外部性的存在，可以有效保障企业的当期或未来盈利性，并在与竞争对手可能的价格战中占据优势。特别地，掠夺性定价可能有助于阻止潜在进入者获得临界规模，这也进一步提高了该策略对主导企业的吸引力。在不对称的寡头垄断市场中，在位的主导平台企业可以通过掠夺性定价来排斥效率更高但尚未达到临界规模的竞争对手，并且这种行为出现的可能性与市场成熟度以及在位者的客户基础成正比（Motta & Vasconcelos，2012）。例如，在美国加州若干城市政府与微软案、法国商事法庭与谷歌案中，被告都被指控采取了掠夺性

① 例如，Behringer & Filistrucchi（2011）对报纸业的价格战进行了考察，并认为读者一边的较低价格并不足以表明掠夺性定价的存在，必须通过其他方式进行深入分析。

② 排除竞争对手并且在未来获得足以弥补现阶段损失的利润，是企业进行掠夺性定价的基本前提。然而，这种预期收益是不确定的，会受到多种因素的影响。

③ 对于平台企业来讲，掠夺性定价的具体形式包括予以（实物或优惠券）补贴、价格减免、提供免费产品或服务等。

定价，其共同特点是占据主要市场份额。也就是说，横向兼并能够提高平台企业实施反竞争掠夺性定价的能力。

5.2.1.2　排他性交易

在双边市场中两边用户的需求相互依赖，当网络外部性为正时，一方用户数量的增加会提高平台对另一方用户的吸引力。于是，平台企业有进行排他性交易的激励，即与市场一边或两边用户签订独家协议以将其“绑定”在平台之上。同时，两边用户也有参与排他性交易的激励，因为更大的网络外部性可以为他们带来明确收益[①]。即在理论上，平台企业可以通过排他性交易获得市场势力并且排除竞争对手（Armstrong & Wright，2007）。然而，如果平台企业原本并不具备市场势力，那么排他性交易通常很难成功，因为竞争对手可以通过提供差异化产品/服务、采取不兼容策略等方式加以应对。此时，排他性交易可能有利于市场进入，且对社会福利有着不确定的影响（Lee，2013）。例如，高洁等（2014）发现，媒体平台独家交易行为对社会福利的影响，主要取决于消费者一方的广告偏好程度以及独家交易给消费者带来的溢价大小。

与一般情形不同，兼并完成后的主导企业或垄断企业更有可能获得排他性交易的潜在收益：一方面，平台企业能够通过排他性交易阻止竞争对手达到成功运营所必需的临界规模，从而排斥竞争对手或阻止市场进入。由于存在交叉网络外部性，平台企业通过排他性交易可以锁定一边用户，并使得竞争对手无法获得市场另一边的用户（Doganoglu & Wright，2010）。另一方面，完成兼并后平台企业有能力运营多个差异化的平台或者提供高度差异化的产品/服务[②]，以此满足用户的多样化需求，并抑制潜在的差异化竞争。另外，在寡头垄断市场中，平台企业可以通过排他性交易减少用户的多属比例，这可能降低市场竞争程度。同时，如果市场中存在严重的信息不对称，那么排他性交易将会导致市场无效率（Halaburda & Yehez-

---

① 就单边市场而言，芝加哥学派的一个主要观点是：消费者通常不会愿意参与排他性交易，因为这会减少他们的可选择性，并且他们并不能确定此时的收益会大于成本。

② 例如，作为社交领域的主导企业，腾讯同时提供QQ、微信、腾讯微博等多个社交平台。

kel，2013）。考虑到独家经销、忠诚折扣等行为的普遍性，在审查平台企业横向兼并时，必须考虑排他性交易的危害①。

5.2.1.3　捆绑与搭售②

在传统单边市场情境中，Whinston（1990）证明，如果商品 B 市场存在规模效应，那么商品 A 的垄断卖家在某些条件下，通过搭售协议获得商品 B 市场中的垄断地位是有利可图的，这一条件是通过搭售能够排斥商品 B 的其他卖家。同时，搭售是否会损害社会福利主要取决于市场现状。毫无疑问，双边市场的情况远比单边市场复杂。在扩展 Whinston（1990）的模型后，Li（2009）发现，只要网络外部性足够强，搭售对于平台企业而言都是有利可图的，即使其搭售并不具有排他作用。也就是说，市场份额较大的平台企业通常会有搭售或捆绑销售的激励。在市场集中度较低的市场中，平台企业采用搭售会损害竞争对手并增加自身收益，同时，可以作为有激烈竞争偏好的可信承诺。此时，各企业之间往往会陷入搭售的囚徒困境（Li，2009）。例如，在寡头结构的媒体市场中，每家企业都会捆绑更多的广告以提高总利润（Godes 等，2009）。由于存在网络外部性，平台企业对市场一边进行搭售会对其产生直接影响以及来自市场另一边的间接影响。因此，不论是竞争市场，还是垄断市场，搭售或捆绑对市场两边用户的福利效应并不明确（张凯和李向阳，2010）。例如，信用卡组织强制实行的搭售可能会损害部分卖家的利益，但却能够增进消费者的收益（Rochet & Tirole，2008）。因此，对于兼并后具有垄断或寡头垄断地位的平台企业的搭售或捆绑行为，应该有更加审慎的考察，关键在于分析搭售的目的、成本收益以及市场性质等。

在某些情况下，利润最大化定价要求企业对市场一边收取负价格，但在实际中负价格是不可行的。此时，如果企业通过搭售来实现负价格，那么当网络外部性较强时，这种搭售就能够增进社会福利，因为它起到了协

---

① 当市场异质性较小时，排他性交易对社会福利的潜在危害更大。

② 我们不对两者进行严格区分。

调用户需求的作用（Amelio & Julien，2012）[①]。然而，如果平台企业通过捆绑来进行纵向或横向产业链扩张，那么这种行为将损害社会福利。例如，Edelman（2015）认为，谷歌通过捆绑与搭售将自身在搜索领域的市场势力向其他市场扩张或渗透，这种行为有违反反垄断法的嫌疑[②]。同时，实行搭售或捆绑也会产生成本，其中协调成本是主要部分。如果协调成本过高，则捆绑就可能会损害社会福利[③]。最后，主导企业的搭售或捆绑通常会将多个平台连接在一起。此时，用户能否多属以及用户是否具有异质偏好，将在很大程度上影响搭售与捆绑的反竞争效应和福利效应。例如，Choi（2010）对微软公司 Windows 操作系统搭售 Windows Media Player 的福利影响进行了理论分析，其结论是：如果消费者单属且有同质偏好，那么排除竞争者的搭售/捆绑也能够增加社会福利；同时，如果消费者多属，那么搭售并不能够排除竞争者，此时社会福利必然会增加。总之，实行横向兼并后，平台企业进行搭售/捆绑的激励将增强。相应地，反垄断执法机构应当提前且全面地估计这类单边行为的反竞争效应和福利效应。

#### 5.2.1.4 价格歧视

在传统单边市场中，只有具有市场势力的企业才能够真正通过价格歧视来剥夺消费者的剩余并获得垄断利润[④]。否则，价格歧视将强化企业之间的竞争，并增加消费者剩余、增进社会福利[⑤]。然而，在双边市场中，价格歧视的福利效应却并不明确。间接网络外部性的存在可以强化市场竞

---

① 而在竞争情形中，这种搭售的福利效应却存在较大不确定性。

② 其中，捆绑的竞争效应和福利效应也是欧盟委员会与谷歌反垄断案的焦点。欧盟委员会认为，谷歌的捆绑销售削弱了市场竞争，并损害了市场中竞争者以及消费者的福利，属于典型的垄断行为，具体介绍可参见：http：//mobile. 163. com/16/0516/15/BN6RFQMN001168BQ. html。

③ 例如，Crawford & Yurukoglu（2012）对电视频道的捆绑销售进行了实证分析，结果表明，协商或谈判成本会抵消用户从捆绑销售中得到的收益。

④ 主流经济理论认为，能够实现利润最大化的价格歧视必须满足 3 个条件：第一，企业能够阻止市场中的套利行为；第二，企业能够识别消费者在支付意愿方面的差异（即能够识别需求价格弹性）；第三，企业必须具有市场势力。其中，第三个条件最受经济学家和政策制定者的关注。

⑤ 关于传统单边市场中价格歧视的详细介绍，可参见综述性文献 Armstrong（2006b）和 Stole（2007）。

争（Armstrong，2006a），因为平台企业有较强的降低价格以获取更多用户的激励。因此，在某些情况下，双边市场中的价格歧视能够营造竞争性环境并引致较低的价格和利润。然而，如果企业的边际成本相对低于交叉网络外部性，则相应价格歧视就能够增加平台企业利润并损害消费者福利，其原因在于双边市场中的价格歧视对竞争有着双重影响①：一方面，当平台企业能够进行价格歧视时，均衡中敌对平台的两个价格仅仅反映交通成本的差异，这种价格的可变性将减少利润（即产生负效应）；另一方面，价格歧视使得均衡中的组间外部性不相关，这将使得此时的利润相对高于统一定价下的利润，即产生正效应（Liu & Serfes，2013）。相关研究也证明，价格歧视的福利效应受市场特性的影响。例如，媒体市场中的价格歧视会对不同规模的广告商产生差异化影响（Busse & Rsyman，2005），并且直接作用于市场均衡结果（Roson，2007）。

基于西班牙地方电视台的最新数据集，Gil & Riera - Crichton（2012）在双边市场情境下对价格歧视与产品市场竞争之间的关系进行了实证检验。结果表明，与传统单边市场中的正相关关系不同，双边市场中价格歧视与市场竞争之间存在“U”型关系。也就是说，市场中竞争者数量越少或越多，平台企业也越可能进行价格歧视。如果忽视这种“U”型关系，那么价格歧视与市场竞争之间是严格的负相关关系，即价格歧视并不会促进市场竞争。如果平台企业可以进行两部门收费（即分为会员费与交易费），那么价格歧视的影响将主要取决于用户是单属还是多属：如果市场一边单属、另一边多属，那么价格歧视就能够提高平台企业的盈利性；如果市场两边都是单属且单笔交易费可以为负，那么价格歧视反而会损害平台企业的利益（Reisinger，2010）。换句话来讲，单属用户的福利将因价格歧视而受损，但是多属用户的福利却不受任何影响（Reisinger，2014）。特别地，平台企业可以将混合捆绑作为一种价格歧视手段，从而实现更好的市场分割。这种分割能够实现更有效的市场协调，最终能够提高社会福利

① 在传统单边市场中，价格歧视通常只有负效应而没有正效应。

(Chao & Derdenger, 2013)。就进行横向兼并的平台企业来讲，上述分析有两个启示：其一，获得较强市场势力的兼并企业将有激励和能力实行价格歧视，以实现自身利润的最大化；其二，主导平台企业的价格歧视对市场竞争和社会福利的影响取决于市场结构和用户特征。考虑到价格歧视在双边市场中较为普遍（参见表5-1中的相应案例），反垄断执法机构在审查横向兼并时，应当对此进行前瞻性分析。

除以上几种外，双边市场横向兼并中的单边行为可能还包括兼容性选择、接入定价等。针对具体横向兼并申请的反垄断调查，反垄断执法机构应当采用定性和定量方法综合考虑其可能存在的单边效应，以免因为不恰当地通过兼并申请而损害社会福利①。

### 5.2.2 横向兼并的协调效应

协调效应（Coordinated Effects），是相对于单边效应而言的，它是指企业之间的横向兼并使得非兼并企业改变自身策略并形成某种形式的（默契）合谋或者加强已经存在的合谋②。或者说，协调效应是指横向兼并为企业之间的合谋创造了有利条件（Motta, 2004）③。然而，在某些情况下，横向兼并也会加大市场的不对称性并增强少数企业的市场势力，这将使得合谋更加困难（Compte等，2002；Kuhn, 2004；Vasconcelos, 2005）。也就是说，横向兼并的协调效应并不必然有利于合谋（Motta, 2004）。

网络外部性是双边市场存在的基本前提之一，是以同一领域内的平台企业通常较少。那么，双边市场平台企业的横向兼并是否会产生损害市场竞争的协调效应，便是值得思考的问题。上述案例表明，平台企业之间既

---

① 也就是说，反垄断执法机构应当尽可能地规避第二类错误。

② 实际上，协调效应的理论基础主要是合谋理论。关于协调效应的详细讨论，可参见Kuhn (2008)、陈璐（2015）等。

③ 得出这一结论的主要依据包括：其一，大量的横向兼并最终将减少市场中的企业数量，并且各个企业之间的资产或市场规模将更加平均，此时更容易通过相互协调形成合谋；其二，随着市场中企业数量的减少，企业间的交互将更加频繁，合谋者之间的相互监督更为容易，背离合谋遭受惩罚的可信度也更高，此时的合谋更有可能得到维持；其三，企业兼并的目的在于弱化市场竞争和增加利润，当市场中竞争对手减少时，企业实行合谋而非激烈竞争的激励将更大。

可能进行默契合谋，又可能有公开的联合经营/交叉持股。下面我们分别从这两个方面来考察平台企业横向兼并可能产生的协调效应。其中，考虑到竞争者数量较多会提高协调行为的难度，因此，本节的讨论基于一个基本假设，即平台企业横向兼并使得双边市场最终形成寡头垄断结构①。

5.2.2.1 横向兼并与默契合谋

市场竞争将导致企业的经济利润减少，且均衡利润在长期将趋于零。因此，企业有默契合谋以限制竞争并将价格提高至竞争水平之上的内在激励。一般而言，合谋的稳定性与企业数量负相关，因而，横向兼并可能有助于促成合谋。但同样，企业偏离合谋均衡的潜在收益也通常与企业数量负相关，因而，横向兼并并不必然会产生有利合谋的协调效应②。

在双边市场中，试图合谋的平台企业必须在市场两边都达成协议。如果几个寡头平台企业仅就市场一边达成卡特尔式定价协议，此时企业将有在市场另一边展开竞争以获取更多利润的激励。毫无疑问，与单边市场相比，双边市场情境中的合谋更加难以维持③，这是因为在其他条件不变的情况下，多个价格的存在使得成功合谋需要有更多的协议和监督。即使不存在这个问题，较强的交叉网络外部性也会增加从削减价格（即背离协议）中得到的预期收益，这无疑会降低合谋的稳定性（Ruhmer，2011）。同时，Evans & Schmalensee（2007）特别强调，平台企业在市场一边的激烈竞争将会削弱其在另一边进行合谋的盈利性。也就是说，针对市场一边的不完全合谋的实际盈利性，将取决于非合谋一边市场竞争的强度。

另一个重要问题是，合谋将如何影响企业利润和社会福利。显然，如果合谋能够维持，那么企业必然能够从中获利，这也是寡头垄断双边市场中平台企业默契地停止价格战的根本原因④。Gabszewicz & Wauthy（2004）

---

① 如前所述，这一假设的合理性在于设置“极端”情境：双寡头市场结构下的结论在多寡头或垄断竞争等其他情境下同样具有适用性。

② 关于传统单边市场中的横向兼并与合谋，可参见 Jacquemin & Slade（1989）。

③ 在单边市场中，默契合谋的稳定性取决于竞争者数量、产品异质性、市场透明度、不对称性、决策的不可逆性、R&D 等因素。

④ 对此，我国网络约车、网络购物等行业的实践均是典型例证。

考察了双寡头竞争情形，其中，市场两边用户都是异质的，且允许其选择多属。在纵向差异化框架下，他们讨论了网络效应的影响，其结论是：在单属情形下，唯一的内在均衡是各企业网络出现非对称规模，并且两家平台企业都获得正的利润；相反，当所有代理人都可以多属时，均衡中只会有市场一边出现多属，而两家平台企业都获得正利润的唯一均衡必定是双方合谋这一结果。同时，如果市场主体之间存在信息不对称，那么默契合谋可能会损害用户剩余和社会福利。例如，在城市晚报情境中，吴昌南（2014）发现，信息不对称将促使读者和晚报（以及出版商）采取机会主义行为，其默契合谋将产生虚假发行量，这会损害广告商利润，且造成社会福利受损和双边市场失灵。

平台企业的合谋旨在提高市场价格，这必然会减少市场一边或两边用户的剩余。同时，用户剩余的受损幅度以及社会总剩余的变动将取决于用户多属的比例及其异质性的程度。例如，Antonielli & Filistrucchi（2012）证明，在报纸市场中，允许报纸就发行价格合谋会减少消费者剩余和广告商剩余。相反，允许其进行广告费率方面的合谋则会减少广告商剩余，并增加消费者、报纸以及社会的剩余，其内在机制在于：因为广告商重视消费者，平台企业将通过降低发行价格增加读者数量，这会提高平台企业相对于广告商的谈判势力并从更高的广告费率中获得更多利润①。因此，反垄断执法机构必须谨慎考虑平台企业横向兼并所可能引发的合谋问题。

特别地，如果反垄断执法机构有证据表明，平台企业达成了固定市场一边价格的合谋协议，那么他们也应当寻找关于市场另一边合谋的证据，因为市场两边存在密切关联性。总的来讲，反垄断执法机构无须像对待单边市场横向兼并那样高度关注平台企业横向兼并是否引发合谋。当然，如果交叉网络外部性较强，那么对合谋的关注度应当适当提高。另外，正如网络经济学文献所指出的，企业可以通过接入定价来维持合谋。因此，当用户的多属可能性取决于企业的兼容性选择时，平台企业也可以通过接入

① 同时，这种合谋还将鼓励新报纸的大量进入，并增加意识形态的多样化程度。

定价来巩固彼此间的合谋协议，而这是需要反垄断执法机构加以关注的。

5.2.2.2 横向兼并与联合经营

双边市场平台企业要内部化不同市场群组之间的外部性，就必须协调各方之间的利益诉求，并促使其共同加入平台。于是，平台企业有可能会进行联合经营或者密切合作①。当平台企业是由会员出资成立的非营利组织时，联合经营更是普遍情况。其中，信用卡组织 Visa 与 MasterCard 之间的联合经营就是典型代表之一。

毫无疑问，横向兼并会减少竞争者的数量，从而提高联合经营的可行性。此时，反垄断执法机构应当谨慎对待联合经营，因为其目的可能是降低市场用户之间的协调成本，而并非是排斥竞争。例如，信用卡组织实行联合设定跨行交易费、互联互通并制定“接受所有卡”的行业规则，其主要作用在于消除双边谈判的需要，以减少内部化外部性的成本（Rochet & Tirole，2002；Evans & Schmalensee，2007）。并且，这种“二元性”治理结构与按使用收费机制一道共同创造了生产效率（Hausman 等，2003）。需要注意的是，市场竞争的加强可能会使得寡头平台企业逐渐走向合作（Visnjic & Cennamo，2013）。特别地，对邻近平台企业的包络是实现发展与扩张的重要方式（Eisenmann 等，2011），这也会强化各平台企业之间的合作。

对于双边市场平台企业而言，相互兼容是合作的根本前提。而对于用户来讲，平台兼容使其能够选择多属，因而能够获得更多收益。在常见的双寡头双边市场中，相互兼容（即合作）情形相对更有利于增进社会福利。同时，相对于不兼容情形，完全垄断对于社会而言更加可取（Schiff，2003）。于是，平台企业可以实现市场一边或两边的开放接入并展开合作，而这种合作对各方主体都是有利的。尤其当两个双边平台具有互补性时，相应平台企业选择联合经营或合作的激励更强。

当然，平台企业合作的福利效应会受到两边用户是否多属这一因素的

---

① 当然，除了平台企业之间的合作外，还包括平台企业与用户（通常是卖家）之间的合作。

影响。具体来讲，用户选择多属的激励取决于平台产品或服务之间的差异性以及平台企业合作伙伴的数量，即差异性降低或者平台企业合作伙伴数量增加都会促使用户选择多属。此时，一家平台企业及其合作伙伴将从自身合作伙伴数量的增加中获益。相反，如果均衡中存在单属，那么平台企业及其合作伙伴就会因为竞争对手合作伙伴的数量增加而利益受损。同时，用户多属会降低平台企业选择兼容的激励（Doganoglu & Wright，2006）。总的来讲，平台企业合作（即相互兼容）能够提高双方的福利，而单向兼容下的社会福利也会大于不兼容时的社会福利（Adner 等，2015）。并且，双边平台之间的互联互通能够减少网络外部性所引致的市场进入壁垒，这将降低主导平台企业运用其市场势力成功排斥市场竞争的可能性（曲振涛等，2010）。

因此，反垄断执法机构无须高度关注平台企业之间的联合经营或合作行为，除非这种行为将部分竞争对手排斥在外。其中，美国司法部制止谷歌和雅虎两方签订的合作协议就是一个典型案例。

## 5.3 纵向一体化的反竞争效应

关于纵向一体化反竞争效应的讨论先后经历了多个阶段，其中，哈佛学派、芝加哥学派和后芝加哥学派等都对此进行了很多探讨。总的来讲，学术界和反垄断执法机构对于纵向一体化的垄断担忧主要包括 3 个方面：其一，纵向一体化企业利用自身在关键投入要素、营销渠道等方面的优势封锁竞争对手；其二，一体化企业将一个市场中的垄断势力扩展至另一个市场，从而造成普遍的市场竞争弱化；其三，纵向一体化提高了企业间竞争的机会成本，最终可能强化合谋激励（Riordan，2008）[①]。在双边市场

① 由于出发点或理论框架不同，各学派在是否要阻止企业的纵向一体化方面，有着不同的观点或政策主张。例如，与哈佛学派不同，芝加哥学派认为实现市场封锁或合谋非常困难，同时怀疑政府规制的准确性和有效性，因而对纵向一体化持宽容态度（Stigler，1964、1971）。交易成本经济学派则相对保持中立，他们既识别了纵向一体化的效率合理性，又指出了主导企业可能有与消费者福利不匹配的策略目标和激励（Williamson，1975、1985）。

中，双边平台连接着市场两边的用户，而两边用户都在平台上是平台企业成功运营的必要基础。于是，平台企业对任意一方用户的纵向一体化[①]都将显著改变市场竞争的格局。因此，判断这种行为是否会产生反竞争效应非常重要。

### 5.3.1 封锁竞争对手

在单边市场中，纵向一体化是否会引致可封锁竞争对手的行为，主要取决于上下游产业的市场结构。如果关键投入要素市场或者产品销售市场是非竞争市场，那么企业就可以通过纵向一体化来获得封锁竞争对手的能力。相反，如果目标市场是有效竞争的，那么企业纵向一体化并不能够帮助其排斥竞争对手。与此不同，在双边市场中，纵向一体化的反竞争效应存在较大差异。当组间外部性为正时，平台企业必须确保市场两边有数量足够大的用户，从而提高平台上网络外部性的规模以及平台自身的盈利能力。此时，平台企业有可能对市场一边实行纵向一体化，从而保证该边的用户规模，这将有助于强化市场另一边用户对加入平台的收益预期并降低平台企业的协调成本。因此，如果平台企业所有权非常分散，那么纵向一体化将有助于增进社会福利（Nocke 等，2007）。

另外，如果市场某一边用户数量非常有限，或者其中存在市场另一边迫切需要与之交互/交易的重要用户，那么平台企业的纵向一体化也可能产生封锁竞争对手的作用。以网络购物行业为例，假设若干个品牌产品对消费者一方是必需品，那么平台企业可以一体化这些品牌并作为独家产品出售[②]，以此提高自身对于消费者一方的相对吸引力[③]。因此，双边市场平台企业的纵向一体化是否会引致市场封锁，这具体取决于市场结构、用户异质性、多属比例等因素。

---

① 这里平台企业的纵向一体化实施对象主要是卖方，但同样也可以通过会员制、忠诚折扣等特殊方式将买方一体化。

② 当然，现实中网络购物平台通常采取的方式是与这些品牌厂商或代理商签订独家销售协议。

③ Rochet & Tirole（2003）证明，当买家一边存在优质用户时，平台企业对卖家一边的定价能力也会提高。

事实上，当双边平台存在少量互补品时[①]，平台企业有可能通过兼并这些互补品企业来提高或巩固自身的市场势力，并得到封锁竞争对手的能力。具体而言，一体化平台企业可以采取两种方式来排斥竞争对手：其一，引入不兼容性，获得在互补品市场中的独占地位或者封锁互补品市场中的竞争（Miao，2009）；其二，对竞争对手实行过高定价，从而提高其成本并降低其盈利性[②]。例如，当市场存在网络效应而非规模效应时，在位者可以使用互补品或宣传品来独占市场，即使该市场面临着更有效率的竞争者或者潜在进入者（Doganoglu & Wright，2010）。当然，这一策略有效的前提是互补品或宣传品具有排他性和歧视性，同时，用户必须承诺未来不会选择竞争对手。毫无疑问，这种行为是反竞争的和无效率的。然而，因为双边市场的特殊性，它并不必然导致完全的市场封锁。

此外，从动态视角来考察，可能会有不同的答案。在市场培育阶段，平台企业可能会采取迅速扩张的策略，此时，它可能通过一体化方式快速扩大用户安装基础，并削弱竞争对手采取同样行为的能力（Cennamo & Santalo，2013）。也就是说，在市场趋于成熟的过程中，封锁竞争对手是具有可行性和盈利性的。最后，当交叉网络外部性为正时，竞争将使得市场趋于完全垄断（Ferrando 等，2004），这会提高判断平台企业封锁竞争对手行为的难度。

### 5.3.2 市场势力扩张

除了横向兼并之外，单边市场的一个常见现象就是企业纵向一体化以及建立在此基础上的纵向扩张和横向扩张。也就是说，主导企业的纵向一体化能够进一步强化其竞争优势和市场支配地位，而这又有助于其将市场势力扩张至其他相关或相邻市场。因此，关于市场势力扩张的担忧是对主导企业纵向一体化行为进行反垄断规制的主要考虑之一。

---

① 或者说，此时市场属于多边市场。

② 关于提高竞争对手成本封锁范式，可以参见 Krattenmaker & Salop（1986）、Salop（2016）。

而在双边市场中，由于网络效应以及“赢者通吃”、市场倾斜等特征的普遍存在，反垄断执法机构似乎更应该关注一体化平台企业[①]之市场势力扩张的潜在危害。谷歌、微软、腾讯等企业的大量实践也表明，在某个市场中具有市场势力的企业更容易进入其他市场。例如，腾讯通过 QQ 软件获得了大规模的客户基础，这也帮助其在向游戏、搜索、视频、第三方支付、网络购物等领域扩张时，非常容易获得临界规模并实现成功运营。

同时，进行纵向一体化的平台企业也有可能在市场一边或者互补品市场使用其市场势力，并由此获得更多利润。其原因在于，当市场更加成熟或者消费者的行为具有惯性[②]时，市场一边或互补品生产商/供应商对通过平台接触消费者的依赖程度将提高。此时，平台企业无疑会有更大的谈判势力。例如，Zhu & Liu（2014）以 Amazon. com 的数据对平台企业与互补品企业的竞争问题进行了实证分析，结果表明：其一，Amazon 进入互补品市场的可能性与第三方卖家产品的普及率以及客户的评价正相关；其二，Amazon 的进入会减少受影响产品的运输成本，从而提高市场的需求量；其三，由于 Amazon 的进入，第三方卖家扩张其在平台上业务规模的动机将减弱。这些结果也表明，平台企业可能将最为成功的互补品作为竞争目标，从而占有其创新所带来的新价值。

另外，纵向一体化也能够提高平台企业排他性经营的能力，这将有助于其实现与竞争对手的不兼容。具体来讲，平台企业在一边市场的参与，能够确保其对市场另一边有一定的吸引力，从而做到在与竞争对手不兼容时，仍然能够维持必要的用户安装基础。同时，平台企业可以此为基础进行产业链扩张。其中，苹果与谷歌在手机应用（APP）商场方面的选择就是典型例证之一。当然，这种行为对社会福利的影响并不明确。例如，Liu（2014）的研究表明，在开放的谷歌 APP 商场中，低质量 APP 的存在引致了更多低质量 APP 的进入，最终降低了谷歌 APP 商场的整体质量；相反，

---

① 此时，平台企业纵向一体化的对象主要包括市场一边用户（卖家）、互补品生产者等。

② 一个常见的表现是，消费者的转移成本提高。

封闭型苹果APP商城中表现出高质量APP之间较强的竞争效应，并且不断增加的智能手机用户基础和不断提高的用户参与率都促进了苹果平台的扩张①。

上述表明，某个双边市场中主导平台企业的纵向一体化可能会产生市场势力纵向与横向扩张这一结果。由于双边市场连接着多个细分市场，这种扩张对社会福利的影响较为复杂。总的来讲，反垄断执法机构应当重点关注平台企业进行纵向一体化的目的或动因，以及目标市场的结构与相关性质。除封锁竞争对手和市场势力扩张之外，纵向一体化还可能因为促进平台企业间合谋而产生反竞争效应，这也是在审查纵向一体化申请时所需考虑的主要问题。

## 5.4 平台企业兼并的间接福利效应

根据经济学的标准结论，市场完全竞争或有效竞争能够实现社会福利的最大化。相应地，反竞争行为将会因为限制市场竞争而导致社会福利受损。除了上述直接产生的反竞争效应之外，平台兼并还可能在长期内间接损害社会福利。例如，平台企业兼并可能会抑制市场创新、降低产品多样性，同时，也会引发平台企业的机会主义行为。因此，在对平台企业兼并进行反垄断规制时，如果只考察直接反竞争效应而忽视间接福利效应，这可能导致对平台企业兼并的过度宽容。因此，本节从以下几个方面重点考察平台企业兼并的间接福利效应，从而加强对相关问题的认识。

### 5.4.1 产品多样性与创新

企业之间有进行差异化竞争以增加利润的激励，市场竞争的一个重要作用就是提高产品或服务的多元化、差异化程度②。横向兼并和纵向一体

---

① 当然，此时苹果APP商场对低质量APP的吸引力也会提高。因此，APP商场需要对不同策略进行权衡。

② 关于产品差异化的详细讨论，可以参见综述性文献Eaton & Lipsey（1989）。

化会减少市场中独立企业的数量，因而，有可能削弱市场竞争并降低产品多样化程度。随着主导企业市场份额的提高或市场势力的加强，出现这些福利损失的可能性也越大。同时，具有市场势力的主导企业进行创新活动的激励也可能相对不足，这会进一步降低长期中的产品多样化水平。因此，企业兼并可能引致的产品多样性降低和创新减少，是反垄断规制必须考虑的问题之一，对于双边市场来说也同样如此。当然，双边市场的一个常见特征就是存在熊彼特式创新竞争，这会加大进行相应分析和判断的难度。

在平台用户的可选择性方面，平台企业兼并的影响主要取决于用户是否可以多属：如果兼并前用户只能单属，那么平台企业兼并将增加用户的可选择性，因为其只须缴纳单笔会员费就可以使用多个平台①；而如果用户可以多属，则平台企业兼并不会改变甚至将降低用户的可选择性。而在产品多样性方面，平台企业兼并的负面影响似乎更令人担心，因为平台企业兼并可能产生的反竞争效应会减弱市场竞争或者阻止潜在进入者进入，这会直接减少平台产品或服务的种类和差异性。在创新活动较少的双边市场中，这一问题可能更加严重。例如，Gentzkow 等（2014）关于美国报纸业竞争的实证分析表明，报纸会通过选择不同政治倾向来使自己有别于竞争对手，因而，市场竞争能够提高出版领域中意识形态的多样性。相应地，报纸兼并及其引致的市场竞争弱化会导致市场在意识形态多样性方面供给不足。因此，平台企业兼并如何影响市场创新将直接决定其是否会降低产品的多样性。

双边市场通常有着较为活跃的创新行为②，因为劣势在位企业或潜在进入者可以通过创新实现扩张或进入。在长期创新竞赛中，市场竞争程度、产品差异化程度以及平台企业之间的较高接入定价都会激励市场主体加大创新投入（Lin 等，2011）。相反，主导企业的反竞争行为将损害市场

---

① 例如，在荷兰花卉拍卖市场合并案例中，拍卖市场自我辩护的一个理由就是合并增加了用户的可选择性。

② 从现实情况来看，基于互联网的双边市场中通常有更加活跃/频繁的创新活动。

主体长期中的创新激励。例如，Jeon（2006）重点考察了平台企业进行捆绑销售的福利效应，其主要结论是：第一，当互补品市场面临竞争时，捆绑策略通常会降低社会福利①，并且在长期内降低企业投资 R&D 活动的激励；第二，如果主导企业同时生产具有垄断地位的主要产品和竞争性的互补品，那么其捆绑销售策略在大多数情况下也会损害社会福利，并且降低两类企业投资 R&D 的激励。因此，如果反垄断执法机构的目标就是保护社会福利而非消费者剩余，那么这种捆绑行为应当受到反垄断规制或被叫停。

特别地，如果平台企业通过兼并获得市场势力，这有可能降低市场卖方（如内容提供商、应用软件开发商等）的创新激励。一方面，具有市场势力的平台企业有进行歧视定价的能力，这可能使得卖方担心自己创新的部分收益被平台企业剥夺（Choi & Kim，2010）；另一方面，如果平台企业与卖方之间达成合作协议，那么这同样会降低这些卖家进行创新的积极性。同时，平台企业的属性（包括营利性/非营利性、封闭性/开放性等）、卖家投资的性质以及市场用户的单属情况等因素，都将影响双边市场竞争程度与卖家创新激励之间的关系（Belleflamme & Peitz，2010；Parker & Van Alstyne，2014）。总的来讲，如果考虑长期福利影响，那么反垄断执法机构必须将平台企业兼并与创新之间的关系纳入反垄断审查程序。

### 5.4.2 中立性与平台规制

双边平台通过协调市场两边用户的行动和利益诉求，最终内部化两方之间的外部性、降低交易成本并促成双边交互实现规模化。因此，从马歇尔社会利益最大化角度来看，双边平台（也即平台企业）应当保持中立，其定价结构与总水平取决于提供产品或服务的边际成本、市场两边的需求价格弹性以及网络外部性的大小等（Rochet & Tirole，2003、2006）。也就

---

① 主导企业可以用捆绑销售来解决最优定价中的承诺问题，这会导致市场一边受益而另一边受损，并且降低社会总福利。

是说，如果市场充分竞争且已经发展成熟，平台企业将最大化市场整体福利而非某一方或者部分群体的福利。然而，当双边平台具有市场势力或者双边市场的竞争程度不高时，平台企业将有能力通过调整价格结构并协调相关主体的行为来获得更多利润。此时，平台企业将不再具有中立性。相应地，均衡结果可能偏离社会最优水平，具体取决于市场结构和用户特征。

当然，政府部门可以通过法律强制要求双边平台（通常是网络）保持中立性，但是这种中立性的福利效应并不明确。例如，在关于网络中立性的讨论中，Njoroge 等（2013）比较了不同网络制度下互联网服务供应商（即平台企业）的投资激励、内容提供商的参与积极性以及社会福利，其结论是：互联网服务提供商的投资激励是减弱消费者一方价格竞争与从内容提供商一方获取利润两者之间权衡的结果。具体来讲，在非中性制度下，平台企业会投资更多，这会对消费者剩余、内容提供商剩余以及社会总福利有正向效应。然而，由于具有对接入定价的垄断势力，平台企业有能力对内容供应商收取高于中立情形下的价格。如果这种高价格降低了内容供应商一方的平台参与规模，那么非中立情形就会出现用户剩余和社会总福利受损。

换句话说，基于自身利润最大化的考虑，平台企业可能故意忽视部分用户的利益而特意向另一些用户倾斜，其结果可能是平台企业与被“关照”用户的剩余增加，而被忽视或受歧视用户的剩余减少。同时，社会总福利变动的方向取决于市场特征、用户属性等因素。例如，Petrova（2012）通过构建理论模型证明，媒体平台的采访和报道内容在很大程度上受广告商和赞助集团偏好的影响。其中，生产广告的边际成本以及边际广告收益对新闻报道扭曲程度的符号，主要取决于广告与收益、媒体偏见与利益集团听众规模、利益集团预算约束的存在和媒体业务对订阅的依赖性等因素之间的互补或替代的程度。通常而言，保持中立性更有利于增进社会福利①。而在判断平台企业非中立性的福利效应时，需要考虑多方面因素的作用。并且，如果存在偏离社会最优水平的非中立性，那么政府规制而非竞争政策更有利于纠正这种市场失灵（Weyl & White，2014）。

另外，双边平台还需要承担市场规制者这一角色，主要包括协调用户规模以避免产生拥挤效应、限制平台用户可能产生负网络外部性的行为两个方面，其目的在于最大化正的网络外部性和社会福利。例如，媒体平台需要禁止用户传播黄色、暴力内容。为此，平台企业必须具有差别定价或歧视对待的能力。Jullien & Sand - Zantman（2015）研究证明，网络平台针对内容提供商收取成本导向型的上限定价，可以提高社会总福利。此时，如果内容的价值足够大，那么禁止平台企业对内容提供商进行价格歧视或者强制实行零价格都不是最优的。或者说，当平台企业通过兼并获得市场势力后，在审查其行为是否具有反竞争效应时，还需要考虑平台规制角色的适用性和重要性。

### 5.4.3 双边市场道德风险

当市场参与主体之间存在信息不对称时，信息优势一方可能会有采取机会主义行为的激励。这将增加市场交易成本，并降低社会福利水平②。与单边市场不同，双边市场中存在着多重信息不对称③，这就可能出现更加复杂的道德风险问题。如果兼并后平台企业获得市场势力，那么可能出现的市场竞争弱化就会放松各方主体的行为约束④，从而可能引致普遍的道德风险。

就市场用户而言，限制市场竞争的平台企业兼并将减少市场一边用户的可选择性，这会强化市场另一边用户采取机会主义行为的激励。例如，

① 例如，Evans（2014）关于软件业的分析提供了相关证据。

② 关于不对称信息对产品市场的影响，可以参见 Stiglitz（1989）提供的文献综述。

③ 以网络购物为例，网络购物平台与卖家、网络购物平台与买家、卖家与买家、买家与广告商等之间均存在明显的信息不对称。

④ 一般而言，市场主体的行为约束主要包括市场竞争、行业规范、法律法规、法人自治、社会公德、市场声誉等。其中，市场竞争所带来的约束十分关键。

网络购物市场中的卖家可能会欺骗消费者，这造成的一个典型结果是：假冒伪劣产品和欺诈行为充斥市场，严重损害消费者和合法卖家的利益。特别地，对于存在互补品的需求协调型平台来讲，互补品生产商可能会搭乘其他生产商投资行为的便车，并出售廉价而低质量的互补品。并且，在市场成熟期，这种“搭便车”行为的负效应将大于市场扩张的正效应，最终不利于平台互补品质量的提升（Cennamo & Santalo，2015）。

因此，平台企业需要抑制用户的机会主义行为，其中，建立并完善声誉机制是常见手段之一。然而，声誉效应通常是有偏的，并且单个用户的行为还可能引致声誉外部性（Nosko & Tadelis，2015）①。另外，平台企业定价结构的偏向可能也会引发道德风险问题。例如，银行卡收费总是对零售商不利，其结果是在支付平台上进行交易时持卡人支付费用过少，这导致了对银行卡的过度使用（Wright，2012）②。特别地，从动态发展的角度来看，平台企业可能会面临用户数量与质量之间的权衡（Hagiu，2011；Li & Penard，2011）。因此，主导平台企业需要在限制市场一边或两边用户的道德风险方面投入更大努力③。

另外，具有较强市场势力或独占市场的平台企业自身也有可能出现道德风险问题。平台企业兼并可能弱化市场竞争，此时，平台企业不需要“逢迎讨好”一边或两边用户，因而，有可能采取有利于自身但会损害用户利益的行为。其中，一种重要的形式就是降低平台所提供产品或服务的质量，这在网络服务领域中表现得特别明显。

Hagiu & Jullien（2007）证明，信息中介平台有增加搜寻成本的激励，而这种成本最终将由需要进行搜寻的消费者来承担。具体来讲，假设平台

---

① 例如，黄玲和孙柔嘉（2016）发现，中国P2P平台的声誉与服务费用之间存在显著的负相关关系，这说明声誉机制尚未发挥有效作用。

② 当然，这一问题是一个规制问题，并不需要进行相应的反垄断干预，具体可参见Bedre－Defolie & Calvano（2013）。

③ 如果双边市场与相应的单边市场紧密相关，那么用户机会主义行为的影响可能更加复杂。例如，产品的线上销售渠道与实体店之间存在竞争，而消费者可能存在双向“搭便车”问题，而普遍的“搭便车”行为会改变平台企业以及卖家的行为，并对各方剩余和社会福利造成冲击（Kalyanam & Tsay，2013）。

上的卖家可以分为知名和不知名两种类型。如果消费者在不知名卖家处购买产品给信息中介平台带来的收益相对高于其在知名卖家处购买能够产生的相应收益，那么信息中介平台将可能降低搜寻服务的质量。如果设计和决策能够影响卖家的定价，那么信息中介平台降低搜寻服务质量的激励可能进一步增强，因为其能够通过改变卖家的需求结构来增加自身的总体客流量和利润。

此后，Hagiu & Jullien（2011）进一步讨论了信息中介平台转移搜索（即主动引导消费者增加搜索次数）① 的激励：其一，在更高总消费者流量与更高单次消费者访问收益之间加以权衡；其二，影响卖家的策略选择并获取更高收益。毫无疑问，这种增加搜寻成本的行为并不能够最大化社会总福利②。

### 5.4.4 平台企业兼并冲击实体经济

如第 1 章中所说，互联网经济占我国 GDP 的比重已经超过美国、法国和德国的相应水平以及世界主要国家的平均水平。同时，互联网经济必将成为我国国民经济的下一个主要增长点。作为互联网经济主要组织形式的双边市场，其重要性和地位也日趋提升。相应地，平台企业兼并在影响相应双边市场以及互联网经济的同时，也会对实体经济产生冲击。具体而言，这些冲击主要表现在以下几个方面：

第一，压缩实体经济正常利润。平台企业向市场两边用户提供需求彼此相关的产品或者服务，而这些产品或者服务通常并不是全新的产物，而大多是对原有产品或者服务的改进或改善。特别地，双边平台将两方用户之间的外部性内部化，并以某种形式将其一部分转让给两方用户。因此，双边市场的规模化发展往往会给原有产品或者服务所在领域造成冲击，尤

---

① 在单边市场中，这种情况也较为常见。例如，超市会定期或不定期地调整商品摆放的区域位置，这将提高消费者的搜寻成本，其目的在于增加后者在超市中的逗留时间。

② 当然，平台企业也有可能通过限制给用户提供的选择空间而实现市场进入，具体例子可参见 Halaburda & Piskorski（2013）。

其会削减原有中间商或者具有市场势力的一方用户的利润。而在完成兼并后，平台企业的市场规模将迅速扩大，相应地其市场势力也将得以增强。此时，它可以获得对市场一边或两边的更大谈判势力，并对实体经济的利润产生两方面的影响：其一，通过改变市场用户的相对地位，引起社会总剩余部分地转移至原本不具有谈判势力的一方用户；其二，给作为市场一边潜在用户的传统企业施加竞争约束，迫使其为获得稳定客户而让渡剩余。毫无疑问，双边市场发展尤其是平台企业兼并将压缩实体企业的利润空间。

第二，促进实体经济业态转变。企业通常是追求利润最大化的理性经济人，当利润空间因为互联网经济发展而受到挤压时，它们将通过改变经营策略尤其是创新业态的方式来予以应对。以网络购物行业为例，实体企业（主要是产品生产和加工企业）一般有两种主要选择：其一，加入网络购物平台，成为市场一边的用户以获得接触顾客的机会；其二，搭建网络销售渠道，利用互联网实现用户获取并保证原有用户的忠诚度。横向或纵向兼并将提高平台企业在经济系统中的地位，从而促使实体企业积极转变业态。事实上，这两种应对策略都意味着实体企业的业态发生转变，并且都会对实体经济产生进一步的影响。具体来讲，第一种方式会降低实体经济的利润率，而第二种方式又会加大实体企业的经营成本。毋庸置疑，改变业态是实体企业应对互联网冲击的重要手段，社会热议的数字产业化、产业数字化就是集中体现之一。

第三，加快实体企业兼并重组。市场集中度较低、市场竞争过于激烈，是我国实体经济利润率较低的主要原因之一，而平台企业兼并将加剧这一问题：平台企业兼并往往能够产生较大的成本节省，这将进一步提升其相对于实体经济中传统企业的竞争力。因此，当双边市场平台企业兼并不断发生时，实体企业之间的兼并重组步伐同样也会加快，因为这是提高利润率、有效抵御互联网经济冲击的重要手段之一。

第四，提高实体经济的经营成本。由于互联网领域的发展远快于政府监管体系的构建和完善，双边市场领域会因为参与者的机会主义行为而出现大量的假冒伪劣产品，这无疑会提高实体经济中企业进行市场营销的成本，因为前者中低质产品的存在阻碍了正规产品质量信号的有效传递。当双边市场因为平台企业兼并而高度集中时，信息传递与甄别的难度将进一步提高。特别地，实体企业需要投入更多的资源，以防止其他竞争对手的“搭便车”行为，如“假借”广告宣传、快速复制创新成果等。总的来讲，双边市场与传统单边市场之间同时存在互补与替代的关系，而平台企业兼并也会对实体经济产生多重作用，这是考察平台企业兼并时，必须要审视的一个方面。

综上所述，平台企业兼并会对社会、经济产生多重影响。因此，如果反垄断执法机构要对平台企业兼并进行反垄断审查或规制，那么将平台企业兼并所产生的间接福利效应（或长期影响）纳入考察范畴也十分重要。当然，此类影响的具体程度和方向由多种因素综合决定，这无疑加大了反垄断执法机构的工作难度。同时，实际考虑也取决于反垄断规制的目标设定。

## 5.5 小　结

当市场集中度已经较高时，企业兼并很可能产生反竞争效应，因而，会引起社会公众和反垄断执法机构的反垄断担忧。网络外部性的存在使得双边市场通常较为集中，这也使得人们尤其是反垄断执法机构对双边市场平台企业兼并的潜在反竞争效应特别关注。然而，双边市场有着不同于单边市场的性质，这使得平台企业兼并可能产生的竞争效应和福利效应并不明确。为此，本章在前文理论分析的基础上，结合文献和案例来详细考察平台兼并的潜在反垄断问题。

从现有案例来看，横向或纵向兼并可能会增强平台企业的市场势力，并引发具有反竞争效应的单边行为或协同行为。但与单边市场不同，双边市场本身所具有的一些特殊性可能会对主导平台企业滥用市场势力的行为施加较强的抑制。其中，市场的高度动态性以及潜在竞争对手的多样性也使得主导平台企业可能受到多重竞争约束，从而足以确保双边市场保持较高的竞争水平。特别地，完成兼并后平台企业的反竞争行为可能只会损害市场一边的利益，并增进市场另一边的剩余和社会总福利。因此，必须对平台企业兼并的反垄断问题进行更加严谨的分析。

事实上，在考察平台企业兼并时，需要更加关注两个方面：其一，具有市场支配地位的平台企业通过纵向兼并进入到其他市场，尤其是传统单边市场，从而扩大其市场势力的影响范围，这可能会损害相关市场的其他竞争者，并阻碍经济运行效率的提升；其二，平台企业兼并可能产生损害社会福利的长期或间接影响，这是反垄断调查必须要考虑的因素。也就是说，审查程序与时长以及反垄断执法的目标都可能影响对平台企业兼并的调查结果。当然，这些不利影响会受到多种因素的限制，包括用户多属比例、产品多样化程度、用户异质性、平台兼容性等。因此，反垄断执法机构必须以更加审慎的态度和更加全面的分析，来对待双边市场中的平台企业兼并。特别地，反垄断执法机构可以充分利用双边市场中能够促进竞争、限制反竞争行为的因素，来减少平台企业兼并的负面影响，以避免不适当反垄断规制所产生的市场扭曲以及无效率[①]。

---

① 也即反垄断执法机构要避免犯第一类错误。

# 6. 平台企业兼并反垄断问题的经济学分析

企业兼并是市场激烈竞争的自然结果，它是企业为缓和竞争或者获得更多利润而采取的应对措施。随着双边产业逐渐发展成熟，平台企业兼并案例逐渐增加，这使得市场结构发生重大变动，并且引发了社会各界尤其是反垄断执法机构较强的垄断关切。前文分析业已表明，平台企业兼并确实可能存在不利于市场竞争和社会福利的潜在威胁。因此，对平台企业兼并进行合理的反垄断规制十分必要，这是保障双边市场竞争、促进平台经济稳定发展的重要工作。

然而，由于双边市场的特殊性，针对双边市场以及平台企业兼并的反垄断调查或者诉讼都较容易引起争议。当平台企业拥有主导地位甚至完全垄断市场时，人们通常持有两种截然不同的观点：一方面，同传统企业一样，平台企业拥有明显的垄断势力将不利于市场竞争以及相应的效率提升①；另一方面，由一家平台企业垄断市场能够产生较大的网络外部性和成本节省，这有助于增进社会福利。相应地，当平台企业提出兼并申请或者实行兼并时，反垄断执法机构往往会在“通过”与“阻止”之间难以抉择。

实际上，出现这些争论或困境的主要原因在于：相对于传统单边市场，双边市场集中所引致的利弊权衡更为复杂。并且，由于平台企业有着不同于传统企业的经营策略和特征，原有分析方法难以直接甚至无法适用

---

① 人们对百度的普遍不满以及百度所引致的一系列负面报道，就是支持这一观点的有力证据。

于双边市场的反垄断问题。相应地，反垄断执法机构不能根据过去在传统单边市场反垄断规制中所积累的经验来做出决策①，否则，将会得出很多似是而非的错误结论（Wright，2004）。为此，必须根据双边市场的特点来改进、创新和正确使用分析方法，以此帮助反垄断执法机构正确判断具体案例中平台企业兼并的竞争效应和福利效应，并进行适时、适当、合理的反垄断规制（Evans，2017）。而要做到这些，主要使用的一部分知识就是经济学。经济学在反垄断中的使用已经日益广泛，它为反垄断规制提供分析方法或决策基础，这已经得到相关部门和经济主体的高度认可（Buccirossi，2008）。本章将重点讨论双边市场中平台企业兼并反垄断问题的经济学分析方法及其适用，以期为消除或者控制平台企业兼并负面影响提供助力。

具体而言，我们将基于相关案例和已有文献进行探讨。首先，简要考察平台企业兼并反垄断规制中所存在的主要争议以及挑战，从中得出关于平台企业兼并反垄断的几个主要问题，具体包括相关市场界定、市场势力测度、兼并的效率考虑等。随后，从经济学视角出发，依次探讨这几个关键问题，它们之间的关系是：相关市场界定是基本前提，市场势力测度是决策依据，兼并的效率考虑则是决策过程中必不可少的权衡。同时，我们将对不同方法的优劣或者结果进行比较研究，其目的在于：一方面为现阶段的双边市场尤其是平台企业兼并反垄断规制提供相对最合适的分析工具；另一方面发掘今后改进相应分析方法的关键点和适宜方向。

## 6.1 主要争议与挑战

当人们意识到市场势力将引致市场失灵后，关于竞争和垄断的优劣比较便成为经济学中的焦点问题之一：首先，完全竞争在现实中基本不存在或者无法长期维持，而自由竞争最终通常会促使市场转向垄断结构；其

---

① 当然，即使在单边市场中，反垄断规制的中心问题——相关市场界定和市场势力测度同样面临着许多挑战（Kaplow，2015）。

次，以利润最大化为目标的企业必然追求垄断地位，并且它们有弱化竞争的内在激励；再次，除了行政垄断、自然垄断外，企业的垄断地位通常来源于成本优势、效率优势、技术优势或者研发优势，也即垄断大多是自由竞争的自然结果或者市场有效率的一种体现；最后，过度垄断往往阻碍市场竞争，并损害消费者剩余和社会总福利。于是，任何时候对目标企业进行反垄断规制都不可避免要进行多重权衡①，而这些权衡又在很大程度上取决于社会价值取向和经济发展阶段特征②。因此，反垄断规制的必要性、合理性和有效性一直都是开放性问题，在谈及产业异质性以及产业比较时尤其如此。例如，不同产业之间或者同一产业内部的不同产品可能有着不同水平的市场势力（Bresnahan，1987；Berry 等，1995），各产业的进入壁垒也存在明显的差异（Bresnahan & Reiss，1987；Sutton，1991）。毫无疑问，关于双边市场以及平台企业兼并的反垄断规制同样备受争议，而这也给反垄断执法机构和经济学界带来了许多艰难挑战。

### 6.1.1 争议产生的主要原因

自 Rochet & Tirole（2003，2006）、Caillaud & Jullien（2003）、Armstrong（2006a）等人提出并初步建立以来，双边市场理论的主要作用之一就是解释并服务于针对双边市场的反垄断规制。然而，双边市场本身的复杂性使得经济学家无法构建普遍适用的理论体系。相应地，在对双边市场中可疑的垄断行为进行反垄断规制时，理论和实践两方面都难以达成一致。其根本原因是，双边市场在某些方面与单边市场有着较大差异，主要概述如下：

---

① 对于反垄断执法机构而言，既不能犯禁止正面或有利行为的第一类错误，又不能犯忽视负面或不利行为的第二类错误。

② 除了竞争与垄断之间的权衡外，反垄断规制本身也存在成本与收益的权衡：一方面，反垄断规制可能扰乱市场中有效率的资源配置和生产活动，并引起社会福利与财富的不合理再分配；另一方面，反垄断规制能够改变反竞争行为所引起的不公正财富转移，从而提高社会总福利。同时，社会福利主要由消费者剩余和生产者剩余组成，如何分配权重也是一个至关重要的权衡。简单起见，我们主要考虑竞争与垄断之间的这一关键权衡。

第一，市场竞争约束。如前文所述，双边市场是有一个旨在内部化外部性的中介平台连接两边不同用户的市场。因此，平台企业将面临更加复杂的竞争约束：一方面，市场两边用户的需求相互依赖。由于自身不能内部化交叉网络外部性，市场两边用户必须通过双边平台进行交易或交互，因而，对平台产品或服务的需求主要受对方用户数量或质量的影响。此时，平台企业改变针对市场一边的经营策略，将可能产生背离预期目标的反馈效应或乘数效应（Evans & Noel，2008），即平台企业的策略变动首先影响市场一边用户的参与数量或积极性，而该边用户的变动又将直接影响市场另一边用户，……。另一方面，平台企业面临着来自多个方面的潜在竞争。以网络购物为例，淘宝的竞争对手不仅有横向差异化的双边平台（如天猫商城）[①]，而且还包括实现纵向一体化的平台企业（如京东商城、1号店等）、参与市场某一边竞争的传统单边企业（例如，苏宁易购）等（见图6-1）[②]。毫无疑问，这些潜在竞争者的存在都将对平台企业的商业行为形成直接制约。

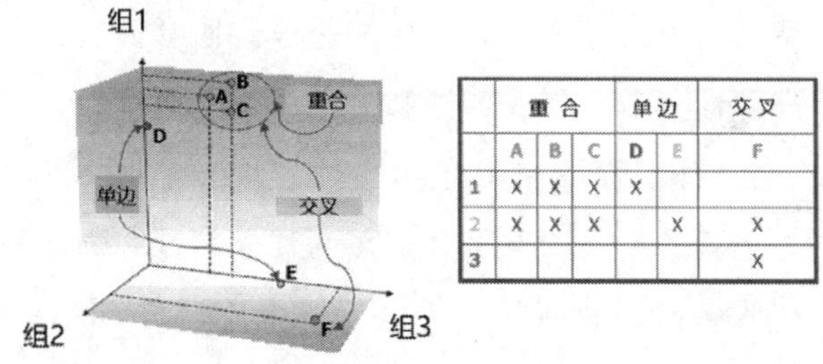


| | 重合 | | | 单边 | | 交叉 |
|---|---|---|---|---|---|---|
| | A | B | C | D | E | F |
| 1 | X | X | X | X | | |
| 2 | X | X | X | | X | X |
| 3 | | | | | | X |

资料来源：Evans &Noel（2005a）[③]。

**图6-1　双边平台的多重竞争约束**

第二，定价策略。交叉网络外部性是双边市场之所以存在的基本前提

① 实际上，淘宝和天猫是阿里巴巴实施多元化经营策略的结果：前者是C2C平台，后者是B2C平台。

② 以连接第一边和第二边的平台A为例，图6-1表明，平台A的竞争对手包括同类平台B和C、单边市场企业D和E以及连接第二边和第三边的平台F。

③ 其中，组1、组2、组3分别是指双边平台或多边平台的第一边、第二边、第三边。

之一，因而，内部化市场两边之间的外部性也是双边平台的一个主要功能。为此，平台企业需要谨慎地设置合理的价格总水平和价格结构（Rochet & Tirole，2003），以实现一定的市场规模并获得相应利润。由于这一约束，平台企业的定价策略自然不同于传统单边企业。一方面，低于边际成本甚至小于等于零的定价非常普遍。由于自身无法内部化交叉网络外部性并获得好处，市场两边用户都没有加入平台的足够激励。于是，在培育阶段即使是完全垄断的平台企业，也必须将这些外部性以某种形式提供给用户，从而使用户的私人收益与社会收益基本持平，而通常做法就是向用户收取低于边际成本的价格。例如，根据 Armstrong（2006a）推导出的垄断平台利润最大化定价准则（式 6-1）[①]，平台对市场一边用户的定价取决于其加入平台所产生的交叉网络外部性。如果 $\alpha_j n_j$ 大于零，那么必然就会出现对 $i$ 边用户的定价低于相应的边际成本 $f_i$。如果交叉网络外部性足够大，那么最优定价将小于零。此时，平台企业免费向用户提供产品或服务，甚至额外提供赠品或补贴。另一方面，根据网络外部性的性质，平台企业收取费用的方式完全不同于传统企业。通常而言，可以将用户之间的交叉网络外部性分为会员外部性和使用外部性两种（Rochet & Tirole，2006）。当存在会员外部性或使用外部性时，平台企业可以收取相应的会员费或使用费。也就是说，如果同时存在两种外部性，那么平台企业的收费类似于两部门收费制。然而，与单边市场中通常被归为价格歧视不同，双边市场中两部门收费制存在的作用是确保市场两边都在平台之上。

$$\frac{p_i - (f_i - \alpha_j n_j)}{p_i} = \frac{1}{\eta_i (p_i \mid n_j)},\ i,\ j \in \{1,\ 2\},\ i \neq j \qquad (6-1)$$

第三，平台角色多重化。除内部化市场用户间网络外部性外，双边平台的作用还包括协调市场两方需求、降低交易成本等。因此，与单边企业之追求利润最大化的单一经济人角色不同，平台企业同时扮演着多种角

---

① 在式 6-1 中，$p_i$ 是平台对 $i$ 边的定价，$f_i$ 是给单个 $i$ 边用户提供产品或服务的边际成本，$\alpha_j n_j$ 表示一个 $i$ 边用户给 $j$ 边用户带来的交叉网络外部性，最后，$\eta_i (p_i \mid n_j)$ 表示 $i$ 边用户的需求价格弹性。

色。一方面，平台企业是市场两边需求的协调者。前文已经说到，市场两边用户不会自发加入平台并进行规模化交易，因而，双边市场的成熟与双边平台的运营必须以解决“鸡蛋相生问题”（Caillaud & Jullien，2003）为基本前提。也就是说，平台企业必须协调好市场多方用户之间的利益诉求，确保其都加入平台进行交互。特别地，平台企业只有促成市场两边之间的规模化、常态化交互，才能够实现自身的成功运营或盈利。另一方面，平台企业是双边市场活动的规制者。平台企业的利润主要来源于内部化的网络外部性，而网络外部性的规模直接决定了其利润的多寡。同时，任意一方成员的行为都将影响网络外部性并进而影响双边平台的价值。因此，平台企业还需要对平台用户进行适当规制，其重点在于减少或抑制平台用户所产生的负网络外部性。例如，Visa、MasterCard 等信用卡组织禁止会员银行过高定价，以确保使用自身信用卡的用户规模。除此之外，平台企业还要根据国家政策规定或社会道德规范约束用户的行为，例如，媒体平台必须阻止用户传播黄色暴力内容。

### 6.1.2 争议焦点与挑战

建立双边市场理论的目的，在于指导涉及平台企业的反垄断规制。然而，由于双边市场和单边市场有着上述这些显著差异，实际的反垄断规制往往存在大量争议且面临较多困难和挑战。从各自视角或利益诉求出发，不同学者或利益关联者可能得到完全相反的结论和政策主张。例如，部分人对谷歌公司是否属于双边市场平台企业尚有异议，这直接导致人们在“谷歌的商业行为是否属于损害社会福利的垄断行为”这一问题上无法达成共识（Luchetta，2013）。这些争议不仅反映了双边市场理论的不足和缺陷，而且也指明了理论需要进一步发展和完善的方向。就目前而言，关于双边市场反垄断规制的争议主要集中在以下 4 个方面：

第一，较高市场份额是否等同于相应平台企业拥有有效的市场势力。

过去，学术界以及执法部门通常认为，企业的市场势力与其市场份额成正比，并且市场份额较高的企业有滥用市场势力获取超额回报的潜在激励和现实可能性。例如，我国《反垄断法》指明，当企业在相关市场的市场份额达到1/2时，可以推定该企业具有市场支配地位（也即拥有市场势力）①。然而，由于交叉网络外部性的存在及其引致的“赢者通吃”“临界规模”等特征，双边产业的市场集中度通常较高，即少数几家平台企业占据市场（Evans，2003a）。如果按照原有标准，那么大部分双边市场都存在垄断威胁，但实际情况却并非如此。对此，各方观点的争议之处在于：其一，如何界定双边平台或平台企业对应的相关市场。相关市场的范围直接影响企业市场份额的大小，因而，界定相关市场是反垄断规制的基本前提和重要标准。双边平台连接着市场两边用户，实际上就关联着两个或多个市场，并且这些市场之间存在相互依赖性。如果将相关市场界定为某一边存在的市场，那么无疑会高估平台企业的市场份额；相反，如果将相关市场界定为平台连接的两个或多个市场总和，那么又会低估平台企业的市场份额。特别地，市场任意一边的产品或服务都存在着大量的替代品或互补品，这自然提高了界定相关市场的难度。其二，较高的市场份额并不必然能给平台企业带来可以滥用的市场势力。一般而言，双边市场有着远比单边市场复杂的竞争约束，这使得市场份额较高甚至独占市场的在位平台企业也并不一定能够滥用其市场势力②。但与此同时，现实中确实存在着较多平台企业滥用市场势力的案例，例如，微软通过捆绑来独占浏览器市场并阻止（潜在）竞争对手的进入。也就是说，对于双边市场而言，较高市场份额与有效市场势力之间的关系并不明确。

第二，平台企业常用经营策略是否属于滥用市场势力的垄断或反竞争行为。

与单边市场不同，双边市场中的价格水平和价格结构同样重要。于

① 《反垄断法》第十九条：“有下列情形之一的，可以推定经营者具有市场支配地位：一个经营者在相关市场的市场份额达到1/2的；两个经营者在相关市场的市场份额合计达到2/3的；三个经营者在相关市场的市场份额合计达到3/4的。”

② Vanberg（2005）证明，只有排他性的拥有某种竞争性瓶颈时，网络外部性才可以保证拥有较大市场份额的企业得到市场支配地位；而在可竞争但初始为垄断的市场中，网络外部性并不能够赋予主导企业市场势力。

是，平台企业会通过多样化的定价策略来实现用户协调和平台运营。传统产业组织理论认为，单边市场中低于边际成本的定价是掠夺性定价。但在双边市场中，这种价格非常普遍，即平台企业对市场一边或两边用户制定低于边际成本的价格，以提高用户加入平台的积极性。同时，平台企业还会广泛采用数量折扣、回扣、补贴、免费赠送产品、捆绑、搭售、排他性交易等方式来培育和扩张市场（Evans，2003b），以期最终提高自身的盈利性。那么，双边市场中这些可疑的价格歧视、掠夺性定价等经营策略是否与单边市场的相应行为有所不同，它们是否属于滥用市场势力的反竞争行为呢？平台企业采用这些策略的根本目的与单边企业并无二致，即都是为了实现自身利润的最大化。然而，它们实现这一目标的中间机制却有所不同：单边企业通过这些策略获得市场势力或者通过滥用市场势力来阻碍、减弱市场竞争，如此便可以提高成本价格加成并增加利润（Armstrong & Vickers，1993；Nalebuff，2004；Buccirossi，2008）；平台企业主要通过这些策略协调市场两边用户，以增加用户数量、增大平台规模，最终扩大网络外部性的规模以及从中产生的利润①。同时，平台企业所使用的这些策略既有可能促进竞争，又有可能损害竞争，而要识别或者区分这两种效应十分困难。于是，就平台企业的常用策略是否属于滥用市场势力的反竞争行为，人们并不能够做出一致性回答。特别在成熟的双边市场中，通常具有较高市场份额的平台企业并不必然具有市场势力，这一不确定性进一步强化了相应的争议。

第三，在位主导平台企业能否有效阻止市场进入。

一般来讲，在位企业特别是垄断企业有阻止潜在竞争对手进入的充足激励，因为这样能够削弱可预期的市场竞争并增加预期利润。为此，在位企业会人为设置进入壁垒以阻止市场进入（Bain，1956），或者通过纵向一体化、纵向约束、价格歧视等手段封锁市场、排挤竞争对手（Rey & Ti-

① 例如，银行卡市场中的费用结构总是对零售商不利，而媒体平台通常对观众一方收取较低价格。

role，2007），最终巩固或加强市场支配地位并保障超出竞争水平的利润。在传统单边市场中，这类做法比较普遍且容易取得成效。然而，关于双边市场是否存在进入壁垒、平台企业能否阻止市场进入等问题，目前尚存在一些相反的证据和观点。一方面，双边市场的某些特性确保市场有充分的进入自由。其一，双边市场的价格结构非常重要，进入者可以制定与在位者相反的价格结构并采取更大的补贴力度来实现市场进入。也就是说，“分而治之、各个击破”策略通常十分有效（Caillaud & Jullien，2003）。其二，双边市场中产品或服务的更新、升级非常迅速，在位者很难通过限制竞争或阻止市场进入来保护其市场支配地位。特别地，随着互联网应用的迅速普及，与网络产业一致，双边产业中会存在为争夺市场主导地位的熊彼特式创新和竞争（Economides，2008；Evans & Schmalensee，2013）。如此，足够激烈的潜在竞争将约束在位企业阻止市场进入的意图。即使在位者实行了严格的技术封锁，进入者也可以通过平台包络①的方式实现市场进入（Eisenmann 等，2011）。另一方面，双边市场的另一些特征又引致了进入壁垒的产生，并为在位者阻止市场进入提供了可行途径。其一，在网络外部性特征明显的产业中，“赢者通吃”和不平等的市场份额通常是自然实现的市场均衡（Economides & Flyer，1998；Cennamo，2015）②。同时，在双边市场中进入企业必须获得临界规模，才能够实现平台的成功运营。如此，与进入者相比，在位者在创新和发展用户方面具有更大优势，因而，其有可能维持市场支配地位。其中，腾讯在中国市场中的成功就是典型例子。其二，网络外部性会使得用户产生路径依赖（Economides，2008），同时，也会引致一定的转移成本（Tanriverdi & Lee，2008；Gold & Hogendorn，2015）。如果消费者在选择平台方面的路径依赖较为明显，或

① 所谓平台包络（Platform Envelopment），是指进入者的产品或服务包含在位者产品或服务的功能，这样进入者就可以通过曲线救国的方式实现进入。也就是说，进入者也捆绑目标市场中产品或服务的主要功能，从而实现用户间的共享关系。

② 当然，关于双边市场中是否必然出现赢者通吃和市场倾斜，学术界还存在一些争议和批评。其中，对该问题的最新讨论可以参见 Eisenmann 等（2006）、Cennamo & Santalo（2013）、Anderson 等（2014）等。

者存在较大的转移成本，那么在位平台企业确实有可能通过调整经营策略来封锁市场、阻止潜在竞争者进入或者降低其进入市场并展开激烈竞争的激励（Evans & Schmalensee，2010；Reimers & Waldfogel，2014）。由此可知，双边市场进入壁垒的强度和有效性受到多种因素的影响，这也使得我们无法从理论上得出一致的答案。

第四，双边市场的垄断是否有利于增进社会总福利。

垄断通常是少数企业在市场竞争中获胜的附带结果，因而，在很多时候是市场效率的一个重要体现[①]。为此，芝加哥学派并不提倡进行反垄断规制。然而，企业在获得垄断地位后又可能实施反竞争行为，以期维持、巩固或加强自己的垄断地位，并长期获取超额垄断利润。这时，政府干预市场、制止反竞争行为成为弥补市场失灵的必要之举。垄断与竞争本来就是一对比较复杂的关系，而对于双边市场而言，这种关系无疑会变得更加复杂。一方面，对于具有网络外部性特征的产业来讲，垄断通常能够实现社会福利最大化，而完全竞争反而是无效率的（Economides，2008）。与传统网络产业类似，双边产业的市场份额越集中，能够产生的网络外部性以及社会净福利越大，同时，也会因为规模经济而获得边际报酬递增[②]。另外，市场份额高度集中是双边市场竞争的自然结果，政府给其强加竞争性结构通常只会适得其反。于是，双边市场的垄断可能得到优于竞争的市场结果。另一方面，正如前文所述，拥有垄断势力的平台企业同样会产生多方面的垄断威胁，并给社会福利造成明显负面影响。经验研究表明，完全垄断的双边市场并不常见，多个产品差异化明显的平台企业进行寡头垄断竞争是普遍情形（Evans & Schmalensee，2007）。此时，平台有可能滥用市场势力，并导致市场均衡结果偏离社会最优水平。于是，部分人对双边市场的垄断威胁表示极度关注，并认为反垄断执法机构应当积极引导和促进

① 需要强调的是，这里所说的垄断绝不包括行政垄断。基于地方保护主义或部门利益所形成的行政垄断，通常是与“效率优先”要求背道而驰的。

② Nocke 等（2007）认为，平台企业的垄断所有权比分散所有权能够促成更多的交易，这是社会所偏好的。同时，允许在位平台企业排斥潜在进入者虽然会损害买方的利益，但是却可以提高社会总福利。

平台企业之间进行充分或者有效的竞争。

综上所述，双边市场以及平台企业兼并的反垄断规制方面所存在的争议，可以集中归纳到相关市场界定、市场势力测度、成本效率权衡以及市场进入壁垒这4个方面。同时，这也是双边市场理论必须重点解决的问题。其中，相关市场界定是进行反垄断规制尤其是测度市场势力的基本前提，市场势力测度是决定是否要对企业行为进行反垄断规制的关键判断依据，而成本效率权衡与市场进入壁垒则是反垄断规制相应决策过程中必不可少的重要权衡。在上述基础上，我们将以最新研究成果为基础，对这几个问题进行详细讨论。

## 6.2 相关市场界定

在产品市场中，每一种商品都有着非常多且关系紧密的互补品和替代品。于是，商品之间的相互关系就决定着市场范围的大小，而后者又直接影响某一企业可能具有的市场份额。因此，在进行反垄断规制之前，必须界定相关市场（Relevant Market Definition），其主要作用在于为判断企业某一行为是否违反反垄断法提供可测度的合理范畴①。对于兼并案例来讲，相关市场界定有助于识别企业是否可能将价格提升并维持在竞争水平之上。在界定相关市场之后，反垄断执法机构可以据此判断目标企业是否处于涉案市场中，并相应计算其市场份额（较高的市场份额通常预示企业有市场势力或垄断势力）。

关于单边市场的相关市场界定，目前已经有较多的成熟方法，且可以分为定性分析方法和定量分析方法两类。前者主要有需求替代分析和供给替代分析，而后者则主要包括假定垄断者测试（Hypothetical Monopoly Test，简称 HMT）和基于套利理论的界定方法。其中，经过美国司法部和

---

① 在涉及反竞争行为的案例中，相关市场界定的作用在于判断被告是否有足够的市场势力来实施最终会损害竞争对手和消费者福利的行为。

美国联邦贸易委员会的广泛使用，HMT已经被视为分析兼并案例的主流定量分析方法。尽管还存在一些缺陷（余东华，2010），但是HMT确实具有普遍适用性，目前已经衍生出了SSNIP（Small but Significant and Non - transitory Increase in Price，简称SSNIP）测试与临界损失分析（Critical Loss Analysis，简称CLA）等多种实施方法 。此时，我们需要考虑的问题是这些方法能否适用于双边市场。如果不宜使用，则势必需要根据双边市场的特点对其进行相应改进。

### 6.2.1 传统界定方法的困境与改进要点

如前所述，双边市场有着许多突出的特殊性，这使得传统的相关市场界定方法面临困境。在定性分析方法方面，平台企业连接着多个市场，因而，面临着比单边企业更加复杂的竞争约束。如果仅仅通过分析一边市场的需求或供给，那么得到的相关市场必然过于狭窄。同时，原有定量分析方法也会遭遇许多问题，主要包括：其一，平台定价与其成本之间的关系更加复杂，难以得到合理的基准价格；其二，市场两边之间的需求因交叉网络外部性的存在而相互依赖，这将使得价格的变动会产生反馈效应，如果忽略这种效应必然会出现估计偏差；其三，平台企业经常会提供免费产品或服务，这将使得以价格为基础的定量分析无从入手。

学术界普遍认可的是，只有在交叉网络外部性足够弱时，传统的兼并分析方法才能够继续适用（Evans & Schmalensee，2007）。否则，直接使用传统方法将会得到过窄或过宽的相关市场，并且引致大量偏误，而这些偏误将会随着交叉网络外部性的加强而增大（图6 - 2给出了一个例证）①。因此，必须对传统方法进行适用性改进。从理论层面来看，主要包括以下几个关键点：

---

① 该图表明，在自有需求价格弹性（$\beta$）不变时，估计偏误将随着交叉网络外部性（$\alpha$）的增强而变大。

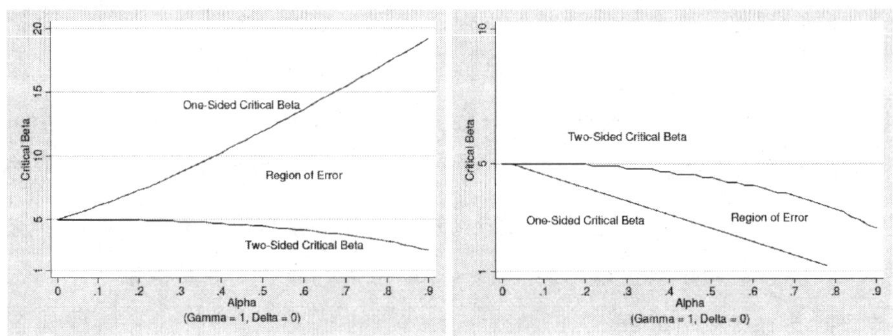


注：左右两图中，自有需求价格弹性$\beta$的计算基础分别是双边市场模型和单边市场模型。

资料来源：Evans & Noel（2008）。

**图 6-2 双边市场中直接使用临界损失分析的估计偏误**

首先，在界定相关市场时，必须将市场两边都考虑在内。

平台企业向多方用户提供产品或服务，仅考虑市场一边必然会忽视平台企业受到的其他竞争约束，最终导致市场界定过窄。此处，存在两个关键争议：其一，是否需要将差异化平台纳入到同一市场中；其二，是界定一个包含两边的市场，还是分别对每一边都界定一个相关市场。对于前者，可以通过定量分析来解决，并且充分考虑市场进入壁垒的强弱。而对于后者，则可以对不同类型的双边市场进行区别对待。根据市场两边用户之间是否存在实际或可观察的交易，将双边市场分为交易型（或“支付卡型”）和非交易型（或“媒体型”）两类：前者意味着两边用户之间有实际交易，例如，银行卡、网络购物、线上拍卖等；而后者的两边用户之间不存在交易或者交易不可观察，例如，报纸、电视等线上和线下媒体（Filistrucchi，2008）。在交易型市场中，双边平台能够收取交易费，此时无须界定两个彼此独立的市场。相反，在非交易型市场中，平台不能基于用户间交易量收费，而只能收取会员费、预订费等（Filistrucchi 等，2014）。此时，两边用户对平台产品/服务的替代品会有不同认知，因而，需要界定两个相对独立的相关市场。特别地，如果非交易型市场中仅有一边存在网络外部性，那么可以仅对不存在网络外部性的一边界定相关市场（Evans，2011）。

其次，必须将免费产品/服务纳入到相关市场的界定之中。

任何企业都追求自身利润或利益的最大化，而平台企业对市场一边提供免费产品/服务的目的就是为了最大化平台上的用户规模、交易量以及相应产生的利润。或者说，平台企业将提供免费产品或服务作为一种竞争手段，并且能够得到质量、多样性等多个维度的灵活性。因此，在进行反垄断规制时，也要考虑免费产品和服务，从而需要对传统分析方法加以改进。对此，Evans（2011）提出了两种可选界定方式：其一，将免费产品和收费产品一同界定；其二，将两者分开界定，同时考虑两者之间的相互依赖性[①]。由于没有价格，SSNIP 测试将无法适用于免费产品，此时，可以尝试使用产品或服务的性能与盈利模式来替代价格进行测试。相对而言，盈利模式测试所涉及的技术与操作较为简单。然而，两种方法都有弊端：一方面，产品或服务的性能不易量化，且性能的一定提高并不具有实际意义；另一方面，相同平台企业可以采用不同的盈利模式，这可能导致一些企业被排除在相关市场之外（林平和刘丰波，2014）。

最后，可以适当降低相关市场界定的重要性。

双边市场具有多样性，这提高了合理界定相关市场的难度。为此，以 David S. Evans 为代表的部分学者开始重新思考相关市场界定在关于双边市场尤其是平台企业兼并的反垄断执法或规制中的实际作用（Evans & Noel，2005b；Evans，2010、2012b）。在双边市场中，市场份额与市场势力并不具有明确的正相关关系。因此，用市场份额来预示平台企业的市场势力并不准确，甚至会造成严重错误（Evans，2003b）。这时，如果有更加直接的方法可用于测度或评估平台企业的市场势力，那么可以弱化相关市场界定的重要性和基础性[②]。如果直接证据能够提供足够的论证和支持，反垄断执法机构甚至可以不用界定相关市场。即使没有直接证据，在考察具有熊彼特式创新竞争特征的双边市场中的非兼并问题时，为适应市场创

① 在实践中，不同国家的反垄断机构对获得免费产品或服务的一边采取了不同的态度。

② 当然，也有学者担心这种做法会引致反垄断规制的扩大化，参见蒋岩波（2012）。

新所带来的产品快速更迭，可以适当降低对相关市场界定的精度要求。

### 6.2.2 双边市场情境中的具体改进

在进行定性分析时，无疑需要将双边市场的特点尤其上述要点考虑在内①。然而，这种界定通常会出现较多分歧。例如，在谷歌收购 DoubleClick 案例中，美国联邦贸易委员会（FTC）与欧盟委员会都根据两个公司的主营业务界定相关产品市场。其中，FTC 界定的相关产品市场包括搜索广告、（在线）广告中介以及第三方（在线）广告服务，而欧盟委员会则界定了在线广告空间供应、在线广告中介和在线显示广告服务技术供应 3 个市场（林平和刘丰波，2014）。很明显，两家执法机构的分歧主要在于关注焦点是搜索广告还是在线广告。为此，必须改进并发展适用于双边市场的定量分析方法。鉴于 HMT 已经得到广泛使用，我们重点考虑 HMT 的两种实际操作方法：SSNIP 测试和临界损失分析。

#### 6.2.2.1 SSNIP 测试的改进

要使 SSNIP 测试适用于双边市场，必须重点考虑基准价格选择、利润选择和假定垄断者能否调整价格结构 3 个问题。

Argentesi & Ivaldi（2005）以印刷媒体业为例进行了分析，且重点讨论了需求替代在相关市场界定中的作用以及弹性估计偏差所造成的影响。为此，他们构建了一个包含双边市场主要特征的模型，并用杂志数据集进行了检验。以银行卡领域为例，Emch & Thompson（2006）讨论了交易型双边市场中进行 SSNIP 测试的基准价格选择问题。他们认为，只有总价格（即商家与发卡行支付的接入费之和）才是 SSNIP 测试的唯一合理价格基准。相反，交换费以及向一边用户（包括商家和发卡行）收取的价格都不适宜作为基准价格。具体来讲，使用总价格的合理性在于：其一，总价格是银行卡组织为提供一单位服务所收取的价格，此时可以将传统的垄断定

---

① 关于实际情境中的相关分析和讨论，可以参见李剑（2010）、仲春（2012）、孟雁北（2013）、吴宏伟和廖娟（2013）等。

价理论直接运用到双边市场中；其二，提高总价格能够增加每单位服务所产生的利润，这是平台企业使用市场势力的根本目的；其三，基于简单的假设就可以得到总价格提高会损害社会福利这一结论。

然而，Emch & Thompson（2006）将银行卡市场过度简化为只包括银行卡组织、商家和发卡行在内的市场，因而存在较大缺陷。White（2006）认为，Emch & Thompson 的方法存在 3 个主要问题：其一，其模型本质上是局部均衡，因为商家对产品或服务的定价被假定为保持不变；其二，银行卡交换费是由 Visa 和 MasterCard 的联合经营会员共同决定，而不是由个人所对应的发卡行和收单行通过讨价还价决定，Emch & Thompson 忽略了这一决定银行卡网络受到反垄断关注的根本原因；其三，他们并没有明确讨论相关市场界定问题，虽然有助于兼并分析，但是无法给反垄断执法机构的决策提供准确信息。然而，White（2006）本身并没有尝试解决这一问题。

最近，Filistrucchi 等（2014）提出，应该根据双边市场的类型（即交易型还是非交易型）对 SSNIP 测试进行适应性调整：针对交易型市场，采用平台收取的总价格作为价格基准[①]；而对于非交易型市场，则必须分别对市场两边的价格进行测试，并且在测试时要将交叉网络外部性纳入其中。同时，如果非交易型市场中只存在单向交叉网络外部性，则可以直接对不存在网络外部性的一边进行 SSNIP 测试[②]。另外，SSNIP 测试的基本原理是找到最小的相关市场，其中假定垄断者在这个市场中维持较长时期小幅涨价可以获利。因此，必须允许垄断者可以调整其价格结构。否则，所得结果必然将严重脱离实际（Emch & Thompson，2006）。

最后，张昕竹和黄坤（2013）提出，对于存在免费产品的双边市场，可以采取两种思路来得到类似的价格并用于进行 SSNIP 测试：其一，使用隐性价格，即将平台产品或服务给免费方所产生的负面影响作为其支付的

① 例如，张静等（2008）在银行卡产业的并购规制中进行了尝试。

② 虽然在双边市场中进行 SSNIP 测试或多或少都会存在些许偏误，但是这可以为反垄断规制提供合理的上下边界。

价格。例如，媒体平台给消费者免费提供广告，而广告对消费者来讲，可能会产生负的网络外部性，此时可以将这种负面影响作为隐性价格。其二，使用影子价格，即企业可能会降低免费产品或服务的质量并变相提高产品或服务的价格，因而，可以将免费产品或服务的质量作为价格的代理变量。考虑到隐性价格和影子价格都难以界定，张昕竹和黄坤（2013）尝试探讨假定垄断者行为测试。其中，与 SSNIP 测试不同，假定垄断者行为测试考察假定垄断者的行为是否有利可图。

6.2.2.2　临界损失分析的改进

在进行 SSNIP 测试时，主要思路就是判断小而显著且非暂时性的价格上涨对企业而言是否有利可图。然而，这一方法并没有明确“有利可图”的标准，并且会受到数据、技术以及使用程序等的影响和限制，因而有非常明显的局限性（余东华，2010）。为此，Harris & Simons（1989）等提出了用户友好型的实施方法——临界损失分析[①]，其具体做法就是将临界损失（*CL*）与实际损失（*AL*）进行比较。即假设假定垄断者将所有产品的价格提高 *X*%，*CL* 是足以使该提价变得无利可图的销售量损失比例，而 *AL* 是提价后垄断者产品销售量的实际降幅。对于单边市场而言，*CL* 和 *AL* 分别满足式 6－2。其中，*M* 是成本价格加成，而 $\varepsilon^{own}$ 和 $\varepsilon^{cross}$ 分别是自有需求价格弹性和交叉需求价格弹性。当 $CL = AL$ 时，假定垄断者所拥有的产品集就构成了相关市场。

$$CL = X/(X + M);\ AL = X(\varepsilon^{own} - \varepsilon^{cross}) \tag{6-2}$$

然而，在双边市场中，市场一边价格的变动会产生反馈效应，且价格低于边际成本是普遍情形。Evans & Noel（2008）认为，根据单边市场逻辑进行双边市场的临界损失分析，必然会造成估计偏误和勒纳偏误，因而，需要将该方法加以改进。简单起见，他们主要考虑了最简单的对称情形，即两个平台对市场两边用户的定价相同：$P^s = P_1^s = P_2^s$（$s = A,\ B$）。此

---

① 相关介绍还可参见 O'Brien & Wickelgren（2003）、Katz & Shapiro（2003）、Harris & Veljanovski（2003）、丁茂中（2008）、余东华和马路萌（2013）等。

时，并不必然有 $P^A \neq P^B$，且令市场 $s$ 边的总交易量为 $Q^s = Q_1^s + Q_2^s$。假设两个平台的假定垄断者分别将市场两边用户对应的价格提高 $\Delta P^s$ 和 $\Delta P^r$（$s$，$r = A$，$B$ 且 $s \neq r$），则 $s$ 边因价格上涨所引致的超边际销售收益与单边市场类似：$\Delta P^s(Q^s + \Delta Q^s)$。然而，价格上涨所产生的边际损失却大为不同：

$$Loss = -(P^s - C^s)\Delta Q^s - (P^r - C^r)\Delta Q^r \tag{6-3}$$

令总边际收益等于总边际成本，可以得到双边市场中的临界损失表达式 6-4。其中，平台两边的价格上涨比例分别为 $X^A$ 和 $X^B$，而 $R^s = Q^s P^s$ 表示平台企业从 $s$ 边得到的收益。

$$\sum_{s=A,B}\left[R^s(X^s + M^s)\left(\frac{\Delta Q^s}{Q^s}\right) + R^s X^s\right] = 0 \tag{6-4}$$

假定垄断平台的实际损失取决于许多因素，主要包括短期自有需求价格弹性、交叉需求价格弹性、间接网络外部性强度等。也就是说，与单边市场不同，双边市场中的实际损失还受反馈效应的影响。假设需求函数为特定的不变弹性需求函数（即 CES 函数），则有：

$$q_i^s = \alpha_s q_i^r - \delta_s q_j^r + \theta_i^s\text{，其中，}\theta_i^s = \mu_s - \beta_s p_i^s + \gamma_s p_j^s\text{，}i \neq j\text{，}s \neq r \tag{6-5}$$

其中，$q_i^s = \ln(Q_i^s)$ 表示平台 $i$ 上 $s$ 边用户的对数需求函数，$p_i^s = \ln(P_i^s)$；参数 $\beta_s$ 和 $\gamma_s$ 分别表示 $s$ 边用户的短期自有需求价格弹性和交叉需求价格弹性，而 $\alpha_s$ 和 $\delta_s$ 分别测度平台内的间接网络外部性和平台间的间接网络外部性。为保证系统的稳定性，假设有 $\alpha_s > \delta_s$、$\beta_s > \gamma_s$ 且 $\alpha_s + \delta_s < 1$。求解方程 $q_i^s$ 的简约式，并且对每个 $q_i^s$ 求全微分，可以得到 $A$ 边和 $B$ 边的价格发生 $X^A$ 和 $X^B$ 的比例变动后，$s$ 边用户所引致的实际损失：

$$L^s = \frac{(\gamma_s - \beta_s)X^s + (\alpha_s - \delta_s)(\gamma_r - \beta_r)X^r}{1 - (\alpha_s - \delta_s)(\alpha_r - \delta_r)} \tag{6-6}$$

具体来讲，$L^s = \Delta q_i^A = \Delta \ln Q^A = \Delta Q^A / Q^A$ 表示每个平台的实际损失比。将临界损失的表达式整理后，用 $L^A$ 和 $L^B$ 分别替代 $\Delta Q^A/Q^A$ 和 $\Delta Q^B/Q^B$，当临界损失等于实际损失时有：

$$\omega\frac{X^A + M^A}{X^A}L^A + (1-\omega)\frac{X^B + M^B}{X^B}L^B = -1 \tag{6-7}$$

很明显，该表达式是市场每边临界损失与实际损失之比的加权和，而权重为：

$$\omega=\frac{R^{A}X^{A}}{R^{A}X^{A}+R^{B}X^{B}} \tag{6-8}$$

令表达式6-7左边部分的绝对值为实际损失—临界损失比（$ACR$）。如果$ACR>1$，则需要扩大相关市场；相反，如果$ACR<1$，则需要收缩相关市场。随后，Evans & Noel（2008）将调整后的临界损失分析方法在谷歌收购DoubleClick案例中进行了应用，并将其拓展到了多个平台的不对称情形。当然，这一改进并不完善，因为它可能使得最终界定的相关市场过宽。同时，这些表达式建立在线性需求、边际成本不变、两边价格不同时变动等前提假设之上，因而，与实际相比还有较大差距（Filistrucchi，2008）。

Filistrucchi（2008）通过允许市场两边价格同时变动来弥补Evans & Noel（2008）的部分不足，从而给出了非交易型双边市场的两种临界损失计算公式，即美国版本和欧盟版本。其中，市场一边的价格是内生决定的，它由市场另一边的价格上涨幅度以及两边之间的关联作用共同决定。Filistrucchi给出的表达式看起来非常复杂，但因为其主要由各种需求价格弹性组成，所以在反垄断执法实践中，仍然有较高的适用性。

另外，Alexandrov等（2011）将双边市场分为市场制造者和市场匹配者，并且对市场制造者情形中的临界损失分析进行了详细讨论。然而，与Evans（2003b）所界定的市场制造者不同，Alexandrov等（2011）所说的市场制造者是指提供转售、增殖等服务并赚取差价的平台，这是典型的单边市场。因此，其提出的分析方法并不适用于双边市场。

最后，陆伟刚和张昕竹（2014）建议在进行临界损失分析时改进成本参数的估计方法。例如，在将价格变动总效应分解为自有需求价格弹性和交叉需求价格弹性两部分之后，对前者可以用利润水平和收入水平方面的数据进行估计，而对后者则需要根据产品子集之间的关系进行相应确定。特别地，他们根据网络外部性的特征将双边市场进行分类，并归纳了不同类型市场适宜采用的相关市场界定方法。毫无疑问，这将是相关研究深化拓展的一个重要方向。

## 6.3 市场势力测度

经济学理论通常认为，市场势力（Market Power）的存在是市场失灵的一个主要原因。并且，只有拥有市场势力的企业才能够成功实施价格歧视、排他性交易等反竞争行为。因此，制止滥用市场势力的相关行为是反垄断执法或规制的核心目标之一。而要对企业兼并进行反垄断审查或者对主导企业进行反垄断规制，一个重要的前提工作就是判断其在相关市场中是否具有垄断势力。

针对传统单边市场，学术界和反垄断执法机构已经提出了大量行之有效的市场势力测度方法和指标，主要包括市场份额、市场集中度①、利润率、市场进入壁垒、勒纳指数②、贝恩指数、产业基尼系数等③。

然而，双边市场具有的特殊性质使得这些传统方法和指标不再具有较好的适用性。其中，一个主要问题就是双边市场中的价格和边际成本并不具有必然的正相关关系。事实上，双边平台对一边用户的定价可能高于边际成本，而对另一边用户的定价则低于边际成本。此时，价格与边际成本之间的差异将不再是市场势力的较好“指示剂”：价格高于边际成本并不一定等于企业拥有市场势力，而价格低于边际成本也不能说明必定存在价格掠夺行为。此时，使用勒纳指数（式2-1）等方法考察双边平台的市场势力必然会出现较大偏误。于是，我们必须根据双边市场的特征来调整市

---

① 其中，市场集中度指标包括绝对集中度（$CR_n$）、赫芬达尔—赫希曼指数（HHI）、汉纳—凯指数（HKI）等。

② 勒纳指数虽然非常简单，但却突出了市场势力的本质，即维持高于边际成本的价格水平。价格和边际成本的差异越大，则说明企业的市场势力越强。因此，随着实证产业组织理论的发展，学者们对勒纳指数进行了拓展，开发出了各种通过定量手段进行准确测度的方法，包括随机边界法、索洛余值法、需求弹性法等。具体介绍，可参见曲创和刘重阳（2016）、刘玉海和梁丹（2016）、秦伟广（2017）。

③ 关于传统单边市场中市场势力测度方法的详细介绍，可以参见占明珍（2011）。

场势力测度方法，并通过市场进入壁垒方面的定性分析来加以佐证。

### 6.3.1 测度方法优化调整

市场势力的测度方法有很多，相应地，有很多学者尝试将这些方法加以改进，使其可适用于双边市场。其中，一个非常重要的尝试就是对价格上涨压力（Upward Pressure on Price，简称为 UPP）方法的改进。

#### 6.3.1.1 改进要点与尝试

在测试双边市场平台企业的市场势力时，有两点需要特别注意：其一，为了最大化正的交叉网络外部性以及相应利润，平台企业通常会对市场一边收取低于边际成本的价格，此时不能直接使用成本价格加成率；其二，部分双边市场在培育阶段存在大规模的固定成本，此时，用成本价格加成来衡量市场势力将缺乏实际意义。相比之下，风险调整后的投资回报率可能更加有效（Evans & Noel，2008）。不过，平台企业投资回报率的计算存在较大难度。因此，需要发展更加适用的测度方法和指标。

以报纸为例，Argentesi & Filistrucchi（2007）较早尝试通过构建结构模型来估计市场势力。该模型包含了关于市场两边用户（即读者和广告商）对差异化产品需求的估计，而报纸出版社在追求利润最大化时，考虑了市场两边用户之间的交互。由此，他们重点讨论了一个问题：观察到的价格模式是符合竞争企业的利润最大化行为，还是受某种形式的（默契或显性）协调行为所驱动。估计到的价格加成与实际观察到的价格加成两者之间的比较表明，报纸出版社在发行价格方面有合谋行为，而在广告市场接近于充分竞争。总的来讲，广告价格方面的竞争稀释了报纸出版社在读者一边享有的市场势力。

以电视杂志为，Song（2012）进一步探讨了用平台需求结构模型来估计双边市场价格加成的可能性。为了完整地捕捉交叉网络外部性引起的反馈效应，Song 将平台企业的需求系统设置为一个隐函数系统。其中，市场每边的用户在价格、平台另一边用户规模以及平台其他属性给定的情况下决定自己要加入的平台。而给定需求系统，各个平台分别制定能够实现总利润最大化的两边价格。如此，可以根据隐函数的性质来计算价格加成估计所需要的核心参数——需求价格弹性。为提高适用性，Song 分别基于单属模型和竞争性瓶颈模型（Armstrong，2006）进行了分析。数值模拟结果表明，需求结构模型能够较好地测度平台企业的市场势力①。这一方法适用于媒体型市场，即市场每一边的用户关心另一边用户的存在，而平台通过收取合适的会员费来最大化总利润。

另外，曲创和刘重阳（2016）以搜索引擎市场为例，尝试构建以勒纳指数为基础的市场势力衡量指标②。该指标同时涵盖两个层面，即市场整体与厂商个体，由此可以从整体视角考察平台企业的市场势力，并且能够排除多产品、非对称定价等因素的干扰。综合考虑多方面的因素，他们提出了“均价比”指标 $\lambda_i$（式 6－9）。其中，$i_i/t_i$ 表示平台企业使用同一标准衡量的产品/服务平均价格，而 $\sum_{i=1}^{N} i_i/\sum_{i=1}^{N} t_i$ 表示单一标准衡量下整个相关市场中产品/服务的平均价格。令 $\gamma_i \equiv \lambda_i - 1 = \frac{\overline{P}_i}{\overline{P}} - 1 = \frac{\overline{P}_i - \overline{P}}{\overline{P}}$，则 $\gamma_i > 0$ 表示平台企业具有超出正常水平的市场势力。然而，该方法要求将所有产品同质化，这在实际操作中可能会存在一定的难度。

$$\lambda_i \equiv \frac{msi_i}{mst_i} = \frac{i_i/\sum_{i=1}^{N} i_i}{t_i/\sum_{i=1}^{N} t_i} = \frac{i_i/t_i}{\sum_{i=1}^{N} i_i/\sum_{i=1}^{N} t_i} = \frac{\overline{P}_i}{\overline{P}} \quad (6-9)$$

Hazlett & Weisman（2011）以美国宽带服务为例进行了考察，并认为托宾 $q$ 比率要优于勒纳指数，其原因在于：第一，超额利润的存在是企业有垄断势力的必要条件（不一定是充分条件）；第二，托宾 $q$ 分析可以规避许多复杂的实证问题，包括利润的时间分布、风险调整的折旧率以及资

① 该方法在电视杂志市场的实际应用表明，市场集中度的提高并不必然导致杂志价格上涨，因为杂志将试图吸引更多的读者以期获得更多盈利。与单边市场模型所预测的结果不同，需求结构模型的测度结果说明，即使兼并会使得杂志在平台两边的市场势力都提高，但是读者却能够得到福利增进，或者至少原有的福利损失会更小。

② 曲创和刘重阳（2016）认为，勒纳指数仍然有用，但需要根据双边市场的特征进行调整。

本投入的贬值问题等；第三，测度 $q$ 值具有前瞻性，因为其涉及对当期利润和未来利润的预期。

最后，Jeziorski（2015）构建了一个动态双寡头模型，其中，兼并、进入/退出与产品重新定位都是内生的，并认为根据该模型可以得到动态稳健的福利比较。特别地，Jeziorski 指出在兼并模拟中，必须重点关注平台企业行为的长期影响，任何短视的模拟在保护消费者福利方面必然会缺乏效率。

6.3.1.2 UPP 方法的改进

考虑基于相关市场界定的市场集中度指标在横向兼并审查中存在的较大局限性，Farrell & Shapiro（2010）提出了新的横向兼并审查方法，即 UPP 方法。具体来讲，UPP 方法衡量兼并所产生的两种相反效应：兼并双方直接竞争消失引致的损失[①]和兼并实现的边际成本节省。其中，前者引致价格上涨压力，而后者则能够促进价格下降。如果两种影响的净效应是产生价格上涨压力，那么可以推断相应兼并会损害市场竞争[②]。

UPP 方法的优势在于其分析关注决定单边效应的最重要方面，即转移率、利润率和合并效率。同时，该方法对数据的需求较少，还允许使用者在必要时规避市场界定问题以及避免对市场需求函数的具体形式做出任何假设。因此，它能够弥补市场界定和以市场集中度为主的市场势力测度等方面的不足[③]。相应地，部分学者试图将该方法加以改进，使其适用于双边市场兼并审查。

Affeldt 等（2013）将 UPP 的概念进行了扩展，并证明它可以克服由于双边性质所产生的复杂问题，以确保其在双边市场反垄断审查中仍然具有适用性。在企业 1 与企业 2（分别出售差异化产品 1 和产品 2）两者的兼并

① 在其他条件不变的情况下，双方合并后任意一方提高价格，其损失的客户或订单将部分流向另一方。如此，兼并方就有可能从兼并中获得提价的能力，即兼并可能产生单边效应。

② 关于 UPP 的详细介绍，可参见吴汉洪等（2011）、余东华和李铁伦（2015）等。

③ Farrell & Shapiro（2010）、Moresi（2010）等原创性文献将 UPP 方法进行了修正，使其能够适用于同质化产品市场和异质性产品市场。

中，Farrell & Shapiro（2010）假设产品 1 的 UPP 为①：

$$UPP_1 = D_{12}(P_2 - C_2) - E_1 C_1 \quad (6-10)$$

其中，$D_{12}$表示产品 1 向产品 2 的转移率，$P_2$ 和 $C_2$ 分别是产品 2 的价格和边际成本，$E_1$ 是兼并给产品 1 带来的效率增幅，$C_1$ 是产品 1 的边际成本。也就是说，$E_1C_1$ 衡量了与兼并有关的效率。此时，如果 $UPP_1>0$，则说明兼并会产生价格上涨压力，因而，需要进行进一步审查。将企业 2 的效率收益代入式 6-10，可以得到式 6-11。由此可知，在兼并后企业 2 的效率收益将给企业 1 提供提高价格的激励。

$$UPP_1^* = D_{12}[P_2 - (1-E_2)C_2] - E_1 C_1 \quad (6-11)$$

根据双边市场的特征，Affeldt 等（2013）假设平台企业 1 的利润函数为②：

$$\pi_1 = (P_1^A - C_1^A)\hat{Q}_1^A + (P_1^B - C_1^B)\hat{Q}_1^B \quad (6-12)$$

其中，$A$ 和 $B$ 分别表示市场两边。在考虑交叉网络外部性的前提下进行利润最大化推导，可以得到双边市场中的 UPP 表达式 6-13③。可以看出，市场两边以及平台之间的竞争都会作用于平台企业 1 的 UPP，这无疑比单边企业的情形更加复杂④。而由于反馈效应的存在，双边市场中的转移率计算也更加复杂。然而，该方法确实能够为双边市场中的兼并审查提供一种筛查机制。

$$UPP_1^{A*} = D_{12}^{AA}[P_2^A - C_2^A(1-E_2^A)] + D_{12}^{AB}[P_2^B - C_2^B(1-E_2^B)] - E_1^A C_1^A + D_{11}^{AB}E_1^B C_1^B \quad (6-13)$$

由于 Affeldt 等（2013）改进的 UPP 方法计算的是兼并后市场一边的

---

① 同时，Salop & Moresi（2009）建议使用总价格上涨压力指数（Cross Upward Pricing Pressure Index，简称 GUPPI）来进行考察，即：$GUPPI_1^+ = D_{12} \times m_2 \times \frac{P_2}{P_1}$。其中，$m^2$ 是兼并前产品 2 的成本价格加成率。

② 在 Farrell & Shapiro（2010）中，单边企业的利润函数为 $\pi_1 = (P_1 - C_1)Q_1$。

③ 各简化式子的具体表达式参见 Affeldt 等（2013）。

④ 在双边企业中，GUPPI 的表达式为：$CUPPI_1^{A+} = D_{12}^{AA}m_2^A \times \frac{P_2^A}{P_1^A} + D_{12}^{AB}m_2^B \times \frac{P_2^B}{P_1^A}$。

涨价压力，因而，无法考察实际的价格上涨以及由此引起的社会总福利和消费者剩余的变动（Schmalensee，2009）。为此，Jaffe & Weyl（2013）进一步扩展了 UPP 方法，主要是将可预期的市场主体适应性变动纳入分析之中，从而使得该方法能够估计可能的价格变动。他们改进后的 UPP 方法具有一个重要特征，即仅需要使用兼并前市场均衡情况下的相关信息便可以完成计算。尽管如此，在单边市场中运用 UPP 方法时所存在的问题以及相应承受的批评也同样适用于双边市场①，这就要求我们继续加以改进。

### 6.3.2 市场进入壁垒分析

在一个相关市场中，如果不存在较高进入壁垒因而潜在进入者可以自由进入，那么较高的市场份额也不足以说明在位企业具有可以使用的市场势力或垄断势力②。这是因为高额利润的存在将激励其他企业大量进入市场，这种竞争会促使利润回归竞争水平。因此，在考察企业的市场势力时，必须同时考虑相应市场中的进入壁垒③。其中，在位者能否主动创造进入壁垒是分析的重中之重。考虑到双边市场的高度集中特征，进入壁垒分析变得更加重要：如果存在进入壁垒，那么在位平台企业就可以维持自身的垄断势力④。

特别地，目前对进入壁垒主要有两种定义：第一，进入壁垒意味着潜在进入者难以进入；第二，进入壁垒是指在位者拥有而进入者无法获得或者复制的优势（Stigler，1968）。根据 Evans（2003b）的观点，我们主要采

① 具体来讲，主要问题包括：其一，UPP 以及扩展型 GUPPI 是否可行，因为尽管数据要求较少，但是它们仍需要获得关于转移率的相关信息，而市场调查有时是不可行的，在双边市场则更加复杂；其二，计算企业利润不仅需要价格数据，而且还需要有关于边际成本或者至少为平均成本的信息，而这些在初始兼并筛查阶段难以获得（Schmalensee，2009；Bailey 等，2010；Werden & Froeb，2011）；其三，这类方法将因为忽视竞争对手的应对而倾向于低估单边市场中横向兼并的涨价激励，或者因为忽略竞争平台之间以及市场两边之间的策略互动（Fahri & Hagiu，2008）而高估或者低估双边市场中的涨价激励。

② 事实上，进入壁垒也是界定相关市场时不可忽视的内容。

③ 关于单边市场进入壁垒的一般分析，可参见 Gilbert（1989）、贝恩（2012）等。

④ 通常认为，如果企业能够控制价格或排除竞争者，则说明其具有垄断势力。

用第二种定义。

交叉网络外部性是双边市场存在的一个重要前提，而其是否构成进入壁垒自然受到较大关注。由于这一特性，双边市场平台企业必须解决好“让两边用户都加入”的问题，并且只有在达到临界规模时，才能够正常运营。因此，Gaudeul & Jullien（2005）、Evans & Schmalensee（2013）等均认为交叉网络外部性构成双边市场的进入壁垒。特别地，较强的交叉网络外部性会使得双边市场出现“倾斜”现象，因而，不利于潜在进入者的进入（Dube 等，2010）。同时，Jenkins 等（2004）指出，如果在位者与进入者都有较强的策略性激励去颠覆市场，则网络效应就可能成为实质性的进入壁垒①。

与网络外部性相关的问题是，在位者拥有的安装基础是否构成进入壁垒。普遍观点认为，进入者的质量优势必须大到足以克服在位者的安装基础优势，才能实现成功进入，也即安装基础会构成进入壁垒。例如，相比之下，更大规模的拍卖平台更具有效率（Ellison 等，2004），这无疑对于后进入者相当不利。当在位者具有巨大优势时，消费者必须在当前标准下的收益和不具有安装基础的新技术所带来的潜在收益之间进行权衡。此时，即使是进行动态价格竞争，网络效应也有可能赋予在位者以较强的市场势力（Cabral，2009）。

另一方面，Eisenmann 等（2011）和 Zhu & Iansiti（2012）持有相反观点。Eisenmann 等（2011）认为，进入者可以通过功能包络的方式实现市场进入，即在提供差异化功能的同时，也提供在位者之产品或服务所具有的功能。如此，进入者不一定必须提供具有革命性功能的产品或服务。Zhu & Iansiti（2012）构建了包含在位者和进入者两个平台的模型，其中进入者具有一定的质量优势，两个平台基于平台质量和安装基础展开竞争。动态分析表明，安装基础并不必然构成当前的进入壁垒：在一定条件下，

① Cabral（2011）尝试构建可分析两家专有网络之间竞争的动态模型，其中，消费者会死亡并以固定的概率被替代。两家企业为获得新消费者相互竞争，并向其提供网络接入价格。这一模型可以用于估计网络效应所造成的进入壁垒，即新进入者的价格如何取决于网络效应强度。

当与具有巨大安装基础优势的在位者竞争时，拥有较小质量优势的进入者能够逐渐获得市场份额并达到临界规模。也就是说，安装基础并不必然构成进入壁垒。Zhu & Iansiti（2012）以游戏控制平台为例进行了论证，其中，市场中的间接网络外部性和消费者的折现因子使得在位者（即 PlayStation2）无法维持其巨大的安装基础优势。

除网络效应以及相关的转移成本之外，企业所实施的经营策略也可能形成较强的进入壁垒。如果双边平台之间存在不兼容或者排他问题，那么潜在进入者将难以达到临界规模。因此，曲振涛等（2010）认为通过实现互联互通和模块化经营，可以降低由网络外部性引起的市场进入壁垒，从而减少平台企业滥用市场势力的可能性。同时，用户多属可以替代平台兼容，这也能够起到降低进入壁垒的作用（Cantillon & Yin，2008）。

Katz & Shapiro（1985）、Farrell & Saloner（1986）等关于网络产业的分析表明，网络产业存在规模经济特征，如果没有实现标准化，那么企业就可以利用用户之间需求的相互依赖性来实施价格歧视并提高进入壁垒。Parker & Van Alstyne（2005）认为这一问题在双边市场中同样存在，即在位平台企业可以基于网络外部性使用各种价格歧视策略，从而维持市场势力并排斥或削弱市场竞争。Jullien（2008）则指出，处于有利条件的在位者也可能受到竞争者使用不对称多边外部性所产生的竞争。此时，价格歧视可能不会形成进入壁垒，反而可能导致市场过度进入。然而，在双边市场具有关于用户偏好的离散信息情况下，Jullien & Pavan（2014）发现，在动态定价中，平台企业有在早期阶段进行激烈价格竞争，以构建进入壁垒、抑制未来竞争的激励。

除上述双边市场的特征外，经济社会的普遍因素——专利和文化差异性更有可能形成进入壁垒。由于受到专利制度的保护，作为专利权人或专利所有者的在位者能够维持自己的竞争优势并阻止潜在竞争者进入（Gans & Stern，2010；Hagiu & Yoffie，2011）。同时，文化差异特别是语言差异将显著影响平台竞争。通过研究双语教育如何影响国外搜索引擎与一个小国的国内搜索引擎之间的竞争以及相应的母国语言内容的生产，Jeon 等

(2012) 探讨了语言构成的进入壁垒如何影响平台竞争。他们发现，双语教学确实缓和了相应的平台竞争，而这又反过来会导致母国语言内容和母国用户福利的减少。特别地，基于国外语言的内容很可能将挤出（Crowd Out）数量众多的基于母国语言的内容，从而使得精通两种语言的消费者比只会单一语言的消费者喜欢更少的母国内容。也就是说，小语种国家的平台企业难以获得平等的竞争地位。

以上分析表明，网络效应以及由此引起的安装基础的重要性、较高的转移成本等有可能构成进入壁垒。然而，技术创新、平台互联互通、用户多属等都有助于削弱这些潜在壁垒。同时，反垄断执法机构应当重点抑制在位主导企业反竞争的单边或协调行为，鼓励平台之间实现产品或服务的相互兼容。相比之下，文化、制度等更可能成为进入壁垒，这就需要从更加全面的视角进行分析并加以判断。

## 6.4 兼并的效率考虑

之所以对企业兼并进行反垄断审查，目的在于保护消费者剩余和社会福利不受损害，因为竞争弱化可能会造成无谓损失。然而，企业兼并可能产生效率收益，例如，横向兼并带来的规模经济、纵向兼并带来的范围经济以及交易成本节省。兼并的效率收益可能非常大，从而足以抵消市场竞争弱化所产生的成本。此时，同意企业的兼并申请对于社会来说是最优的。因此，在对企业兼并进行反垄断审查或规制时，进行成本与效率之间的权衡（即效率考虑）必不可少。社会日益认识到反垄断规制的唯一目标就是保证市场效率，相应地，效率考虑或者效率抗辩[①]的重要性更加凸显。

毫无疑问，平台企业兼并可能会因为产生各种反竞争效应而造成社会福利受损。然而，它同样能够带来效率收益，并且这些收益还可能因为双

① 企业可以通过效率抗辩来获得反垄断机构对兼并申请的批准。刘志成和武常岐（2013）详细探讨了效率抗辩的必要性、主要内容和基本标准，而余东华和刘晓燕（2013）、巫晓林（2013）分别讨论了单边市场中横向兼并和纵向兼并的效率抗辩。

边市场的特征而有较大规模，完全足以弥补同时引致的社会成本。因此，在确定提出兼并申请的平台企业具有垄断势力之后，反垄断执法机构还需要重点考察平台企业兼并可能产生的效率收益。而除了传统单边市场企业兼并所能够产生的效率收益外，平台企业兼并还能够产生独特的效率收益，即交叉网络外部性增强所带来的更大社会福利。因此，市场集中是否能够产生效率收益，是平台企业兼并之成本效率权衡的重点①。

与单边市场不同，双边市场并不完全适用“竞争加强必然引致更有效率的价格结构”这一结论（Wright，2004）。相应地，当其他条件不变时，双边市场平台企业的横向兼并能够通过增加所有客户群组的规模来扩大间接网络效应，从而可以产生效率收益（Evans & Schmalensee，2013）。例如，根据类似于 Rochet & Tirole（2006）的设定，单个平台实现的利润为：

$$\pi = (p^B + p^S - c)n^B(p^B, p^S)n^S(p^B, p^S) \quad (6-14)$$

假设平台的定价和成本不变，且两个平台是对称的。此时，每个平台上的两边用户数量相等，分别为 $N^B$ 和 $N^S$。每个平台的交易量均为 $N^B N^S$，总交易量为 $2N^B N^S$。如果两个平台合并，且假定价格不发生变动，则兼并后平台的总交易量为 $4N^B N^S$②。也就是说，平台企业合并后能够产生更多的利润。同时，用户的净效用函数为式 6 - 15。当其他条件不变时，平台一边用户的净效用将随着平台另一边用户数量（或规模）的增加（或扩大）而增大③。也就是说，平台企业兼并同样能够给消费者带来好处，因而，符合效率考虑的基本原则：效率提升有利于消费者；效率是兼并所特有的；效率可以证实。

$$U^i = (b^i - a^i)N^j + B^i - A^i \quad (6-15)$$

当然，上述分析仅仅是最简单的情形，并没有考虑兼并前后价格变动等因素可能产生的影响。因此，需要进行更加详细地分析。例如，Jeziorski

① 这里主要讨论的是平台企业横向兼并的效率收益问题。对于平台企业纵向兼并或纵向一体化，在判断平台企业市场势力之后，可以着重根据单边市场的效率抗辩原则进行考察。

② 当然，这种设定只适合于信用卡、移动通信等部分双边市场。然而，其内在含义具有普遍适用性，即用户或网络规模的扩大能够提高整体的社会福利。

③ 具体增幅还取决于同组用户之间是否存在拥挤效应等因素。

(2014b) 发展了用来估计兼并的固定成本效率的方法，并试图用于评估可追溯和反事实兼并的总体福利影响。这一程序使用了一个结构模型，其特点是：企业之间进行具有内生兼并与产品重新定位决策的动态博弈；可以正确预测盈利更多的兼并样本选择，且能够捕获后续兼并以及兼并后的产品重新定位。其基本想法是将兼并内生化，从而以模拟的不同成本效率水平的长期获益为基础，将数据中观察到的兼并与反事实兼并进行对比。Jeziorski 用该框架估计 1996 年解除规制后美国广播行业的成本效率，结果发现：1996～2006 年间通过兼并获得的年平均成本节省合计约为 12 亿美元，并且可以均等地将这一收益划分为规模经济和广播内容成本协同效应两部分。

我们也可以从反事实角度进行考虑，即不允许平台企业进行兼并，且市场中存在多个平台。此时，市场过于分散可能会造成协调失灵和无效率[①]：一方面，市场中存在多个平台，两边用户都会有多种选择，但是单个平台可能无法协调所有用户的行为；另一方面，双边平台的运营通常需要较大的固定成本，而边际成本却非常小，于是平台数量越多所产生的固定成本也可能大幅增加（Ambrus & Argenziano，2004）。例如，基于一个存在自由进入的媒体竞争模型，Crampes 等（2009）发现，当听众一边存在规模报酬不变或者递增时，媒体行业中存在过度进入并且产生无效率的广告水平。当市场较为分散时，平台企业也可以依靠“使用收益延后”策略来确保消费者在平台上实现协调。然而，该策略在较大程度地降低主导企业进行无效率锁定或者排他性统治可能性的同时，也会产生无效率的市场分割这一更大风险（Weyl & White，2014）。

事实上，平台企业兼并还可以带来其他好处：其一，用户规模扩大有助于提高平台的服务能力和效率。例如，Damiano & Li（2008）对匹配平台的研究表明，尽管价格竞争提高了匹配服务的质量，但是双寡头垄断中的匹配并不如完全垄断的相应匹配有效率。其二，当市场更加集中时，平台企业更能够进行有效规制并抑制信息不对称所引致的机会主义行为。例

---

① 当然，一个好的方面是市场中产品或服务的多样性可能提高。

如，Halaburda & Yehezkel（2013）考察了事前不确定性与事后信息不对称对平台策略以及市场结果的影响，研究发现平台竞争反而会导致市场失灵，即竞争会导致比垄断时更低的均衡数量和社会福利。相应地，主导平台企业能够更好地进行规制[①]，从而减少产生负外部性的行为，确保有规模足够大的正交叉网络外部性（Boudreau & Hagiu，2009；Evans，2012a）。

正如前文所说，竞争并不必然能够提高效率。Hagiu（2006b）对开放平台与专有平台[②]的经济福利的比较表明，平台间的竞争将阻止平台更加充分地内部化间接网络外部性和直接网络外部性，因而会降低市场效率。事实上，如果平台企业不能够实行兼并，它们也会尝试通过单边行为或协调行为来放松市场竞争、增加总利润。例如，平台企业可以限制市场销售和内部竞争，从而弱化与竞争对手之间的竞争（Jullien，2011）。此外，虽然双边市场的均衡中通常可以出现多个平台，但是这种结果往往是无效率的，并且会因为用户间存在的重复缔约而变得更加严重（Lee，2014）。

毫无疑问，平台规模的扩大能够增大间接网络效应，并由此带来效率收益。然而，如前文所述，平台企业兼并通常会引起社会福利在不同用户群组之间的转移。此时，反垄断执法机构应当以更加全面的视角来进行决策。如果只关注受到损失一方（如消费者）的福利并进行相应干预，这通常会造成社会福利减少，并且不利于有技术优势的进入者对在位者的替代（Zhu & Iansiti，2012）。总之，在考虑单边市场中同样存在的效率收益的同时，反垄断执法机构还需要全面考察平台企业兼并因为网络外部性增强而带来的额外收益：当网络外部性十分明显时，可以侧重于通过兼并申请；相反，则应要求兼并企业进行合理地效率抗辩。

## 6.5 小 结

与传统企业兼并一样，双边市场平台企业的兼并同样可能引发反竞争

---

① 当然，用户规模的增大也会提高平台规制的难度。

② 例如，在手机操作系统领域，苹果公司的 iOS 系统为封闭的专有平台，而谷歌公司的 Android 系统则是开放式平台。

效应并损害社会福利。然而，在对平台企业兼并的反垄断问题进行分析时，过去所发展的分析方法已经无法直接适用，否则，将可能得到南辕北辙式的错误结论（Wright，2004）。因此，需要基于双边市场的典型特征推进经济学分析方法的改进和创新。伴随着双边市场理论以及各类双边产业的发展，部分学者在这方面进行了探索性研究，并得出了一些可用于处理双边市场反垄断问题的分析和测度方法，这为反垄断执法机构开展工作提供了相对有效的工具。

必须承认的是，双边市场本身具有高度多样化的特征，复杂的市场性质和商业模式使得改进后的方法仍然很难具有普遍适用性：一方面，平台产品或服务日益多元化的经营模式（例如，腾讯）可能使得我们无法进行清晰地市场界定，同时，也增加了获得市场势力测度所需指标的难度；另一方面，受企业创新和用户偏好变动等因素的影响，双边市场通常具有显著的动态性，这就使得耗时较长的反垄断调查程序和执法工作缺乏足够的时效性，因而，既难以有效维护市场竞争、保障社会福利，也有可能因为阻碍合理的平台企业兼并而抑制双边市场效率的提升。也就是说，我们还需要进一步推进分析方法与工具的调整和创新。

根据已有的少数研究，可以考虑用不同的衡量标准来进行双边市场的相关市场界定和市场势力测度。其中，张昕竹和黄坤（2013）所提倡的假定垄断者行为测试是可行方向之一，因为价格并不是平台企业滥用市场势力的唯一可选策略。同时，随着互联网技术和大数据技术的发展，我们可以考虑用更加可靠的大规模消费者调查和大数据分析来考察平台企业兼并的竞争效应和福利效应。其中，Cohen 等（2016）使用大数据估计了美国优步对消费者剩余的影响，这为我们提供了一个很好的示例。另外，基于市场调查的计算机模拟也是可行策略之一，它能够为反垄断执法机构提供较为客观的判断依据。最后，在对平台企业兼并进行反垄断审查或规制时，必须高度重视成本与效率的权衡，如此才能够真正达到制定并实施反垄断法的目的——保护有效率的市场竞争。

# 7. 总　　结

## 7.1　主要观点

通过综合采用文献资料法、规范分析、数值模拟、案例分析等方法，我们全面考察了双边市场平台企业兼并的竞争效应和福利效应，以及与之相关的反垄断问题和应对之策。从中我们得出的主要观点和结论如下：

第一，基于传统产业得到的经济学理论和方法并不完全适用于双边市场，需要从全新且全面的视角来考察平台企业兼并的竞争效应和福利效应。

与传统单边市场不同，双边市场的高度集中可能有助于提高市场效率并增进社会福利，这是因为：用户规模越大，双边平台就能够将更多的网络外部性内部化，从而造福于更多的市场参与者。有鉴于此，我们首先通过梳理相关文献的方式进行了考察，并从中得到了如下启示：其一，由于受到多种因素或者力量的约束，双边市场平台企业并不必然能够通过横向兼并或纵向一体化获得可以用于攫取高额利润的市场势力；其二，是否进行兼并是平台企业权衡利弊特别是经过成本收益比较之后自主选择的结果，它是否会产生反竞争效应并损害社会福利，主要取决于间接网络外部性的规模、成本节省的幅度、用户需求价格弹性等因素；其三，平台企业兼并可能造成社会总福利在不同用户群体之间的重新分配，因而，与传统单边市场相比，双边市场中平台企业兼并对社会福利的影响具有更大的不确定性。

第二，双边市场平台企业横向兼并并不必然损害用户剩余，间接网络外部性的存在将对平台企业潜在的滥用市场势力行为施加限制。

以我国网络约车行业中滴滴与优步中国合并作为案例，我们详细考察了双边市场平台企业横向兼并对市场竞争和社会福利的可能影响。通过对比考察双寡头和多寡头两种情形，我们得到的启示主要有：其一，用户之间存在的间接网络外部性会对平台企业滥用市场势力形成有力制约，这将使得完全垄断市场可能获得优于竞争市场的效率和总福利结果；其二，与单个平台企业垄断市场相比，兼并后各独立平台间的联合经营将放松企业所受约束并内部化企业的定价外部性，最终导致大于垄断情形的市场无效率；其三，与平台企业横向兼并相比，产品或服务差异化程度的提高更能够给平台企业带来可以使用的市场势力以及相应的高额利润；其四，当存在成本节省时，平台企业的横向兼并可能给兼并企业以及非兼并企业提供降低价格的激励，因而，允许兼并发起方进行效率抗辩至关重要。

第三，市场培育阶段的平台企业纵向一体化通常能够增进社会福利，反垄断执法机构应当将成熟市场中主导平台企业的相关行为作为关注重点。

以纵向一体化发展和纵向约束较为常见的网络购物行业作为现实背景，我们考察平台企业纵向一体化对双边市场竞争和用户剩余的影响。通过理论分析和数值模拟，我们得到以下 4 点启示：其一，双边市场平台企业的纵向一体化发展会对市场两边产生差异化影响，从而引致市场剩余在各边用户之间的再分配；其二，双边市场中存在的间接网络外部性将给平台企业实行纵向一体化提供正向激励，而市场差异化竞争则会降低实施一体化的预期收益；其三，纵向约束强度的提高会引起市场两边用户在平台间的转移，同时对不同用户产生方向相反的福利效应，具体表现为未受约束方的福利大幅受损；其四，纵向一体化是平台企业解决用户协调问题并实现双边平台成功运营的核心手段之一，该策略在市场培育阶段的使用具有较强的合理性，相反，在成熟阶段则可能对市场竞争、资源配置效率和社会福利产生负面影响。

第四，双边市场主导平台企业的兼并可能对市场竞争和社会福利造成不利影响，其与传统单边市场的区别在于这些负面作用会受到更多因素的制约。

与传统单边市场相同，双边市场平台企业兼并可能产生损害市场竞争和社会福利的单边效应、协调效应、封锁竞争对手等影响。然而，双边市场本身的特殊性质能够对这类不利影响施加相对有效的限制：一方面，即使是完全独占市场的垄断平台企业也面临着大量潜在进入者以及单边市场相关企业施加的竞争约束，这使其无法随意使用已经获得的市场势力；另一方面，双边市场具有典型的“熊彼特式创新竞争”特征，这导致平台企业的主导地位并不具有稳定性和持续性。平台企业兼并可能损害市场一方用户的利益，但同时会增加市场另一边用户以及平台企业自身的收益，因而，需要以更加谨慎的态度对其进行反垄断审查和规制。特别地，在考察平台企业兼并时，我们应当将注意力集中于主导企业的市场势力扩张和平台企业兼并可能存在的长期或间接福利效应两个方面，从而在进行更加全面的分析之后做出更优决策，避免决策失误导致更加严重的市场扭曲和福利损失。

第五，在对平台企业兼并进行反垄断审查和规制时，需要使用适用于双边市场的方法和工具来进行相应分析和决策，而改进和优化相关方法和工具则是学术界以及反垄断执法机构的共同任务。

如果不考虑双边性质等双边市场具有的重要特征，那么对平台企业兼并的反垄断审查将会得出违背市场效率要求的结论，最终可能引致更加严重的市场扭曲和福利损失。因此，需要对原有理论、方法以及评价工具进行适用性调整，其中，非常重要的方面就是改进相关市场界定与市场势力测度的原则和方法。尽管目前已经出现了对传统方法的改良，但双边市场的多样性、复杂性以及商业模式的不断创新都对我们提出了更高要求。值得注意的是，双边市场与传统单边市场之间的界限正在日渐模糊，这既是给研究者施加的严峻挑战，又为传统方法在新情境中的“复兴”创造了有利条件。也就是说，探讨具有普遍适用性的分析框架和方法，是今后需要考虑且具有可行性、必要性的重要工作。

## 7.2　政策建议

之所以撰写本书，一方面，是想加深社会各界对平台企业兼并之竞争效应和福利效应的认识和理解；另一方面，则希望能够为反垄断执法机构应对平台企业兼并具体案例以及制定和出台相关政策提供可行依据和经验支持。基于上述研究结果，我们特地提出若干具有针对性、可行性的对策建议。需要指出的是，结论所具有的不确定性并不会影响建议的可行性：理论分析的目的，在于给政策制定者提供分析和考察问题的思路和框架；当存在不确定性时，只要明确设定政策建议的前提条件，政策制定者就可以做到有章可循。

第一，对双边市场中的平台企业兼并，反垄断执法机构总体上应该持积极而宽容的态度，尽可能少地通过反垄断执法对市场行为进行直接干预。

必须承认的是，学术界在与双边市场有关的很多问题上，都还存在较大的争议：既有大量理论研究和经验证据证实了双边市场高度集中能够增进社会福利，同时又有部分实际案例昭示着平台企业兼并和垄断所可能产生的危害和损失。然而，可以肯定的是：平台企业兼并并不必然能使兼并方获得可以滥用的市场势力，也即这一行为的竞争效应和福利效应均存有较大的不确定性。特别地，在多种力量的作用下，平台企业兼并通常能够带来远大于成本的收益，这一点也得到了很多经验证据的支持。因此，如果无法明确判断平台企业兼并对市场竞争和社会福利的影响，反垄断执法机构应当对其持宽容（至少中立）态度，而不应该为了满足部分利益群体的诉求，轻易实施反垄断规制或干预。

第二，应当加快深化体制机制改革，创造有利于市场主体有序竞争的市场环境，从而充分发挥市场力量在限制主导企业滥用市场势力方面的积极作用。

市场在大部分情况下都是配置资源的最有效方式，而政府最重要的角色在于为市场机制的有效运转创造基础或必要条件。在双边市场中，多种竞争压力的存在、用户需求的相互依赖性与互补性①、商业模式与技术的高度动态性、产品或服务间日益强化的异质性竞争等，都会对主导平台企业的垄断行为施加约束（Evans，2013）。特别地，相对于反垄断执法机构不及时的干预，这些市场因素或力量能够起到实时监控和约束的作用。因此，政府部门的主要任务是为双边市场的繁荣发展尤其是新平台企业的进入和新技术的推广应用提供有利条件和适当支持。在互联网经济时代，技术创新和商业模式创新的重要性日益凸显，熊彼特式创新竞争能够对在位主导企业施加足够有效的竞争威胁。此时，创新平台、融资渠道、政策支持等都将有助于扩大和巩固这些限制力量。通过鼓励和促进竞争而非实施不可逆的直接干预，可以更加有效地维护双边市场公平竞争的秩序，并且规避不适当干预引发更严重的市场扭曲以及政府失灵所引致的不利结果。

第三，对待某一平台企业兼并个案时，应当注重具体问题具体分析，在充分考虑其所在市场基本特征的情况下进行评价和采取后续应对措施。

与传统单边市场相比，双边市场的类型更加多样化，结构和问题更加复杂。例如，同样是双边产业，操作系统有着高昂的固定资本投资，而职业中介、房地产中介等领域的成本则更多属于可变成本。于是，前者的市场进入壁垒较高，而后者几乎不存在进入壁垒。这就要求我们对平台企业兼并进行更加具体、细致、周全地考察，而不能根据以往案例或已有经验做出先验性或主观性判断。同时，针对平台企业的横向兼并和纵向一体化，我们应该重点关注不同的方面。平台企业进行横向兼并的目的主要是降低营销成本、提高效率，或者是获取并巩固自身的市场势力。因而，其能否产生成本节省和效率提升是反垄断审查和评价的重中之重。此时，允许兼并方进行效率抗辩十分必要，因为效率的提升最终能够带来超过兼并

① 其中，一个重要事实是：不管在哪个阶段，用户协调始终是平台企业成功运营并实现盈利的基本前提，因而，用户本身选择的多样性也是平台企业面临的一个重要约束。

之直接成本的短期或长期收益。与此不同，纵向一体化可能使得主导企业能够向其他相关市场扩张，最终甚至形成更加严重、复杂的产业链垄断局面。因此，在审查平台企业的纵向一体化时，需要集中考察这类行为是否会引致市场封锁。特别地，考虑到进行用户协调的需要，在市场发展的不同阶段区分平台企业纵向一体化行为的必要性和合理性同样至关重要。

第四，在对双边市场平台企业兼并进行反垄断审查和执法时，应当更多使用直接证据，适当弱化相关市场界定和市场势力测度的重要性和必要性。

双边平台为多个用户群组的交易或交互提供中介服务，因而与多个市场有着直接联系。在这种情况下，即使是再巧妙的方法也无法准确界定相关市场并测度企业所具有的市场势力。同时，具有市场势力的平台企业也并不必然能够凭此获得绝对优势地位或者超额垄断利润。因此，按照界定相关市场、测度市场势力并以此做出企业兼并是否违反反垄断法之判断的做法，并不完全适用于双边市场。也就是说，这些方式并不能够充分证明平台企业兼并的垄断性质，反垄断执法机构应当转而寻找更加直接的证据来支撑执法决策。例如，可以鼓励消费者或者竞争对手提供平台企业兼并不利于市场竞争和社会福利的证据，从而规避烦琐、滞后的反垄断审查程序所引起的无时效性干预和效率损失。

第五，充分利用互联网技术、计算机技术以及相应的大数据技术及大数据资产，通过多种形式的定量分析来为针对平台企业兼并的反垄断审查提供帮助。

格里高利·曼昆强调，权衡取舍是经济学的十大原理之一。由于网络外部性这一特征的存在，平台企业兼并所实现的市场高度集中通常能够产生较大规模的效率收益。相应地，这种收益是否超过垄断所可能引致的成本，就是反垄断执法机构决定是否进行干预的主要判断标准。因此，定量考察平台企业兼并的成本与收益是重要的基础性工作。正如《资本论》中所言，问题与解决问题的手段同时产生。互联网、大数据、人工智能等技术的进步，促成了双边市场的快速发展并引发了平台企业兼并浪潮。与此同时，这些前沿技术也为我们开展评估兼并的成本与收益这一基础工作提供了基本条件和手段。具体来讲，运用人工智能等计算机技术进行仿真模拟，组织大范围、大规模的消费者问卷调查，基于互联网大数据进行计量分析等，都是值得尝试的方式。例如，Cohen 等（2016）利用大数据考察了美国优步对消费者剩余的影响，这充分体现了现代技术在反垄断规制或执法方面的潜在作用。当然，对于福利效应具有多重性以及市场结构具有动态性的平台企业兼并来讲，优化反垄断执法的目标选择和程序设计同样十分必要。

## 7.3 研究展望

平台经济繁荣发展的同时也产生了很多新问题、新挑战，而双边市场平台企业兼并就是最突出的问题之一。以已有研究为基础，本书在相关情境下对平台企业兼并的竞争效应和福利效应以及相关的反垄断问题进行了初步探索，以期为双边市场理论的发展和我国反垄断执法机构的科学决策与有效规制贡献微薄之力。然而，受制于时间、精力、数据可得性、问题复杂性等多重因素，本书还存在较多不足和有待改进之处。具体而言，主要集中于以下两个方面：

其一，本书理论模型仅考虑了相关市场的主要特征，尚未将其他一些较为重要的因素纳入分析框架。

间接网络外部性是双边市场得以存在的基本前提之一，而这也是构建理论模型的关键点。然而，为适当降低数理分析的难度，我们仅考虑了正的间接网络外部性，而没有考虑其中可能存在的负的间接网络外部性这一因素。当然，该因素在我们考察的两个双边产业中体现得并不明显，尚且不会从根本上影响研究结论的合理性和稳健性。同时，双边市场中还可能存在直接网络外部性，主要表现为用户间的示范效应、拥挤效应等。另外，我们重点考虑了平台服务的异质性，而未深入探讨用户之间的异质性及其对平台企业兼并的影响。最后，为简化分析，我们重点考察的是对称均衡，而没有探讨非对称均衡下平台企业兼并的相应作用。毫无疑问，这些因素都将影响双边市场竞争以及平台企业兼并的具体效果，因而，有必要在后续研究中予以考虑。也就是说，在后续研究中，我们将更多纳入双边平台、用户以及双边市场的特殊性质，提高理论模型与经济现实之间的匹配度，并尝试利用人工智能等前沿技术展开分析，以期得到更接近现实、更具有指导作用的结论和启示。

其二，在研究过程中本书以定性分析为主、定量分析为辅，在平台企业兼并相关问题的定量分析方面略显欠缺。

由于数据的可得性和有效性较差，我们并未对平台企业兼并的竞争效应和福利效应进行具体的实证检验，而是通过数值模拟的方式进行了简要考察。接下来，我们将尝试获取双边市场的相关数据，并通过结构方程模型等方法来检验前期结论的稳健性。当然，重要而可行的做法是：对某个领域的平台企业兼并进行个案分析，并通过计算机模拟等方式来深入考察平台企业兼并可能产生的多重影响。同时，可以收集主要行业的整体层面数据进行针对性研究，以挖掘更加深层次的内容。另外，平台企业的其他商业策略（如联合经营、合谋、捆绑搭售等）都可能达到与横向或纵向兼并相近的效果，因而，也是反垄断执法或规制中需要重点关注和考察的对象。这意味着，我们可以对比分析不同的案例或平台企业行为，并通过相互印证来提高结论的可信度。最后，在从经济学视角考察平台企业兼并的反垄断问题时，还可以某一具体案例为对象，对不同方法或工具进行对比分析，从而为进一步优化和调整相关市场界定、市场势力测度等指明更加具体的方向。在后续研究中，我们将更多采用或结合经验分析方法来进行这些方面的探索，以期得到更具合理性、适用性的结论以及更具有适用性的方法和工具。

# 参考文献

[1] Adner R, Chen J Q, Zhu, F. Frenemies in Platform Markets: The Case of Apple's iPad vs. Amazon's Kindle [J]. Harvard Business School Working Paper 15 - 087, 2015.

[2] Affeldt P, Filistrucchi L, Klein T J. Upward Pricing Pressure in Two - Sided Markets [J]. *The Economic Journal*, 2013, 123 (572): F505 - F523.

[3] Aguzzioni L, Argentesi E, Ciari L, et al. Ex Post Merger Evaluation in the U. K. Retail Market for Books [J]. *The Journal of Industrial Economics*, 2016, 64 (1): 170 - 200.

[4] Alexandrov A, Deltas G, Spulber D F. Antitrust and Competition in Two - Sided Markets [J]. *Journal of Competition Law and Economics*, 2011, 7 (4): 775 - 812.

[5] Ambrus A, Argenziano R. Asymmetric Networks in Two - Sided Markets [J]. *American Economic Journal: Microeconomics*, 2009, 1 (1): 17 - 52.

[6] Ambrus A, Argenziano R. Network Markets and Consumers Coordination [J]. Cowles Foundation Discussion Paper No. 1481, 2004.

[7] Amelio A, Jullien B. Tying and freebies in two - sided markets [J]. *International Journal of Industrial Organization*, 2012, 30 (5): 436 - 446.

[8] Anderson E G, Parker G G, Tan B. Platform Performance Investment in the Presence of Network Externalities [J]. *Information Systems Research*, 2014, 25 (1): 152 - 172.

[9] Anderson S P, Foros O, Kind H J, Peitz M. Media market concentra-

tion, advertising levels, and ad prices [J]. *International Journal of Industrial Organization*, 2012, 30 (3): 321 -325.

[10] Antonielli M, Filistrucchi L. Collusion and the Political Differentiation of Newspapers [J]. TILEC Discussion Paper No. 2012 -014, 2012.

[11] Argentesi E, Filistrucchi L. Estimating Market Power in a Two - Sided Market: The Case of Newspapers [J]. *Journal of Applied Econometrics*, 2007, 22 (7): 1247 -1266.

[12] Argentesi E, Ivaldi M. Market Definition in the Printed Media Industry: Theory and Practice [J]. CEPR Discussion Paper No. 5096, 2005, https://ssrn.com/abstract=779107.

[13] Armstrong M, Vickers J. Price Discrimination, Competition and Regulation [J]. *Journal of Industrial Economics*, 1992, 41 (4): 335 -359.

[14] Armstrong M, Wright J. Two - sided markets, competitive bottlenecks and exclusive contracts [J]. *Economic Theory*, 2007, 32 (2): 353 - 380.

[15] Armstrong M. Competition in two - sided markets [J]. *The RAND Journal of Economics*, 2006a, 37 (3): 668 -691.

[16] Armstrong M. Multiproduct Nonlinear Pricing [J]. *Econometrica*, 1996, 64 (1): 51 -75.

[17] Armstrong M. Recent Developments in the Economics of Price Discrimination [A]. in Richard Blundell, Whitney K. Newey & Torsten Persson (eds.). *Advances in Economics and Econometrics: Theory and Applications* [M]. Ninth World Congress, Cambridge University Press, 2006b.

[18] Auer D, Petit N. Two -Sided Markets and the Challenge of Turning Economic Theory into Competition Policy [J]. University of Liege, Working Paper, 2015.

[19] Bailey E, Leonard G, Olley G S, Wu L. Merger screens: market share - based approaches versus "upward pricing pressure" [J]. *Antitrust*

*Source*, 2010, 9 (3): 1 – 10.

[20] Bain J. *Barriers to New Competition* [M]. Cambridge, Massachusetts: Harvard University Press, 1956.

[21] Baltzopoulos A, Kim J, Mandorff M. UPP Analysis in Five Recent Merger Cases [J]. Konkurrensverkets Working Paper Series in Law and Economics, 2015.

[22] Baranes E, Cortade T, Cosnita – Langlais A. Merger control on two – sided markets: is there need for an efficiency defense? [J]. NET Institute Working Paper No. 14 – 12, 2015.

[23] Baumol W J, Panzar J, Willig R. *Contestable Markets and the Theory of Industry Structure* [M]. New York: Harcourt Brace, Jovanovich, 1982.

[24] Bedre – Defolie O, Calvano E. Pricing Payment Cards [J]. *American Economic Journal: Microeconomics*, 2013, 5 (3): 206 – 231.

[25] Behringer S, Filistrucchi L. Price Wars in Two – Sided Markets: The case of the UK Quality Newspapers [J]. University Bonn, & University of Florence, Working Paper, 2011.

[26] Belleflamme P, Peitz M. Platform Competition and Seller Investment Incentives [J]. *European Economic Review*, 2010, 54 (8): 1059 – 1076.

[27] Belleflamme P, Toulemonde E. Negative Intra – Group Externalities in Two – Sided Markets [J]. *International Economic Review*, 2009, 50 (1): 245 – 272.

[28] Bernheim B D, Whinston M D. Exclusive Dealing [J]. *Journal of Political Economy*, 1998, 106 (1): 64 – 103.

[29] Berry S T, Levinsohn J, Pakes A. Automobile prices in market equilibrium [J]. *Econometrica*, 1995, 63 (4): 841 – 890.

[30] Besanko D, Perry M K. Equilibrium Incentives for Exclusive Dealing in a Differentiated Products Oligopoly [J]. *The RAND Journal of Economics*, 1993, 24 (4): 646 – 667.

[31] Besen S M, Farrell J. Choosing How to Compete: Strategies and Tactics in Standardization [J]. *Journal of Economic Perspective*, 1994, 8 (2): 117 - 310.

[32] Beytes C. 合并是大势所趋——访荷兰花卉拍卖市场执行总裁蒂姆 [J]. 周艳萍译. 中国花卉园艺, 2007 (9): 44 - 46.

[33] Bolt W, Tieman A F. Social Welfare and Cost Recovery in Two - Sided Markets [J]. *Review of Network Economics*, 2006, 5 (1): 1 - 15.

[34] Boudreau K J, Hagiu A. Platform Rules: Multi - Sided Platforms as Regulators [A]. in Annabelle Gawer (ed.). *Platforms, Markets, and Innovation* [M]. Cheltenham, UK: Edward Elgar, 2009.

[35] Bresnahan T F, Reiss P C. Do entry conditions vary across markets? [J]. *Brookings Papers on Economic Activity: Special Issue on Microeconomics*, 1987, 18 (3): 833 - 882.

[36] Bresnahan T F. Competition and collusion in the American automobile market: The 1955 price war [J]. *Journal of Industrial Economics*, 1987, 35 (4): 457 - 482.

[37] Buccirossi P. *Handbook of Antitrust Economics* [M]. Cambridge, Massachusetts: The MIT Press, 2008.

[38] Busse M, Rysman M. Competition and Price Discrimination in Yellow Pages Advertising [J]. *The RAND Journal of Economics*, 2005, 36 (2): 378 - 390.

[39] Cabral L. Dynamic Price Competition with Network Effects [J]. *The Review of Economic Studies*, 2011, 78 (1): 83 - 111.

[40] Caillaud B, Jullien B. Chicken & egg: competition among intermediation service providers [J]. *The RAND Journal of Economics*, 2003, 34 (2): 309 - 328.

[41] Cantillon E, Yin P - L. Competition between Exchanges: Lessons from the Battle of the Bund [J]. Working Paper, 2008.

[42] Carlton D W, Frankel A S. Transaction Costs, Externalities, and "Two - Sided" Payment Markets [J]. *Columbia Business Law Review*, 2005 (3): 617 -642.

[43] Carrillo J D, Tan G. Platform Competition: The Role of Multi - Homing and Complementors [J]. NET Institute Working Paper No. 06 -30, 2006.

[44] Cennamo C, Santalo J. Intraplatform Competition, Exclusivity, and Dissimilarity Strategies in the Videogame Industry [J]. IE Business School, Working Paper, 2009.

[45] Cennamo C, Santalo J. Platform Competition: Strategic Trade - offs in Platform Markets [J]. *Strategic Management Journal*, 2013, 34 (11): 1331 - 1350.

[46] Cennamo C, Santalo J. Value creation and free - riding in platform markets: The asymmetric impact of competition on quality across the platform life cycle [J]. CRIOS & Bocconi University, & IE Business School, Working Paper, 2015.

[47] Cennamo C. Competitive Advantage in Networked Economy: An Integrated Research Model [J]. CRIOS & Bocconi University, Working Paper, 2015.

[48] Chakravorti S, Roson R. Platform Competition in Two - Sided Markets: The Case of Payment Networks [J]. *Review of Network Economics*, 2006, 5 (1): 1 -25.

[49] Chandra A, Collard - Wexler A. Mergers in Two - Sided Markets: An Application to the Canadian Newspaper Industry [J]. *Journal of Economics & Management Strategy*, 2009, 18 (4): 1045 -1070.

[50] Chao Y, Derdenger T. Mixed Bundling in Two - Sided Markets in the Presence of Installed Base Effects [J]. *Management Science*, 2013, 59 (8): 1904 -1926.

[51] Chen Y M. On vertical mergers and their competitive effects [J].

*The RAND Journal of Economics*, 2001, 32 (4): 667 -685.

[52] Choi J P, Kim B C. Net neutrality and investment incentives [J]. *The RAND Journal of Economics*, 2010, 41 (3): 446 -471.

[53] Choi J P. Network Externality, Compatibility Choice, and Planned Obsolescence [J]. *The Journal of Industrial Economics*, 1994, 42 (2): 167 - 182.

[54] Choi J P. Tying in Two - Sided Markets with Multi - Homing [J]. *The Journal of Industrial Economics*, 2010, 58 (3): 607 -626.

[55] Church J, Gandal N. Network Effects, Software Provision, and Standardization [J]. *Journal of Industrial Economics*, 1992, 60 (1): 85 - 104.

[56] Cohen P, Hahn R, Hall J, Levitt S, Metcalfe R. Using Big Data to Estimate Consumer Surplus: The Case of Uber [J]. Working Paper, 2016.

[57] Compte O, Jenny F, Rey P. Capacity constraints, mergers, and collusion [J]. *European Economic Review*, 2002, 46 (1): 1 -29.

[58] Crampes C, Haritchabalet C, Jullien B. Advertising, Competition and Entry in Media Industries [J]. *The Journal of Industrial Economics*, 2009, 57 (1): 7 -31.

[59] Crawford G S, Yurukoglu A. The Welfare Effects of Bundling in Multichannel Television Markets [J]. *The American Economic Review*, 2012, 102 (2): 643 -685.

[60] Damiano E, Li H. Competing Matchmaking [J]. *Journal of the European Economic Association*, 2008, 6 (4): 789 -818.

[61] Derdenger T. Vertical Integration and Two - Sided Market Pricing: Evidence from the Video Game Industry [J]. University of Southern California, Working Paper, 2009.

[62] Doganoglu T, Wright J. Exclusive dealing with network effects [J]. *International Journal of Industrial Organization*, 2010, 28 (2): 145 -154.

[63] Doganoglu T, Wright J. Multihoming and compatibility [J]. *International Journal of Industrial Organization*, 2006, 24 (1): 45 -67.

[64] Dube J H, Hitsch G J, Chintagunta P K. Tipping and Concentration in Markets with Indirect Network Effects [J]. *Marketing Science*, 2010, 29 (2): 216 -249.

[65] Eaton B C, Lipsey R G. Product Differentiation [A]. in Richard Schmalensee & Robert D. Willig (eds.). *Handbook of Industrial Organization* (Vol. 1) [M]. Amsterdam: North - Holland Press, 1989: 723 -768.

[66] Economides N, Flyer F. Compatibility and market structure for network goods [J]. Stern School of Business, New York University, Discussion Paper ED -98 -02, 1998.

[67] Economides N. Public Policy in Network Industries [A]. in Paolo Buccirossi (ed.). *Handbook of Antitrust Economics* [M]. Cambridge, Massachusetts: The MIT Press, 2008: 469 -518.

[68] Economides N. The Economics of networks [J]. *International Journal of Industrial Organization*, 1996, 14 (6): 673 -699.

[69] Edelman B. Does Google Leverage Market Power Through Tying and Bunding? [J]. *Journal of Competition Law & Economics*, 2015, 11 (2): 365 - 400.

[70] Eisenmann T R, Parker G, Van Alstyne M W. Platform envelopment [J]. *Strategic Management Journal*, 2011, 32 (12): 1270 -1285.

[71] Eisenmann T R, Parker G, Van Alstyne M W. Strategies for Two - Sided Markets [J]. *Harvard Business Review*, 2006, 84 (10): 92 -101.

[72] Eisenmann T R. Managing Networked Businesses: Course Overview for Educators [J]. *Harvard Business School Course Overview Note 807 - 104*, 2007.

[73] Ellison G, Fudenberg D, Mobius M. Competing Auctions [J]. *Journal of the European Economic Association*, 2004, 2 (1): 30 -66.

[74] Emch E, Thompson T S. Market Definition and Market Power in Payment Card Networks [J]. *The Review of Network Economics*, 2006, 5 (1): 45 - 60.

[75] Evans D S, Hagiu A, Schamalensee R. A Survey of the Economic Role of Software Platforms in Computer - Based Industries [J]. *CESifo Economic Studies*, 2005, 51 (2 - 3): 189 - 224.

[76] Evans D S, Noel M D. Analysing Market Definition and Power in Multi - sided Platform Markets [J]. Working Paper, 2005a, https://ssrn.com/abstract=835504.

[77] Evans D S, Noel M D. Defining Antitrust Markets when Firms Operate Two - Sided Platforms [J]. *Columbia Business Law Review*, 2005b (3): 667 - 702.

[78] Evans D S, Noel M D. The analysis of mergers that involve multi - sided platform businesses [J]. *Journal of Competition Law & Economics*, 2008, 4 (3): 663 - 695.

[79] Evans D S, Schmalensee R. Failure to launch: Critical mass in platform businesses [J]. *Review of Network Economics*, 2010, 9 (4): 1 - 28.

[80] Evans D S, Schmalensee R. The Antitrust Analysis of Multi - Sided Platform Businesses [J]. NBER Working Paper No. 18783, 2013.

[81] Evans D S, Schmalensee R. The Industrial Organization of Markets with Two - Sided Platforms [J]. *Competition Policy International*, 2007, 3 (1): 150 - 179.

[82] Evans D S. Governing Bad Behavior by Users of Multi - Sided Platforms [J]. *Berkeley Technology Law Journal*, 2012a, 27 (2): 1201 - 1250.

[83] Evans D S. Lightening Up on Market Definition [A]. in Einer Elhauge (Ed.). *Research Handbook on the Economics of Antitrust Law*, New York: Edward Elgar, 2010: 53 - 89.

[84] Evans D S. Some Empirical Aspects of Multi - Sided Platform Indus-

tries [J]. *Review of Network Economics*, 2003a, 2 (3): 191 - 209.

[85] Evans D S. The Antitrust Analysis of Rules and Standards for Software Platforms [J]. University of Chicago, Institute for Law and Economics Working Paper, 2014.

[86] Evans D S. The Antitrust Economics of Free [J]. John M. Olin Law & Economics Working Paper No. 555, 2011.

[87] Evans D S. The Antitrust Economics of Multi - Sided Platform Markets [J]. *Yale Journal of Regulation*, 2003b, 20 (2): 325 - 481.

[88] Evans D S. The Emerging High - Court Jurisprudence on the Antitrust Analysis of Multisided Platforms [J]. *Antitrust Chronicle*, 2017, forthcoming.

[89] Evans D S. Two - Sided Market Definition [J]. ABA Section of Antitrust Law, Market Definition in Antitrust: Theory and Case Studies, 2012b, http: //ssrn. com/abstract = 1396751.

[90] Fahri E, Hagiu A. *Strategic interactions in two - sided market oligopolies* [J]. Harvard Business School Working Paper 08 - 011, 2008.

[91] Fan Y. Market Structure and Product Quality in the U. S. Daily Newspaper Market [J]. Yale University, Working Paper, 2010.

[92] Fan Y. Ownership Consolidation and Product Characteristics: A Study of the US Daily Newspaper Market [J]. *The American Economic Review*, 2013, 103 (5): 1598 - 1628.

[93] Farrell J, Saloner G. Installed Base and Compatibility: Innovation, Product Preannouncements, and Predation [J]. *The American Economic Review*, 1986, 76 (5): 940 - 955.

[94] Farrell J, Saloner G. Standardization, Compatibility, and Innovation [J]. *The RAND Journal of Economics*, 1985, 16 (1): 70 - 83.

[95] Farrell J, Shapiro C. Antitrust evaluation of horizontal mergers: an economic alternative to market definition [J]. *B E Journal of Theoretical Eco-*

nomics, 2010, 10 (1): 1 -41.

[96] Ferrando, J A, Laussel D, Gabszewicz J J, Sonnac N. Two - sided Network Effects and Competition: An Application to Media Industries [J]. University Catholique de Louvain, Working Paper, 2004.

[97] Filistrucchi L, Geradin D, van Damme E, Affeldt P. Market Definition in Two - Sided Markets: Theory and Practice [J]. *Journal of Competition Law & Economics*, 2014, 10 (2): 293 -339.

[98] Filistrucchi L, Geradin D, van Damme E. Identifying Two - Sided Markets [J]. *World Competition: Law and Economics Review*, 2013, 36 (1): 33 -60.

[99] Filistrucchi L, Klein T J, Michielsen T O. Assessing Unilateral Merger Effects in A Two - Sided Market: An Application to the Dutch Daily Newspaper Market [J]. *Journal of Competition Law & Economics*, 2012, 8 (2): 297 -329.

[100] Filistrucchi L, Klein T J, Michielsen T O. Merger Simulation in a Two - Sided Market: The Case of the Dutch Daily Newspapers [J]. Tilburg University, Working Paper, 2010.

[101] Filistrucchi L. A SSNIP test for two - sided markets: some theoretical considerations [J]. Tilburg University & Universita di Siena, Working Paper, 2008.

[102] Gabszewicz J J, Wauthy X Y. Two - Sided Markets and Price Competition with Multi - homing [J]. ECON Discussion Papers 2004/41, 2004.

[103] Gans J S, King S P. The Neutrality of Interchange Fees in Payment Systems [J]. *The B. E. Journal of Economic Analysis & Policy*, 2003, 3 (1), article 1.

[104] Gans J S, Stern S. Is there A Market for Ideas? [J]. *Industrial and Corporate Change*, 2010, 19 (3): 805 -837.

[105] Garcia A, Shen J. Dynamic Platform Competition with Malicious

Users [J]. *Dynamic Games and Applications*, 2014, 4 (3): 290 -308.

[106] Gaudeul A, Jullien B. E -commerce, two -sided markets and info -mediation [J]. Working paper, 2005.

[107] Gaudin G, White A. On the Antitrust Economics of the Electronic Books Industry [J]. Heinrich Heine University, & Tsinghua University, Working Paper, 2014.

[108] Gentzkow M, Shapiro J M, Sinkinson M. Competition and Ideological Diversity: Historical Evidence from US Newspapers [J]. *The American Economic Review*, 2014, 104 (10): 3073 -3114.

[109] Gil R, Riera -Crichton D. Price Discrimination and Competition in Two -Sided Markets: Evidence from the Spanish Local TV Industry [J]. Johns Hopkins University, and Bates College, Working Paper, 2012.

[110] Gil R, Spiller P. The Organizational Implications of Creativity: The US Film Industry in Mid - XXth Century [J]. NBER Working Paper No. 13253, 2007.

[111] Gil R, Warzynski F. Vertical Integration, Exclusivity, and Game Sales Performance in the US Video Game Industry [J]. *Journal of Law, Economics, and Organization*, 2015, 31 (S1): i143 -i168.

[112] Gilbert R J, Katz M L. An Economist's Guide to US v. Microsoft [J]. *Journal of Economic Perspective*, 2001, 15 (2): 25 -44.

[113] Gilbert R J. Mobility Barriers and the Value of Incumbency [A]. in Richard Schmalensee & Robert D. Willig (eds.). *Handbook of Industrial Organization* (Vol. 1) [M]. Amsterdam: North - Holland Press, 1989: 475 - 535.

[114] Giulietti M, Waterson M. Multiproduct Firms' Pricing Behavior in the Italian Grocery Trade [J]. *Review of Industrial Organization*, 1997, 12 (5/6): 817 -832.

[115] Godes D, Ofek E, Sarvary M. Content vs. Advertising: The Impact

of Competition on Media Firm Strategy [J]. *Marketing Science*, 2009, 28 (1): 20 - 35.

[116] Gold A, Hogendorn C. Tipping in Two - Sided Markets with Asymmetric Platforms [J]. Wesleyan University, Wesleyan Economic Working Papers No. 2015 - 001, 2015.

[117] Hagiu A, Jullien B. Designing a Two - Sided Platform: When to Increase Search Costs? [J]. Working paper, 2007.

[118] Hagiu A, Jullien B. Why do intermediaries divert search? [J]. *The RAND Journal of Economics*, 2011, 42 (2): 337 - 362.

[119] Hagiu A, Lee R S. Exclusivity and Control [J]. *Journal of Economics & Management Strategy*, 2011, 20 (3): 679 - 708.

[120] Hagiu A, Yoffie D. Intermediaries for the IP market [J]. Harvard Business School Working Paper 12 - 023, 2011.

[121] Hagiu A. Merchant or Two - Sided Platform? [J]. *Review of Network Economics*, 2007, 6 (2): 115 - 133.

[122] Hagiu A. Optimal Pricing and Commitment in Two - Sided Markets [J]. *The RAND Journal of Economics*, 2006a, 37 (3): 720 - 737.

[123] Hagiu A. Proprietary vs. Open Two - Sided Platforms and Social Efficiency [J]. American Enterprise Institute - Brookings Joint Center Working Paper, 2006b.

[124] Hagiu A. Quantity vs. Quality: Exclusion by Platforms with Network Effects [J]. Harvard Business School Working Paper 11 - 125, 2011.

[125] Hagiu A. Two - Sided Platforms: Product Variety and Pricing Structures [J]. *Journal of Economics & Management Strategy*, 2009, 18 (4): 1011 - 1043.

[126] Halaburda H, Piskorski M J. Competing by Restricting Choice: The Case of Search Platforms [J]. Harvard Business School Working Papers No. 10 - 098, 2013.

[127] Halaburda H, Yehezkel Y. Platform competition under asymmetric information [J]. *American Economic Journal: Microeconomics*, 2013, 5 (3): 22 -68.

[128] Harris B C, Veljanovski C. Critical Loss: Its Growing Use in the Competition Law [J]. *European Competition Law Review*, 2003, 5: 213 -218.

[129] Harrsi B C, Simons J J. Focusing Market Definition: How Much Substitution is Necessary [J]. *Research in Law and Economics*, 1989, 12: 207 -226.

[130] Hausman J A, Leonard G K, Tirole J. On Nonexclusive Membership in Competing Joint Ventures [J]. *The RAND Journal of Economics*, 2003, 34 (1): 43 -62.

[131] Hazlett T W, Weisman D L. Market Power in US Broadband Services [J]. *Review of Industrial Organization*, 2011, 38 (2): 151 -171.

[132] Hombert J, Pouyet J, Schutz N. Anticompetitive Vertical Merger Waves [J]. Working Paper, 2012.

[133] Houngbonon G V. The Impact of Entry and Merger on the Price of Mobile Telecommunication Services [J]. 26th European Regional Conference of the International Telecommunications Society (ITS), Madrid, Spain, 24 - 27 June 2015.

[134] Jacquemin A, Slade M E. Cartels, Collusion, and Horizontal Merger [A]. in Richard Schmalensee & Robert D. Willig (eds.). *Handbook of Industrial Organization* (Vol. 1) [M]. Amsterdam: North - Holland Press, 1989: 415 -473.

[135] Jaffe S, Weyl E G. The First - Order Approach to Merger Analysis [J]. *American Economic Journal: Microeconomics*, 2013, 5 (4): 188 -218.

[136] Jeitschko T D, Tremblay M J. Platform Competition with Endogenous Homing [J]. Michigan State University, Working Paper, 2015.

[137] Jenkins M, Liu P, Matzkin R, McFadden D. The Browser War -

Econometric Analysis of Markov Perfect Equilibrium in Markets with Network Effects [J]. Working paper, 2004.

[138] Jeon D S, Jullien B, Klimenko M. Language, Internet and Platform Competition: the case of Search Engine [J]. IDEI Working Paper Series No. 742, 2012.

[139] Jeon J. Three Essays on Bundling and Two - Sided Markets [D]. The University of Florida, Ph. D. Dissertation, 2006.

[140] Jeziorski P. Effects of Mergers in Two - Sided Markets: The US Radio Industry [J]. *American Economic Journal: Microeconomics*, 2014a, 6 (4): 35 - 73.

[141] Jeziorski P. Empirical Model of Dynamic Merger Enforcement - Choosing Ownership Caps in U. S. Radio [J]. UC Berkerly, Working Paper, 2015.

[142] Jeziorski P. Estimation of cost efficiencies from mergers: application to US radio [J]. *The RAND Journal of Economics*, 2014b, 45 (4): 816 - 846.

[143] Jullien B, Pavan A. Platform Pricing under Dispersed Information [J]. Northwestern University, Discussion Paper #1568R, 2014.

[144] Jullien B, Sand - Zantman W. Internet Regulation, Two - Sided Pricing, and Sponsored Data [J]. IDEI Working Paper No. 735, 2015.

[145] Jullien B. Competition in Multi - Sided Markets: Divide and Conquer [J]. *American Economic Journal: Microeconomics*, 2011, 3 (4): 186 - 219.

[146] Jullien B. Price Skewness and Competition in Multi - Sided Markets [J]. IDEI Working paper No. 504, 2008.

[147] Kaiser U, Wright J. Price structure in two - sided markets: Evidence from the magazine industry [J]. *International Journal of Industrial Organization*, 2006, 24 (1): 1 - 28.

[148] Kalyanam K, Tsay A A. Free riding and conflict in hybrid shopping

environments: Implications for retailers, manufacturers, and regulators [J]. *The Antitrust Bulletin*, 2013, 58 (1): 19 -68.

[149] Kaplow L. Market definition, market power [J]. *International Journal of Industrial Organization*, 2015, 43: 148 -161.

[150] Katz M L, Shapiro C. Critical Loss: Let's Tell the Whole Story [J]. *Antitrust Magzine*, 2003, 17 (2): 49 -56.

[151] Katz M L, Shapiro C. Network Externalities, Competition, and Compatibility [J]. *The American Economic Review*, 1985, 75 (3): 424 -440.

[152] Katz M L, Shapiro C. Systems Competition and Network Effects [J]. *Journal of Economic Perspectives*, 1994, 8 (2): 93 -115.

[153] Katz M L, Shapiro C. Technology Adoption in the Presence of Network Externalities. [J]. *Journal of Political Economy*, 1986, 94 (4): 822 - 841.

[154] Klein B. Vertical Integration as Organizational Ownership: The Fisher Body - General Motors Relationship Revisited [J]. *Journal of Law, Economics, & Organization*, 1988, 4 (1): 199 -213.

[155] Krattenmaker T G, Salop S C. Anticompetitive Exclusion: Raising Rivals' Costs to Gain Power over Price [J]. *Yale Law Journal*, 1986, 96 (2): 209 -293.

[156] Kuhn Kai - Uwe. Coordinated effects of mergers in differentiated products markets [J]. University of Michigan, Working Paper #04 - 020, 2004.

[157] Kuhn Kai - Uwe. The Coordinated Effects of Mergers [A]. in Paolo Buccirossi (ed.). *Handbook of Antitrust Economics* [M]. Cambridge, Massachusetts: MIT Press, 2008: 105 -144.

[158] Lach S, Tsiddon D. Staggering and Synchronization in Price - Setting: Evidence from Multiproduct Firms [J]. *The American Economic Review*, 1994, 86 (5): 1175 -1196.

[159] Laffont J J, Rey P, Tirole J. Network Competition: I. Overview and Nondiscriminatory Pricing [J]. *The RAND Journal of Economics*, 1998a, 29 (1): 1 -37.

[160] Laffont J J, Rey P, Tirole J. Network Competition: II. Price Discrimination [J]. *The RAND Journal of Economics*, 1998b, 29 (1): 38 -56.

[161] Lafontaine F, Slade M. Vertical Integration and Firm Boundaries: The Evidence [J]. *Journal of Economic Literature*, 2007, 45 (3): 629 -685.

[162] Lee R S. Competing Platforms [J]. *Journal of Economics and Management Strategy*, 2014, 23 (3): 507 -526.

[163] Lee R S. Vertical Integration and Exclusivity in Platform and Two - Sided Markets [J]. *The American Economic Review*, 2013, 103 (7): 2960 - 3000.

[164] Leonello A. Horizontal Mergers in Two - Sided Markets [J]. European University Institute, Working Paper, 2010.

[165] Levy D T, Reitzes J D. Anticompetitive Effects of Mergers in Markets with Localized Competition [J]. *The Journal of Law, Economics, & Organization*, 1992, 8 (2): 427 -440.

[166] Li T. Tying in Two - Sided Markets [J]. Toulouse School of Economics, Working Paper, 2009.

[167] Li Z W, Penard T. The Role of Quantity and Quality in B2B Platform Competition [J]. University of Rennes 1, Working Paper, 2011.

[168] Liebowitz S J, Margolis S E. Are network externalities a new source of market failure? [J]. *Research in Law and Economics*, 1995, 10 (0): 1 -22.

[169] Liebowitz S J, Margolis S E. Network Externality: An Uncommon Tragedy [J]. *Journal of Economic Perspectives*, 1994, 8 (2): 133 -150.

[170] Lin M, Li S J, Whinston A B. Innovation and Price Competition in a Two - Sided Market [J]. *Journal of Management Information Systems*, 2011, 28 (2): 171 -202.

[171] Liu Q, Serfes K. Price discrimination in two – sided markets [J]. *Journal of Economics & Management Strategy*, 2013, 22 (4): 768 – 786.

[172] Liu Y D. Mobile App Platform Choice: An Application of Strategic Games on Big Data [J]. University of California, Berkeley, Job Market Paper, 2014.

[173] Loertscher S, Reisinger M. Market structure and the competitive effects of vertical integration [J]. *The RAND Journal of Economics*, 2014, 45 (3): 471 – 494.

[174] Luchetta G. Is the Google Platform a Two – Sided Market? [J]. *Journal of Competition Law & Economics*, 2013, 10 (1): 185 – 207.

[175] Malam C R. Mergers of ad – sponsored media platforms [J]. The University of Queensland, Working Paper, 2011.

[176] Mantena R, Sankaranarayanan R, Viswanathan S. Exclusive Licensing in Complementary Network Industries [J]. NET Institute Working Paper No. 07 – 04, 2007.

[177] Marvel H P. Exclusive Dealing [J]. *Journal of Law and Economics*, 1982, 25 (1): 1 – 25.

[178] Mathewson G F, Winter R A. The Competitive Effects of Vertical Agreements: Comment [J]. *The American Economic Review*, 1987, 77 (5): 1057 – 1062.

[179] Miao C H. Limiting Compatibility in Two – Sided Markets [J]. *Review of Network Economics*, 2009, 8 (4): 346 – 364.

[180] Moresi S. The use of upward price pressure indices in merger analysis [J]. *Antitrust Source*, 2010, 1 – 12.

[181] Motta M, Vasconcelos H. Exclusionary Pricing in a Two – Sided Market [J]. CEPR Discussion Paper No. 9164, 2012.

[182] Motta M. *Competition Policy: Theory and Practice* [M]. Cambridge: Cambridge University Press, 2004.

[183] Nalebuff B. Bundling as an entry barrier [J]. *Quarterly Journal of Economics*, 2004, 119 (1): 159 – 187.

[184] Niedermayer A. Does a Platform Monopolist Want Competition? [J]. Working paper, 2006.

[185] Njoroge P, Ozdaglar A, Stier – Moses N E, Weintraub G Y. Investment in Two – Sided Markets and the Net Neutrality Debate [J]. *Review of Network Economics*, 2013, 12 (4): 355 – 402.

[186] Nocke V, Peitz M, Stahl K. Platform Ownership [J]. *Journal of the European Economic Association*, 2007, 5 (6): 1130 – 1160.

[187] Nocke V, White L. Do Vertical Mergers Facilitate Upstream Collusion? [J]. *The American Economic Review*, 2007, 97 (4): 1321 – 1339.

[188] Nocke V, White L. Vertical merger, collusion, and disruptive buyers [J]. *International Journal of Industrial Organization*, 2010, 28 (4): 350 – 354.

[189] Nosko C, Tadelis S. The Limits of Reputation in Platform Markets: An Empirical Analysis and Field Experiment [J]. NBER Working Paper No. 20830, 2015.

[190] O'Brien D, Wickelgren A. A Critical Analysis of Critical Loss [J]. FTC Working Paper 254, 2003.

[191] Park M. Understanding merger incentives and outcomes in the US mutual fund industry [J]. *Journal of Banking & Finance*, 2013, 37 (11): 4368 – 4380.

[192] Park S. Analysis of Network Externalities in Competing Technologies: The VCR Case [J]. *The Review of Economics and Statistics*, 2004, 86 (4): 937 – 945.

[193] Parker G G, Van Alstyne M W. Innovation, Openness & Platform Control [J]. Tulane University, Boston University & MIT, Working Paper, 2014.

[194] Parker G G, Van Alstyne M W. Two - Sided Network Effects: A Theory of Information Product Design [J]. *Management Science*, 2005, 51 (10): 1494 - 1504.

[195] Perry M K. Vertical Integration: Determinants and Effects [A]. in Richard Schmalensee & Robert D. Willig (eds.). *Handbook of Industrial Organization* (Vol. 1) [M]. Amsterdam: North - Holland Press, 1989: 183 - 255.

[196] Petrova M. Mass media and special interest groups [J]. *Journal of Economic Behavior & Organization*, 2012, 84 (1): 17 - 38.

[197] Rasmusen E B, Wiley J S. Naked Exclusion [J]. *The American Economic Review*, 1991, 81 (5): 1137 - 45.

[198] Reimers I, Waldfogel J. Throwing the Books at Them: Amazon's Puzzling Long Run Pricing Strategy [J]. Northeastern University, & University of Minnesota, Working Paper, 2014.

[199] Reisinger M, Tarantino E. Vertical integration, foreclosure, and productive efficiency [J]. *The RAND Journal of Economics*, 2015, 46 (3): 461 - 479.

[200] Reisinger M, Tarantino E. Vertical Integration with Complementary Inputs [J]. Working Paper, 2013.

[201] Reisinger M. Two - part tariff competition between two - sided platforms [J]. *European Economic Review*, 2014, 68 (3): 168 - 180.

[202] Reisinger M. Unique Equilibrium in Two - Part Tariff Competition between Two - Sided Platforms [J]. Discussion Paper No. 308, 2010.

[203] Rey P, Tirole J. A Primer on Foreclosure [A]. in Mark Armstrong and Rob Porter (eds.). *Handbook of Industrial Organization* (Vol. 3) [M]. Amsterdam: North - Holland Press, 2007: 2145 - 2220.

[204] Rhodes A. Multiproduct Pricing and the Diamond Paradox [J]. Toulouse School of Economics Working Paper, 2011.

[205] Riordan M H. Competitive Effects of Vertical Integration [A]. in Paolo Buccirossi (ed.). *Handbook of Antitrust Economics* [M]. Cambridge, MA: MIT Press, 2008: 145 - 182.

[206] Rochet J C, Tirole J. Cooperation among competitors: some economics of payment card associations [J]. *The RAND Journal of Economics*, 2002, 33 (4): 549 - 570.

[207] Rochet J C, Tirole J. Defining Two - Sided Markets [J]. IDEI, Toulouse, Working Paper, 2004.

[208] Rochet J C, Tirole J. Platform Competition in Two - sided Markets [J]. *Journal of the European Economic Association*, 2003, 1 (4): 990 - 1029.

[209] Rochet J C, Tirole J. Two - Sided Markets: A Progress Report [J]. *The RAND Journal of Economics*, 2006, 37 (3): 645 - 667.

[210] Rochet J C, Tirole J. Tying in two - sided markets and the honor all cards rule [J]. *International Journal of Industrial Organization*, 2008, 26 (6): 1333 - 1347.

[211] Roger G. Media Concentration with Free Entry [J]. *Journal of Media Economics*, 2009, 22 (3): 134 - 163.

[212] Rohlfs J. A Theory of Interdependent Demand for a Communications Service [J]. *Bell Journal of Economics and Management Science*, 1974, 5 (1): 16 - 37.

[213] Roson R. Price Discrimination and Audience Composition in Advertising - Based Broadcasting [J]. Working Paper No. 07/WP/2007, 2007.

[214] Ruhmer I. Platform Collusion in Two - Sided Markets [J]. Centre for Doctoral Studies in Economics, University of Mannheim, Working Paper, 2011.

[215] Rysman M. Competition between Networks: A Study of the Market for Yellow Pages [J]. *The Review of Economic Studies*, 2004, 71 (2): 483 - 512.

[216] Rysman M. The Economics of Two – Sided Markets [J]. *Journal of Economic Perspectives*, 2009, 23 (3): 125 – 43.

[217] Salinger M A. Vertical Mergers and Market Foreclosure [J]. *The Quarterly Journal of Economics*, 1988, 103 (2): 345 – 356.

[218] Salop S C, Moresi S. Updating the Merger Guidelines: Comments [J]. Working Paper, 2009, https: //ssrn. com/abstract = 2756487.

[219] Salop S C. Monopolistic Competition with Outside Goods [J]. *The Bell Journal of Economics*, 1979, 10 (1): 141 – 156.

[220] Salop S C. The Raising Rivals' Cost Foreclosure Paradigm, Conditional Pricing Practices and the Flawed Incremental Price – Cost Test [J]. Georgetown University Law Center, Working Paper, 2016.

[221] Sappington D E M. Regulation in Vertically – Related Industries: Myths, Facts, and Policy [J]. *Review of Industrial Organization*, 2006, 28 (1): 3 – 16.

[222] Schiff A. Open and Closed Systems of Two – Sided Networks [J]. *Information Economics and Policy*, 2003, 15 (4): 425 – 442.

[223] Schilling M. Technology Success and Failure in Winner – Take – All Markets: The Impact of Learning Orientation, Timing, and Network Externalities [J]. *Academy of Management Journal*, 2002, 45 (2): 387 – 398.

[224] Schmalensee R. Should new merger guidelines give upp market definition? [J]. *Competition Policy International Antitrust Chroniclde*, 2009, 1 (1): 1 – 7.

[225] Seabright P, Weeds H. Competition and Market Power in Broadcasting: Where Are The Rents? [A]. In P. Seabright & J. von Hagen (Eds.). *The Economic Regulation of Broadcasting Markets* [M]. Cambridge University Press, 2007.

[226] Segal I R, Whinston M D. Exclusive Contracts and Protection of Investment [J]. *The RAND Journal of Economics*, 2000, 31 (4): 603 – 633.

[227] Shapiro C. Exclusivity in Network Industries [J]. *Georege Mason Law Review*, 1999, 7 (3): 673 -683.

[228] Shelegia S. Multiproduct pricing in oligopoly [J]. *International Journal of Industrial Organization*, 2012, 30 (2): 231 -242.

[229] Shy O. A Short Survey of Network Economics [J]. *Review of Industrial Organization*, 2011, 38 (2): 119 -149.

[230] Sibley D S, Srinagesh P. Multiproduct Nonlinear Pricing with Multiple Taste Characteristics [J]. *The RAND Journal of Economics*, 1997, 28 (4): 684 -707.

[231] Smith H, O'Gorman C. Efficiency Gain from Ownership Deregulation: Estimates for the Radio Industry [J]. CEPR Discussion Paper No. DP6699, 2008.

[232] Song M. Estimating platform market power in two - sided markets with an application to magazine advertising [J]. University of Rochester, Rochester, Working paper, 2012.

[233] Spence A M. Multi - Product Quantity - Dependent Prices and Profitability Constraints [J]. *The Review of Economic Studies*, 1980, 47 (5): 821 - 841.

[234] Stahl J C. A Dynamic Analysis of Consolidation in the Broadcast Television Industry [J]. Board of Governors of the Federal Reserve System, Working Paper, 2010.

[235] Stennek J. Exclusive Quality - Why Exclusive Distribution May Benefit the TV Viewers [J]. CEPR Discussion Paper No. 6072, 2007.

[236] Stigler G J. *The Organization of Industry* [M]. Chicago: University of Chicago Press, 1968.

[237] Stigler G. A theory of oligopoly [J]. *Journal of Political Economy*, 1964, 72 (1): 44 -61.

[238] Stigler G. The Theory of Economic Regulation [J]. *The Bell Jour-*

*nal of Economics*, 1971, 2 (1): 3 -21.

[239] Stiglitz J E. Imperfect Information in the Product Market [A]. in Richard Schmalensee & Robert D. Willig (eds.). *Handbook of Industrial Organization* (Vol. 1) [M]. Amsterdam: North - Holland Press, 1989: 769 - 847.

[240] Stole L A. Price Discrimination and Imperfect Competition [A]. in Mark Armstrong & Rob Porter (eds.). *Handbook of Industrial Organization* (Vol. 3) [M]. Amsterdam: North - Holland Press, 2007: 2221 -2299.

[241] Sun M C, Tse E. When does the winner take all in two - sided markets? [J]. *Review of Network Economics*, 2007, 6 (1): 16 -40.

[242] Sutton J. *Sunk Costs and Market Structure: Price Competition, Advertising, and the Evolution of Concntration* [M]. Cambridge: The MIT Press, 1991.

[243] Tanriverdi H, Lee C - H. Within - Industry Diversification and Firm Performance in the Presence of Network Externalities: Evidence from the Software Industry [J]. *Academy of Management Journal*, 2008, 51 (2): 381 - 397.

[244] Van Cayseele P, Reynaerts J. Complementary platforms [J]. *Review of Network Economics*, 2011, 10 (1): 1 -33.

[245] Van Cayseele P, Vanormelingen S. Prices and Network Effects in Two - Sided Markets: the Belgian Newspaper Industry [J]. University of Leuven, Working Paper, 2009.

[246] Vanberg M A. Network Externalities and Interconnection Incentives [J]. ZEW Discussion Paper No. 05 -80, 2005.

[247] Vasconcelos H. Tacit collusion, cost asymmetries, and mergers [J]. *The RAND Journal of Economics*, 2005, 36 (1): 39 -62.

[248] Visnjic I, Cennamo C. The gang of four: acquaintances, friends, or foes? Towards an integrated perspective on platform competition [J]. ESADE

Working Paper No. 245, 2013.

[249] Weeds H. TV Wars: Exclusive Content and Platform Competition in Pay TV [J]. *The Economic Journal*, 2016, 126 (594): 1600 - 1633.

[250] Werden G J, Froeb L M. Unilateral Competitive Effects of Horizontal Mergers [A]. in Paolo Buccirossi (ed.). *Handbook of Antitrust Economics* [M]. Cambridge, MA: MIT Press, 2008: 43 - 104.

[251] Werden G, Froeb L. Choosing among tools for assessing unilateral merger effects [J]. *European Competition Journal*, 2011, 7 (2), 155 - 178.

[252] Weyl E G, White A. Let the Right "One" Win: Policy Lessons from the New Economics of Platforms [J]. *Competition Policy International*, 2014, 10 (2): 29 - 51.

[253] Weyl E G. A Price Theory of Multi - Sided Platforms [J]. *The American Economic Review*, 2010, 100 (4): 1642 - 1672.

[254] Weyl E G. Double Marginalization in Two - Sided Markets [J]. Harvard Society of Fellows and Toulouse School of Economics, Working Paper, 2008a.

[255] Weyl E G. Monopolies in Two - Sided Markets: Comparative Statics and Identification [J]. Harvard University, & Toulouse School of Economics, Working Paper, 2008b.

[256] Weyl E G. Pass - Through as an Economic Tool [J]. Working Paper, 2008c.

[257] Whinston M D. *Lectures on Antitrust Economics* [M]. Cambridge Massachusetts: MIT Press, 2006.

[258] Whinston M D. Tying, Foreclosure, and Exclusion [J]. *The American Economic Review*, 1990, 80 (4): 837 - 859.

[259] White A, Weyl E G. Insulated Platform Competition [J]. Tsinghua University, & University of Chicago, Working Paper, 2016.

[260] White L J. Market Definition and Market Power in Payment Card

Networks: Some Comments and Considerations [J]. *The Review of Network Economics*, 2006, 5 (1): 61 – 75.

[261] Williamson O E. *Markets and Hierarchies: Analysis and Antitrust Implications* [M]. New York: Free Press, 1975.

[262] Williamson O E. *The Economic Institutions of Capitalism* [M]. New York: Free Press, 1985.

[263] Wilson R. *Nonlinear Pricing* [M]. New York: Oxford University Press, 1993.

[264] Wright J. One – sided Logic in Two – sided Markets [J]. *Review of Network Economics*, 2004, 3 (1): 44 – 64.

[265] Wright J. Why payment card fees are biased against retailers [J]. *The RAND Journal of Economics*, 2012, 43 (4): 761 – 780.

[266] Zhu F, Iansiti M. Entry into Platform – based Markets [J]. *Strategic Management Journal*, 2012, 33 (1): 88 – 106.

[267] Zhu F, Liu Q. Competing with Complementors: An Empirical Look at Amazon. com [J]. Harvard University, & University of Oklahoma, Working Paper, 2014.

[268] 陈璐. 横向并购反竞争效应的实证研究评述 [J]. 西北大学学报（哲学社会科学版），2015 (3): 72 – 75.

[269] 程贵孙、陈宏民和孙武军. 双边市场下电视传媒平台兼并的福利效应分析 [J]. 管理科学学报，2009，12 (2): 9 – 18.

[270] 程维、柳青和张晓峰. 滴滴：分享经济改变中国 [M]. 北京：人民邮电出版社，2016.

[271] 丁茂中. 美国反垄断法中界定“相关市场”的临界损失分析法 [J]. 西南政法大学学报，2008，10 (6): 73 – 78.

[272] 傅联英和骆品亮. 双边市场的定性判断与定量识别：一个综述 [J]. 产业经济评论，2013，12 (2): 1 – 18.

[273] 高洁、蒋传海和王宇. 平台竞争与独家交易 [J]. 财经研究，

2014，40（2）：67－74＋132.

［274］黄坤、陈剑和张昕竹．反垄断审查中的相关市场界定方法研究［J］．当代财经，2013（6）：5－18.

［275］黄玲和孙柔嘉．中国P2P平台声誉与服务费用的关系研究［J］．产经评论，2016（3）：60－68.

［276］纪汉霖和管锡展．服务质量差异化条件下的双边市场定价策略研究［J］．产业经济研究，2007（1）：11－18.

［277］纪汉霖．用户部分多归属条件下的双边市场定价策略［J］．系统工程理论与实践，2011，31（1）：75－83.

［278］蒋岩波．互联网产业中相关市场界定的司法困境与出路——基于双边市场条件［J］．法学家，2012（6）：58－74.

［279］孔海燕．荷兰花卉拍卖协会官员谈两大花卉拍卖中心合并［J］．中国花卉园艺，2007a（5）：47.

［280］孔海燕．荷兰两大花卉拍卖市场合并变为现实［J］．中国花卉园艺，2007b（19）：49.

［281］李剑．双边市场下的反垄断法相关市场界定——“百度案”中的法与经济学［J］．法商研究，2010（5）：38－45.

［282］李新义和王浩瀚．双边市场横向兼并的定价及福利研究——以中国网络传媒业为例［J］．财经研究，2010，36（1）：27－33.

［283］林平和刘丰波．双边市场中相关市场界定研究最新进展与判例评析［J］．财经问题研究，2014（6）：22－30.

［284］刘娜．我国网络购物的发展及现状［J］．中国商界，2008（5X）：44－46.

［285］刘玉海和梁丹．新实证产业组织视角下市场势力测度方法的研究进展［J］．产业经济评论，2016（6）：29－49.

［286］刘志成和武常岐．并购审查中的效率抗辩［J］．产业组织评论，2013（3）：22－39.

［287］陆伟刚和张昕竹．双边市场中垄断认定问题与改进方法：以南

北电信宽带垄断案为例［J］. 中国工业经济，2014（2）：122－134.

［288］孟雁北. 互联网行业相关市场界定的挑战——以奇虎诉腾讯反垄断案判决为例证［J］. 电子知识产权，2013（4）：42－45.

［289］乔·S. 贝恩. 新竞争者的壁垒［M］. 徐国兴等译，吴汉洪校. 北京：人民出版社，2012.

［290］秦伟广. 我国大型工业企业市场势力测度研究——基于改进的勒纳指数法［J］. 产经评论，2017（2）：136－144.

［291］曲创和刘重阳. 平台厂商市场势力测度研究——以搜索引擎市场为例［J］. 中国工业经济，2016（2）：98－113.

［292］曲振涛、周正和周方召. 网络外部性下的电子商务平台竞争与规制——基于双边市场理论的研究［J］. 中国工业经济，2010（4）：120－129.

［293］王小芳和纪汉霖. 双边市场的识别与界定：争论及最新进展［J］. 产业经济评论，2013，12（3）：1－12.

［294］王小芳和纪汉霖. 用户部分多归属条件下双边市场平台纵向一体化策略［J］. 系统工程，2011（3）：21－26.

［295］王学斌、赵波、寇宗来和石磊. 失之东隅、收之桑榆：双边市场中的银行卡组织［J］. 经济学（季刊），2006，6（1）：227－252.

［296］王中美. 关于兼并中反垄断规制的经济学与法学分析——美国反托拉斯法的经验［J］. 经济法论丛，2008（1）：97－124.

［297］威廉·G. 谢泼德和乔安娜·M. 谢泼德. 产业组织经济学（第五版）［M］. 张志奇等译，吴汉洪校. 北京：中国人民大学出版社，2007.

［298］巫晓林. 纵向并购反垄断审查的效率抗辩问题研究［D］. 大连：东北财经大学，2013.

［299］吴昌南. 城市晚报：定价、虚假发行量与规制政策——基于双边平台理论的视角［J］. 中国工业经济，2014（2）：109－121.

［300］吴汉洪、姜艳庆和张健. 企业横向并购反垄断审查的 UPP 方法

评述 [J]. 社会科学战线, 2011 (7): 55 - 61.

[301] 吴汉洪和孟剑. 双边市场理论与应用述评 [J]. 中国人民大学学报, 2014, 28 (2): 149 - 156.

[302] 吴汉洪和周孝. 双边平台横向并购的福利效应: 基于文献的评论 [J]. 中国人民大学学报, 2017, 31 (2): 146 - 156.

[303] 吴宏伟和廖娟. 互联网行业相关市场界定研究 [J]. 甘肃理论学刊, 2013 (1): 123 - 127.

[304] 吴绪亮和刘雅甜. 网络外部性、部分多归属与 O2O 竞争性平台定价策略 [J]. 产经评论, 2016 (4): 5 - 16.

[305] 徐晋. 平台经济学——平台竞争的理论与实践 [M]. 上海: 上海交通大学出版社, 2007.

[306] 余东华和李铁伦. 横向并购反垄断控制中的 UPP 检验及其应用——以中国冰箱行业为例 [J]. 经济与管理研究, 2015, 36 (5): 89 - 98.

[307] 余东华和刘晓燕. 横向并购评估审查中效率抗辩研究综述 [J]. 产业经济评论 (山东大学), 2013, 12 (2): 84 - 99.

[308] 余东华和马路萌. 反垄断法执行中相关市场界定的临界损失分析——以雀巢—辉瑞案为例 [J]. 中国工业经济, 2013 (7): 121 - 133.

[309] 余东华. 反垄断法实施中相关市场界定的 SSNIP 方法研究——局限性其及改进 [J]. 经济评论, 2010 (2): 128 - 135.

[310] 占明珍. 市场势力研究——来自中国汽车制造业的实证 [D]. 武汉: 武汉大学, 2011.

[311] 张静、陈硕颖和曾金玲. 银行卡产业并购规制的相关市场界定研究 [J]. 财贸经济, 2008 (10): 110 - 116.

[312] 张凯、李向阳. 双边市场中平台企业搭售行为分析 [J]. 中国管理科学, 2010, 18 (3): 117 - 124.

[313] 张曦. 双边市场横向兼并的福利效应研究 [J]. 商业研究, 2016 (3): 51 - 58.

[314] 张昕竹和黄坤. 免费产品的经济学逻辑及相关市场界定思路

[J]. 中国物价，2013（12）：18－22.

[315] 张兴. 横向合并单边效应的识别：一个文献综述 [J]. 产业经济评论，2011，10（1）：57－74.

[316] 赵镛浩. 平台战争——移动互联时代企业的终极 PK [M]. 吴苏梦译. 北京：北京大学出版社，2012.

[317] 仲春. 互联网行业反垄断执法中相关市场界定 [J]. 法律科学（西北政法大学学报），2012（4）：126－138.

[318] 朱振中和吕廷杰. 具有负的双边网络外部性的媒体市场竞争研究 [J]. 管理科学学报，2007，10（6）：13－23.

# 后　记

以“数字产业化、产业数字化”为代表的数字经济蓬勃发展，给经济社会各个方面都施加了革命性影响。数字经济在为国民经济高质量发展提供新动能的同时，也给政府治理体系和治理能力带来了新问题、新挑战。其中，平台企业兼并及其冲击就是典型代表之一。平台企业是双边（或多边）市场的核心主体，更是数字经济、平台经济、共享经济等新经济得以发展壮大的重要力量。由于双边市场具有的网络外部性、“赢者通吃”、临界规模等特征，平台企业兼并是新经济中的常见现象，且多数平台产业均出现了寡头垄断甚至完全垄断的市场格局。频发的平台企业兼并显著改变着市场结构和竞争格局，引发了社会各界普遍的反垄断担忧，极大增加了反垄断规制的难度。

现实困境与理论失灵的同时出现，无疑是研究者的一大福音。2014年，在吴汉洪教授的指引下，我开始关注产业组织理论的前沿领域——双边市场理论，并于2017年完成了以平台企业兼并为主题的博士学位论文。在博士论文的基础上几经修改，最终形成《双边市场平台企业兼并与反垄断问题研究》一书。本书付梓之际，既有喜悦，又有惶恐。喜悦的是，尽管已经过去了两年，但本书的研究内容与观点并未过时，对于理解部分现实问题仍有一定裨益。特别地，近两年出现的经济现象和案例充分印证了研究平台企业兼并的必要性和重要性。惶恐的是，虽然进行了大量修改，然而受限于精力和能力，本书仍然存在不少问题和缺陷，远未达到自己的预期。

尽管如此，本书能够得以出版，在很大程度上有赖于前人的积累，更得益于良师的指导、益友的帮助和亲人的支持。

首先，感谢我从事学术研究的两位领路人，冯中越教授和吴汉洪教授。得遇名师，人生之大幸也。

冯老师以双周讨论等形式引导我们独立思考，在自我学习中牢固掌握正确的研究范式和方法。他的为人原则、治学态度，特别是追求卓越的精神，一直是我学习和追随的对象。与冯老师交流和讨论，我总能在提高境界、拓展视野方面大有收获。当我在生活中遭遇困难和挫折时，是冯老师的言传身教与指点迷津让我重拾昂扬斗志、重回最优轨道。正是他的精神鼓励和物质支持，我才能在学术道路上继续前行，并且始终坚持研究真问题、追求新知识。

承蒙吴老师不弃，我得以进入更高阶段继续深造。尚未入学之时，吴老师就已为我制定完整的培养方案，并特地准备了有助于提升研究能力的一系列专业资料。3 年期间，吴老师从各个方面给予我极大帮助。他有着极高的专业素养和极深的学术功底，是指引我加强学习和追求进步的一盏明灯。在学习和论文写作过程中，吴老师耐心地提供指导和点拨。正是他的远见卓识，我才会在辽阔的经济学帝国中选择将双边市场作为深耕的领域。本书能够成型，一定程度上也凝结着吴老师的智慧与经验。同时，我获得了担任本科生课程助教的机会，在三尺讲台上得到全面提升，进一步加深了对经济学的系统认知，也能够更从容地应对工作中的各项任务。当然，未能百分之百达到培养方案的目标，深感惭愧之至。

从选题、执笔到定稿，博士论文的各个阶段都凝结着很多老师的耐心指导。双边市场理论和平台经济学是相对较新的领域，从事相关研究时较少有现成的经验模式可以遵循。正是因为有各位老师的不吝赐教，本书的前身能够如期完成。吴易风教授和王建教授对论文选题及研究框架进行了科学诊断，使其得以转化为可付诸实践的行动方案。预答辩阶段，陈彦斌教授、王湘红教授和孙文凯教授的犀利批评，让我在暗自警醒之余亦能及时调整，更加从容地完成了博士论文。匿名评审专家和王健教授、姚开建教授、黄锟教授、徐杰教授、李仁贵研究员 5 位答辩委员的质疑与提问，让我对研究对象有了更加深刻的认识与理解，也得以查漏补缺，进一步修改和完善论文。此外，在过去几年参加的各种学术会议上，我从与众多前辈的交流学习中吸收到了很多真知灼见，部分已经体现在了本书的细微之处。

三人行，必有我师也。博士论文的写作是一段探索真知海洋的艰难旅程。与同学、同门之间的相互陪伴和切磋，让这段旅程变得五光十色而非单调乏味。苏兴国、王康、邢炜等不仅是朝夕相处的室友，更是经常高谈阔论、彼此挥洒书生意气的益友。在充实生活的同时，我们也合作生产了很多成果。与陈彬、陈跃、戴腾辉、高文、李逸飞、王育森、钟洲等博士班同学的学术交流、思想碰撞、互帮互助，都让我受益匪浅。“吴氏春秋”大家庭的很多成员，包括但不限于董笃笃、贾彦宁、王建志、徐国兴，他们提供了莫大的帮助，使得我顺利完成了从学业到事业的转变。此外，遍布各地、各自拼搏的朋友们的关心与支持，激励着我在追求卓越的崎岖道路上无所畏惧、昂首前行。

我要感谢我的亲人，是他们的支持让我轻装上阵、从容不迫。祖父转眼已入耄耋之年，但他对我的谆谆教导与及时训斥仍然是我坚守初心的力量源泉。我的父母，周业安先生和张建群女士，他们一直任劳任怨、默默付出，为呵护我的成长承担了太多的艰辛。他们虽然不善言辞，但却总会用最好的方式为我照亮前路。感谢两位姐姐，她们分担起本属于我的那份责任，让我在求学期间不至于陷入两难困境。感谢姑父、姑母、舅父、舅母等所有亲人，是他们不求回报的支持和无微不至的关怀，让我能够专注于学业。没有他们的无私付出和无声关照，我绝不可能自由地徜徉学术之海、品尝真知之香。我唯有更努力地奉献付出，更执着地追寻梦想，才能报答他们万分之一的恩情。

最后，感谢我的夫人陈怀锦博士。我们从相识、相知到相爱，共同走过求学的漫漫征程，共同历经从象牙塔到金字塔的巨大转变。过去的几年中，我们从互勉共进的学友，转变成为携手相伴、砥砺前行的命运共同体。你的鼓励、体贴和付出，让我始终充满斗志、昂扬向上。你的劝慰、点醒和反驳，让我始终精进不休、日臻完善。遇见你，一定是命运给出的最优安排，是缘分撰写的最美篇章。道阻且长，但未来可期，人生这幅画卷我们将共同描绘。

太上有立德，其次有立功，其次有立言，虽久不废，此之谓三不朽。于我而言，本书的出版既是对前期工作的阶段性总结，也意味着全新的开始，更是提醒我在学术研究中继续保持敬畏、热爱和执着的一柄“残剑”。探索新知的道路永无尽头，我将秉持“实事求是”“十年磨一剑”的精神奋力前进。希望在未来能够打磨出一柄柄利剑，用它们刺穿未知世界的迷雾、锁定不确定性的确定！

周　孝

2019 年 7 月于新知大厦